Bärbel Mohr

Der kosmische Bestellservice

Jean-Dominique Bauby: Schmetterling u. Taucherglocke

Hans Kruppa: Zaubersprüche

Bärbel Mohr

Der kosmische Bestellservice

Eine Anleitung zur Reaktivierung
von Wundern

Omega

Bibliographische Information der Deutschen Bibliothek

Die Deutsche Bibliothek verzeichnet diese Publikation in
der Deutschen Nationalbibliografie;
detaillierte bibliografische Daten sind im Internet über
http://dnb.ddb.de abrufbar.

7. Auflage Oktober 2002

© Copyright 1999 by Omega®-Verlag

Die Geschichte "Depesche aus dem Jenseits" in Kapitel 18 ist dem Buch
Unglaubliche Geschichten von Pierre Bellemare entnommen.
Übersetzung von France Brifaut.
© Copyright 1989 by nymphenburger in der
F.A. Herbig Verlagsbuchhandlung GmbH, München

Lektorat: Gisela Bongart

Satz und Gestaltung: Martin Meier

Druck: FINIDR, ℰ s. r. o., Český Těšín, Tschechische Republik

Covergestaltung: Doro Koch und Stefan Lehmbrock, Düsseldorf

Das Covermotiv entstand unter Verwendung einer Collage
von Michael Duftschmid, München (Hintergrundbild),
und eines Fotos von „Nini" (Aurelia-Dominique Spitzer),
das Kristine Fernandes, Düsseldorf, machte.

Alle Rechte der Verbreitung, auch durch Funk, Fernsehen, fotomechanische und
elektronische Wiedergabe, Internet, Tonträger jeder Art und auszugweisen
Nachdruck, sind vorbehalten.

Inhalt

	Vorwort	7
1	Von Armani zur Currywurst und wieder zurück	8
2	Aktuelles zu den Bestellungen beim Universum	13
3	Erkenne dich selbst	19
4	Die Wahrheit über Monster und Pussycats	27
5	Wie funktioniert der kosmische Bestellservice?	30
6	Ich erlebe, was ich denke	33
7	Nicht gackern, bevor das Ei gelegt ist	41
8	Wo ein Problem ist, ist auch eine Lösung	46
9	Der Erleuchtung ist es egal, wie du sie erlangst	53
10	Wie schaffe ich es, ein Problem zu haben?	58
11	Ein ganz normaler Bestelltag	71
12	Voraussetzungen für erfolgreiches Bestellen	76
13	Alles Gute kommt von innen	84
14	Werde ich zu brav, wenn ich auf das "Göttliche" in mir höre?	93
15	Ein handfester Beweis für die universelle Kraft	109
16	Meditation für Faule	115
17	Haß und Liebe sind dasselbe	123
18	Zufall oder Fügung?	139
19	Tricks zur Reaktivierung von Wundern	170
20	Der kosmische Bestellservice und das Karma	180
21	Sind Bestellungen beim Universum Blasphemie?	188
22	Bin ich es überhaupt wert, so viel Glück zu haben?	202
23	Bleib' bei Deiner Natürlichkeit!	206
24	Der Himmel hinter den Wolken ist immer blau	211
	Schlußgedanken	216
	Adressen	218

Guten Morgen. Hier spricht das
Universum. Ich werde mich heute um
all deine Probleme kümmern.
Dazu werde ich deine Hilfe nicht
benötigen. Also genieße den Tag!

Liebe Leser,

dies ist bereits mein zweites Buch zum "kosmischen Bestellservice" bzw. zu den *Bestellungen beim Universum* (= 1. Buch). Doch es ist völlig egal, welches man zuerst liest. Denn beide sind nur dazu da, diese simple und geniale Möglichkeit zur Wunscherfüllung, zur Reaktivierung von Wundern und zu mehr Lebensfreude und Glück mit all denen zu teilen, die es sich ebenfalls gerne leicht machen im Leben.

Ich wende mich hier wieder an alle anderen Faulen, die wie ich keine Lust haben, sich groß anzustrengen, und die trotzdem optimale Resultate in ihrem Leben erzielen möchten. Im Gegensatz zum letzten Buch geht es in diesem Werk ein wenig mehr um bewußte Dauerbestellungen als um einzelne Erfolgsballons. Dennoch werden wir – schon allein zur Unterhaltung und als Rezept gegen allzu viel Ernst im Leben – immer wieder auch ein paar "schrille" Einzelbestellungen aufgeben.

Ich wünsche euch allen ein immer "Gut bestell", egal ob bewußt oder unbewußt, und möge euer inneres Licht eine ständige Bereicherung für diese unsere Welt sein!

Eure Bärbel

1 Von Armani zur Currywurst und wieder zurück

Wer mein erstes Buch nicht gelesen oder noch nie selbst eine "Bestellung beim Universum" aufgegeben hat, fragt sich natürlich zunächst, was dieser "kosmische Bestellservice" denn eigentlich ist. Ganz einfach, ich erkläre es am besten an der Geschichte "Von Armani zur Currywurst und wieder auf dem Wege zurück".

Sie begann 1994, als der bis dahin beruflich sehr erfolgreiche Mann von Ingrid (mit Vorliebe für Anzüge von Giorgio Armani) einen schweren Autounfall hatte, von dem er sich lange nicht erholte. Körperlich war er zwar nach einem halben Jahr wieder genesen, doch er kam durch den Schock bis 1998 beruflich nicht wieder auf die Beine, und so war die Familie mittlerweile bei "Currywurst statt Armani" angelangt.

Das war es aber nicht allein. Unter dem Druck war auch die Ehe schon fast endgültig in die Brüche gegangen, und Ingrid hatte ihre Tochter bereits auf die Trennung vorbereitet. Da ihr Mann nach wie vor nicht arbeitete, suchte sie nun selbst Arbeit. Trotz über 70 Bewerbungen fand sie nur einen Teilzeitjob für jeweils ein paar Stunden an zwei Tagen pro Woche. Damit kam sie natürlich nicht weit, da sie ja schließlich allein eine ganze Familie zu versorgen hatte.

Ende letzten Jahres ließ sie sich seit langem mal wieder zu einer Party überreden. Sie ging auch hin, allerdings mehr, weil sie schon zugesagt hatte und nun auch dazu stehen wollte, als daß sie an dem Abend wirklich Lust gehabt hätte. Im Laufe der Party fand sie sich gelegentlich bei den Rauchertreffs auf dem Balkon wieder. Dort stach ihr bald die Mitraucherin Isabella ins Auge. Die beiden kamen ins Gespräch, und Ingrid sagte Isabella, daß sie ihre Ausstrahlung und ihre gute Laune sehr bewundere. Fast wäre sie auch ein wenig neidisch, denn in ihrem Leben wäre gerade so ziemlich alles am Boden – die Ehe, der Job, einfach alles.

Isabella, immer gut informiert und allzeit hilfsbereit, dachte sofort, das höre sich nach einem Fall für eine Bestellung beim Universum an. Sie war sich nur nicht sicher, ob sie eine noch fast fremde Frau gleich mit einer derart ausgefallen Methode beglücken sollte. Der Gedanke ging ihr aber nicht mehr aus dem Kopf. Schließlich war der Drang so groß, daß sie einfach loslegte und zu Ingrid sagte: „Ich glaube, du solltest eine Bestellung beim Universum aufgeben!"

„Wenn du wüßtest, wie viele Stoßgebete ich schon losgelassen habe...", meinte Ingrid, aber Isabella beharrte: "Ich rede hier nicht von einem Stoßgebet, sondern von einer konkreten Bestellung! Du überlegst dir vorher ganz genau und ganz konkret, was du haben möchtest, und dann schickst du diese Bestellung einfach in Gedanken irgendwie und irgendwo, so wie es sich für dich am besten anfühlt, ans Universum ab."

Ingrid schaute ein wenig zweifelnd drein, aber Isabella war noch nicht fertig mit ihren Ausführungen: "Und komm' ja nicht auf die Idee, morgen dasselbe noch einmal zu bestellen! Wenn du bei Quelle etwas bestellst, bestellst du dasselbe ja auch nicht am nächsten Tag nochmal. Sonst denken die höchstens, du bist etwas verwirrt, und schicken dir gar nichts mehr."

Besonders den letzten Satz fand Ingrid so lustig, daß sie nun doch beschloß, diesem ausgefallenen Rat bei nächster Gelegenheit zu folgen.

Die Party ging weiter, und Ingrid kam gegen halb zwei Uhr morgens nach Hause. Dort mußte sie noch mit ihrem Hund Gassi gehen. Da es eine wunderschöne, sternklare Nacht war, dachte sie sich, es wäre eigentlich gar keine schlechte Idee, diese Sache mit der Bestellung beim Universum gleich auszuprobieren. Sie erinnerte sich an Isabellas Anweisungen und überlegte genau, was sie alles haben wollte. Am

9

wichtigsten war, daß sie einen besser bezahlten Job brauchte, den sie außerdem gut mit dem Versorgen ihrer Tochter abstimmen konnte, und daß irgend etwas mit ihrer Ehe geschehen mußte.

Sie war so sehr mit Leib und Seele bei diesen Gedanken, daß sie das Gefühl hatte, ihre ganze Energie sammle sich in ihrem Bauch und würde dort zu kreisen beginnen. Als sie die Bestellung schließlich in den klaren Sternenhimmel schickte, war es, als würde sie wie eine Spirale aus dem Bauch herauskommen. Es war fast ein mystisches Erlebnis, fand Ingrid. Sie machte sich nicht allzu viele Gedanken darüber, aber ein wenig irritiert war sie doch.

Am nächsten Tag war sie bei ihrem 2-Tage-Teilzeitjob. Gleich in der Früh klingelte dort das Telefon, und die Steuergehilfin ihres Steuerberaters war dran. Sie wollte wissen, ob Ingrid noch Arbeit suchte. Ingrid bejahte. Die Steuergehilfin nannte ihr daraufhin die Telefonnummer von einer Dame, deren Buchhalterin sich vor einigen Monaten aus dem Staub gemacht und die immer noch keinen Nachschub gefunden hatte. Diese Dame hätte hammerartig viel zu tun und suche händeringend jemanden.

Ingrid rief die Dame gleich an und bekam noch am selben Nachmittag einen Vorstellungstermin. Sie konnte es kaum fassen. Die Leute dort waren alle sehr nett, mit der Inhaberin verstand sie sich ebenfalls auf Anhieb. Die Frage war bald nur noch, wann sie denn anfangen könne. „Wie wär's mit morgen?" fragte die Geschäftsinhaberin. „Kein Problem? Na wunderbar! Dann also bis morgen."

So einfach kann es gehen! Ingrid war völlig begeistert und fuhr beflügelt nach Hause. Natürlich rief sie gleich Isabella an und erzählte ihr, die erste Bestellung sei bereits eingetroffen. Der erste Anruf am nächsten Morgen nach der Bestellung, und schon war daraus der neue Job entstanden! Isabella war genauso begeistert.

Einen Tag später ruft Ingrids Mann, der inzwischen ebenfalls "eingeweiht" worden war, sie im Geschäft an und sagt:

10

„Du, deine nächste Teilbestellung ist eingetroffen. Du hattest doch da mal diese Verluste aus der GbR – irgendwie ist da noch eine Gutschrift über 10.000 Mark rausgekommen."
„Unsinn", meinte Ingrid, felsenfest überzeugt, daß das nicht sein könne. „Da mußt du was falsch verstanden haben, das kann überhaupt nicht sein. Fax' das Schreiben doch mal her. Das wird minus und nicht plus heißen!" Tja, es hieß aber doch plus.

Inzwischen fing die 9jährige Tochter auch zu bestellen an und hat auch nach wie vor durchaus Erfolge mit wirklich netten Kleinigkeiten. Das konnte sie natürlich nicht für sich behalten, und so bekam die Oma bei nächster Gelegenheit am Telefon zu hören: „Du Oma, die Mama bestellt jetzt beim Universum, und das kommt auch alles..."

Ingrids Mann sah sich die Sache gemütlich an, verharrte aber nach wie vor in seinem passiven Zustand. Ingrid hatte durch die letzten Erlebnisse wieder zu neuem Schwung und neuem Mut gefunden und wollte nun endgültig nicht mehr im alten Stil weitermachen. Und so stellte sie ihrem Mann ein Ultimatum: „Entweder du unternimmst bis zum ersten Dezember irgend etwas, woran ich erkennen kann, daß wir diese Situation hier zusammen bewältigen, oder ich nehme unsere Tochter und gehe."

Das war keine Drohung, sondern eine Feststellung, denn vom Warten auf Godot hatte Ingrid genug. Für sie war klar, daß sie wieder mehr vom Leben erwartete als die ständige Angst vor dem Ruin.

Am ersten Dezember informierte ihr Mann sie, er werde ab dem nächsten Tag arbeiten gehen. Er habe einen neuen Job, und zwar als LKW-Fahrer! Ingrid war mehr als platt. Das hätte sie ihrem Sunnyboy von Mann, der seine schönen Anzüge und Krawatten so sehr liebte, niemals zugetraut. Verdreckte Jeans, Waren aus- und einladen, und das bis spät abends – kaum zu glauben!

Seitdem kommt er abends nicht vor 9 Uhr nach Hause und ist eigentlich völlig fertig. Trotzdem ist er so gut drauf wie schon lange nicht mehr. Endlich bewegt sich wieder irgend etwas! Endlich verdient er wieder selber Geld, wenn auch nicht viel. Aber endlich kommt wieder Schwung in die Bude, und er packt sein Leben wieder an.

Ingrid hat durch diese große Überraschung sehr viel Achtung vor ihrem Mann zurückgewonnen. Auf einmal knistert es wieder in der Ehe, und die beiden sind wieder glücklich miteinander. Sehr zur Freude auch der kleinen Tochter.

Und wie es denn so ist, wenn man einmal aus der Starre erwacht ist und wieder Zufriedenheit im Haushalt herrscht, kehren auch die kreativen Ideen und der Lebensmut zurück, und so blättert Ingrids Mann nun eifrig in der Zeitung und überlegt sich, wie er seine Karriere noch einmal neu anpakken könnte. Denn LKW-Fahrer auf Dauer muß vielleicht auch nicht sein, so sehr ihn dieser Job auch gerade gerettet hat.

Tja, und das war eine typische Bestellung beim Universum. Alles klar? Wenn nicht, dann habt ihr noch ein ganzes Buch zur weiteren Inspiration vor euch, und in Kapitel 5 wird die genaue Technik noch einmal erklärt.

Manch einer wird natürlich einwenden, es sei ja vielleicht alles nur Zufall gewesen, daß sich bei Ingrid gerade der neue Job anbot, und so weiter. Doch selbst wenn, was würde das ändern? Wenn der Glaube an die Bestellungen beim Universum bewirkt, daß jemand so viel neuen Lebensmut schöpft, daß er oder sie so gut drauf ist, daß sich immer mehr positive Dinge ganz von selbst ergeben, dann ist es doch wunderbar!

Außerdem gehst du ein großes Risiko ein, wenn diese Bestellungen beim Universum womöglich doch funktionieren und du es nie probierst. Was dir dadurch alles entgehen könnte! Wohingegen du nichts verlierst, wenn du es einfach mal ausprobierst und ein wenig damit herumspielst, bis sich in deinem Leben ebenfalls die wundersamen Fügungen häufen.

2 Aktuelles zu den Bestellungen beim Universum

Hier möchte ich zunächst noch einige einleitende Tips für neue oder bislang hartnäckig erfolglose Besteller geben und das Neueste von meinen eigenen Erfolgen und Mißerfolgen berichten.

Die Tücke des Bestellens liegt darin, daß ich meine Bestellungen in kindlichem Vertrauen aufgeben und sie gleich wieder vergessen muß. Es liegt auf der Hand, bei wem und wann Bestellungen besonders gut funktionieren. Alles, was man in Leichtigkeit bestellt und von dem man nicht das Gefühl hat, es zu brauchen, das kommt sofort. Je vergnügter ein Mensch ist oder je argloser er mal eben eine "Probebestellung" absendet, desto schneller erfolgt die Lieferung.

Scheinbar ungerechterweise läuft das bei "eingefleischten Esoterikern", die meinen, schon so viel zu wissen und zu können, oft ganz anders. Da wird teilweise in weihevollem Ernst bestellt, und man nimmt die Sache zu wichtig. Schon geht's daneben. Noch schlimmer: Man glaubt, etwas zu brauchen, und hofft und bangt, daß es auch wirklich kommt. Schon geht gar nichts. Merkwürdiges universelles Gesetz, oder? Der, der etwas braucht, bekommt es nicht, und der, der lachend und zum Spaß etwas bestellt, das ihm zwar gefallen würde, das er aber ganz und gar nicht braucht, der erhält es meist sofort! Wo ist da die göttliche Gerechtigkeit? Oder sind wir nach "Gottes Ebenbild" geschaffen und besitzen selbst Schöpferkraft? Manifestiert sich in unserem Leben das, was wir denken und fühlen? Das würde alles erklären. Das, was man befürchtet, ist dann das erste, was kommt. Und je sorgenvoller man denkt, desto mehr Gründe zum Sorgen treten auf. Je leichtfüßiger man dagegen durchs Leben tanzt, desto leichter fließen die Dinge einem zu, fast wie im Schlaraffenland.

Es ist die Schöpferkraft, die jedem von uns innewohnt und der wir uns bewußt werden müssen. Die größte Gefahr liegt in negativen Gedanken und Gefühlen. Die größte Angst müssen wir deshalb vor unseren eigenen negativen Gedanken haben, denn sie erschaffen die Realität.

Dazu ein Beispiel, was ich in letzter Zeit so zusammenbestellt habe und wie ich dann aber zum Glück noch erfolgreich "umbestellen" konnte. Ich hatte mir "Sorgen gemacht", daß ich dieses Jahr weniger zum Abschreiben hätte und mehr Steuern zahlen müßte. Da ich dazu neige, alles auszugeben, was auf dem Konto ist, befürchtete ich, eine Rechnung zu erhalten, die höher sein könnte als das, was ich dann habe (man muß das nur ordentlich befürchten, dann kommt es auch so!). So schrieb ich also "ganz schlau" dem Finanzamt, sie möchten doch die vierteljährliche Einkommenssteuer-Vorauszahlung hochsetzen. Dann, so dachte ich mir, müßte ich nicht auf einmal werweiß wieviel nachzahlen. Es war die perfekte unbewußte Bestellung!!

Kaum befürchtet, trat der Engpaß auch schon auf. Leute, die ihre Einkommenssteuer-Vorauszahlung hochsetzen lassen (wer macht schon so was Irres!), kennt das Finanzamt nicht. Es nahm nur wahr, daß ich irgend etwas ändern wollte, und setzte die Vorauszahlung auf Null. Super! Ich habe natürlich nicht drauf geachtet und sollte vor kurzem prompt 20.000 Mark auf einmal zahlen. Nämlich die Steuern für das eine Jahr und die Vorauszahlung für das laufende gleich dazu. Gut manifestiert mit tollen Befürchtungen, kann ich da nur sagen!

Aber man kann ja jederzeit gegensteuern. Da war wohl eine etwas "bewußtere" Bestellung fällig, dachte ich mir und bestellte mir Geld. Ich sagte dem Universum, Schulden hätten in meiner Realität nicht vorzukommen, noch nicht einmal beim Finanzamt. So etwas könne ich nicht ausstehen, und es solle mir doch bitte bis zum Zahlungstermin Geld schikken. Einerseits glaubte ich so halb, daß es klappen könnte, denn ich habe wirklich nicht das Gefühl, in Resonanz mit Schulden zu sein, aber andererseits kam mir die Situation doch auch sehr schwierig vor. Langer Rede kurzer Sinn: An den zwei Tagen vor dem Zahlungstermin kamen Gelder aus allen Ecken und Enden geflossen. Unverhoffte Provisionen für Empfehlungen, jemand zahlte mir geliehenes Geld zurück, mit dem ich längst noch nicht gerechnet hatte, usw. usf. Ich mußte das Konto zwar um 8.000 Mark überziehen, konnte damit aber die Steuern bezahlen.

Äußerst stolz auf diese, wie ich meinte, gelungene Bestellung rief ich meinen Freund Carsten an und erzählte ihm davon. „Also Bääärbel", meinte der nur. „Jetzt lies' doch mal deine eigenen Bücher! Was machst du denn mit 8.000 Mark minus auf dem Konto? Wieso nicht gleich 50.000 plus! Du weißt doch, daß es geht, wo ist denn da der Unterschied? Also wirklich!"

Ich bekam sofort ein schlechtes Gewissen. Stimmt eigentlich, anderen Leuten erteile ich schlaue Ratschläge, und ich bestelle so halbe Sachen. Hhmm. Ich bin aber von der Erleuchtung noch einiges entfernt (das ist eine der guten Botschaften: Auch völlig Unerleuchtete wie ich können erfolgreich bestellen!), und so verdrängte ich das Thema für vier Wochen, weil ich insgeheim meinte, das sowieso nicht zu schaffen. Geld ist bei den meisten ein schwieriges Thema. Nur die, die genug haben, können beliebig viel dazubestellen – meistens.

Dann kam Carsten zu Besuch (er wohnt 250 Kilometer von mir entfernt), und mir fiel mein schlechtes Gewissen und der Vorwurf ein, daß ich mich nicht an meine eigenen Rezepte halte. Also bestellte ich: „Liebes Universum, heute kommt Carsten. Bitte schickt heute abend noch schnell 50.000 Mark."

Nichts passierte. Doch ich hatte Glück, Carsten schien die Sache auch vergessen zu haben. Am zweiten Abend saßen wir in der Küche, als das Telefon klingelte. Meine 82jährige

Tante war dran. Sie erzählte was von einer Sendung im Fernsehen über Erbschaftssteuer und daß sie sich das nicht gefallen lasse. Sie habe mir jedenfalls heute zur Erbschaftssteuervermeidung 50.000 Mark überwiesen! Ich fiel fast in Ohnmacht, und Carsten sah auch stark danach aus. Er meinte dann später, er würde es mir auf jeden Fall gönnen, doch erstaunlich fände er es schon, wie schnell ich seine Ratschläge manchmal so umsetze.

Er empfahl mir daraufhin gleich, mir noch ein neues Auto zu bestellen. Erstens könne ich allmählich wieder eins brauchen, und zweitens würden seine Hinweise ja scheinbar immer gut wirken. Drei Monate später bekam ich ein neues Auto geschenkt. Diesmal von keinem Verwandten, aber Carsten stand wieder genau in dem Moment daneben, und wir waren wieder beide sprachlos. Ich sehe Carsten nur alle zwei bis drei Monate. Allein, daß er immer dabei ist, ist ein Wunder für sich!

Ich habe jedenfalls aus all dem geschlossen, daß ich scheinbar zu viele "ungünstige" Dinge denke (Sorgen, daß ich die Steuern nicht zahlen kann oder daß es schwierig sein könnte, etc.). Ein Glück, daß Carsten mich manchmal im richtigen Moment "aufpeppt".

Es ist mir allerdings auch schon gelungen, Carsten "aufzupeppen". Einmal rief ich ihn an und erzählte ihm von einigen besonders gelungenen Bestellungen im Bereich Arbeitsaufträge. Wir verdienen unser Geld beide mit freiberuflichen Tätigkeiten. Carsten war daraufhin ganz inspiriert und wollte gleich mal wieder selbst eine Bestellung aufgeben, da er für die kommende Woche noch keine Aufträge hatte. Wir legten auf, und eine halbe Stunde später rief er hellauf begeistert zurück: „Bärbel, du glaubst es nicht. Die Bestellung ist schon ausgeliefert worden! Nachdem ich sie aufgegeben hatte, ging ich runter an die große Mülltonne, um den Hausmüll wegzubringen. Dort traf ich einen Nachbarn vom Nebenhaus. Wir kamen ins Gespräch darüber, was wer so macht, und es stellte sich heraus, daß er gerade genau das braucht, was ich mache. Jetzt habe ich einen super Auftrag für nächste Woche. Eine hervorragende Bestellung. Hurra!"

In meinem Bekanntenkreis gab es natürlich "Meckerer", die zu obiger Geschichte meinten, sie hätten aber keine Tante mit so viel Geld und darum würde das bei ihnen nicht funktionieren. Daß die Tante an genau dem Tag anrief und daß es genau der Betrag war, schienen sie nicht weiter komisch zu finden.

Ich erinnerte sie an den Fall, als ich mal eine ebenfalls höhere Summe bestellt hatte und daraufhin einen Job fand, bei dem ich das einzige Mal in meinem Leben fest angestellt war, und das für genau vier Monate. Dann machte der Laden dicht, und wegen der langen Kündigungsfristen bekam ich in etwa den bestellten Betrag als Abfindung. Das kann jedem passieren. Den Zweiflern natürlich auch nicht, weil sie nur bei "soliden" Firmen arbeiten.

Na gut, wie wäre es denn damit: Ein Rechtsanwalt in den USA hatte sich ein neues Auto bestellt und 10.000 Dollar anbezahlt. Da der Wagen lange nicht geliefert werden konnte, kaufte er sich schließlich nach einem halben Jahr einen anderen Wagen von einem anderen Hersteller und forderte die 10.000 Dollar inklusive Zinsen zurück. Der Automobilhersteller rückte zwar die 10.000 Dollar wieder raus, verweigerte jedoch auch nach längeren Auseinandersetzungen jede Zinszahlung. Den Rechtsanwalt ärgerte das, und er zog vor Gericht. Der Richter befand, jener Automobilkonzern habe das Kreditlimit jenes Kunden und Rechtsanwalts zinsfrei genutzt, und somit stehe es nun auch dem Kunden zu, das Kreditlimit des Konzerns zu nutzen. Selbiges betrug mal eben 200 Milliarden US-Dollar. Die sollte der Kunde laut Gerichtsbeschluß kostenlos ausleihen dürfen.

Das konnte dem Konzern natürlich nicht gefallen, und nach einigem Hin und Her zahlten sie dem Kunden schließlich eine angenehm hohe Abfindung dafür, daß er darauf verzichtete, dieses Gerichtsurteil in Anspruch zu nehmen. Für die Abfindung hätte er sich einen ganzen Wagenpark kaufen können – ein unverhoffter Geldregen in angenehmer Höhe!

Stell' dir vor, du hättest dir Geld bestellt. Wärst du je auf die Idee gekommen, das Universum könnte es dir auf einem solchen Weg schicken??

Die hartnäckigen Zweifler kommen natürlich mit neuen Einwänden: Sie seien keine Rechtsanwälte, und außerdem könne so etwas nur in Amerika passieren, nicht aber hier in Deutschland. Nun ja, sie haben die Wahl: Wenn sie bei solchen Geschichten ihren Geist lieber mit Einwänden füttern, warum bei ihnen nichts dergleichen passieren kann, auch gut. Das ist ihre Entscheidung. Genauso gut könnten sie denken: „Das ist ja der Wahnsinn, was es alles für verrückte Geschichten gibt! Daraus kann man eigentlich nur schließen, daß dem Universum immer etwas einfällt und daß es auch in meinem Fall eine kreative Idee haben wird, die ich mir jetzt noch überhaupt nicht vorstellen kann und zum Glück auch nicht vorzustellen brauche. Ich bestelle, und wie das Universum liefert, ist seine Sache."

Ich selbst habe mich, um unbewußte Bestellungen und unerwünschte Lieferungen zu vermeiden, inzwischen dazu entschieden, den Weg weiterzugehen, mit dem Vorsatz, irgendwann mal (vielleicht in einem der nächsten 200-300 Leben oder in diesem – wie es gerade kommt) gar nichts mehr zu denken, was nicht dazu angetan ist, die idealen Umstände in meinem Leben zu manifestieren. Dafür ist es vor allem wichtig, daß man sich selbst richtig einschätzt. Und dazu soll das nächste Kapitel das richtige Verständnis vermitteln.

3   Erkenne dich selbst

Jeder Mensch hat die individuellen Möglichkeiten zu einem glücklichen und erfüllten Leben. Voraussetzung dazu ist allerdings, daß man sich selbst erkennt, und zwar möglichst umfassend.

Weshalb das ist so, möchte ich an einem kleinen Beispiel kurz erläutern: Man stelle sich vor, ein Schaf ginge in die Wolfsschule und würde dort versuchen, ein guter Wolf zu werden. Wie hoch wären da wohl seine Chancen auf ein individuell glückliches und erfolgreiches Leben?? Nicht so riesengroß, nicht wahr? Der Frust ist vorprogrammiert. Wenn es jedoch auf eine Schafsschule geht, dann kann es wirklich glücklich und erfolgreich werden und den richtigen Umgang mit Wölfen lernen.

Um nun zu wissen, was einen im Leben wirklich glücklich macht und befriedigt, muß man naheliegenderweise zuallererst wissen, wer man ist, sonst sucht man immer in der falschen Ecke nach dem Glück. Da entstehen dann die tragischen Schicksale, wenn ein Mensch vom Typ Vogel versucht, "brav" zu sein und ein guter Maulwurf zu werden, weil in den Reihen der Maulwürfe Fliegen als unfein gilt. Kein Wunder, sie fürchten sich davor, und das zu recht.

In der menschlichen Gesellschaft ist es oft sehr ähnlich. Der Mensch verdammt das, wovor er sich fürchtet. Wer sich selbst nicht wirklich kennt und vorwiegend die Gesellschaft von Menschen sucht, die nicht zu ihm passen, der wird schwerlich glücklich sein.

Von einem Platz aus, an dem man sein ureigenstes Leben lebt, kann man mit jedem Menschen in Kontakt treten und sogar einen fruchtbaren Austausch mit Maulwürfen pflegen, selbst wenn man ein Vogel ist. Die Maulwürfe werden einem von Anfang an anders entgegentreten, wenn man sie begrüßt mit: „Grüß Gott, ich bin ein Vogel. Aber ich finde euer Leben

19

auch spannend, weil ihr so anders seid. Erzählt doch mal von eurem Leben!" Das ist ganz etwas anderes, als wenn der Vogel zu den Maulwürfen kommt und sagt: „Hallo, ich fühle mich so allein. Nehmt mich doch bei euch auf. Ich will auch versuchen, ein guter Maulwurf zu werden."

Desgleichen ist auch nicht ein Krokodil böse, das einen Menschen frißt, der mit ihm baden geht, sondern der Mensch blöd. Wahre Selbsterkenntnis und ehrliche Selbsteinschätzung sind das A und O für ein glückliches Leben. Da es viele Aspekte des menschlichen Lebens gibt, die dies ermöglichen oder erschweren, wollen wir noch ein paar davon beleuchten.

Der ayurvedische Autor Deepak Chopra schreibt, daß der Mensch zirka 50.000 verschiedene Gedanken pro Tag denkt. Die Summe aus diesen 50.000 Gedanken, unseren Gefühlen und Worten erzeugt die äußeren Umstände, in denen wir leben. Man kann eigentlich sagen, unsere Lebensumstände und die Menschen, mit denen wir leben, spiegeln uns unseren inneren Zustand wider.

Wer daran zweifelt, dem empfehle ich, eine Woche lang ein Gedankentagebuch zu führen. Man muß dieses Tagebuch immer dabei haben und etwa alle zwei Stunden notieren, was man in diesen letzten beiden Stunden gedacht hat. Öfter geht auch, doch seltener ist nicht ratsam. Dann ginge der wirkliche Selbsterkennungseffekt verloren. Setz' dich dann nach einer Woche hin und lies dir all deine Gedanken durch. Passen sie von ihrer Qualität her zu deinem Leben oder nicht?

Als ich meine 50.000 Gedanken mittels so eines Gedankentagebuchs näher untersuchen wollte, wunderte ich mich bald sehr, wie gut es mir angesichts des vielen Unsinns, den ich da manchmal so zusammendenke, eigentlich geht. Ein paar nette Weisheiten und Dinge, die mir noch eine Woche später gut gefallen, sind zwar durchaus auch dabei, doch das Verhältnis ist noch weit von der Perfektion entfernt. Allein sich selbst so bewußt zu beobachten hat regelrecht therapeutische Effekte.

Angenommen, ich wollte, bildlich gesprochen, nach Rom, wäre aber gemäß Selbsteinschätzung gerade in Österreich, suchte nach dem Alpenpaß und wunderte mich, daß ich ihn nicht finde, dann könnte ich vielleicht durch diese "Selbstentdeckung" beim Gedankenbeobachten herausfinden: „He, ich BIN ja gar nicht in Österreich! Ich bin ja in Norwegen. Kein Wunder, wenn ich die Alpen nicht finde. Ich muß jetzt erstmal übers Wasser." Das hat dann nichts mit guten oder schlechten Gedanken zu tun, sondern nur mit Bestimmung des aktuellen Standortes, um dann geeignete Maßnahmen ergreifen zu können, die mich weiterbringen. Wenn ich mir "einbilde", ich muß als nächstes über die Alpen, suche ich mir kein Boot, das ich aber eigentlich bräuchte. Es geht also nur um Ehrlichkeit sich selbst gegenüber.

Wenn ich es in der nötigen kindlichen Leichtigkeit hinbekomme, bestelle ich mir natürlich einfach ein Flugzeug nach Rom, und das wars! Aber ich muß eben wissen, was ich da tue, ob ich ein Maulwurf oder ein Vogel bin und wo mein aktueller innerer Bewußtseinsstandort wirklich ist.

Das ist überhaupt ein interessanter Aspekt bei den Bestellungen beim Universum und vielleicht ein Grund, warum sie manchmal auch bei schwierig erscheinenden Dingen so schnell funktionieren (immer vorausgesetzt, man bestellt mit der erforderlichen Bedürfnislosigkeit und läßt die Bestellung nachher innerlich wieder los). Bestellungen beim Universum fördern manchmal ungemein die Selbsterkenntnis. Nämlich gerade dann, wenn man sich Dinge bestellt, die man gar nicht wirklich haben will.

Mit "nicht wirklich" meine ich Dinge, die der Seele keine Befriedigung bringen, sondern von denen nur der Verstand gedacht hatte, sie würden einem mehr Glück im Leben bringen. So wie ich immer bombastischere Sachen bestellen wollte, teilweise auch, um die Grenzen dieses kosmischen Bestellservices auszutesten, und mir dann bestellte, kostenlos in einem Schloß wohnen zu können.

Kaum waren zwei Angebote da (wie im ersten Buch erwähnt),

21

stellte ich nach einigen Besuchen auf diesen Schlössern fest, daß ich doch lieber bleibe, wo ich bin. Diese Bestellung war dennoch sehr nützlich. Ich hätte sonst vielleicht noch jahrelang von romantischen alten Schlössern geträumt. Jetzt beschränke ich mich in wirklicher Zufriedenheit auf gelegentliche Besuche für ein paar Tage auf diesen Schlössern.

Außerdem war es für mich ein wichtiger Schritt zu lernen, woran ich den Unterschied erkenne, ob nur der Verstand sich etwas einbildet, weil er von irgend etwas geblendet ist, oder ob es sich bei der Bestellung um etwas handelt, das mir im Moment wirklich Freude und/oder Nutzen bringt.

Ein Freund von mir ist weit geschickter als ich darin, sich nur das zu bestellen, was er wirklich haben will. Mit der Materie hatte er es allerdings jahrelang nicht so. Bis er eines Tages mal wieder bei mir zu Besuch war (er wohnt etwas weiter weg, und wir sehen uns nicht so oft) und ein paar meiner aktuellen Bestellerfolge live miterlebte. Das stachelte seinen Ehrgeiz offenbar ungemein an, und er fuhr heim und erzählte seiner Liebsten davon. Ergebnis: Ein halbes Jahr später rief er an und berichtete freudestrahlend, daß er dieses Mal die Bestellung offenbar ganz gut hinbekommen hätte. Ihm war nämlich ein Grundstück geschenkt worden, und seine damalige Noch-nicht-Frau-sondern-Freundin hatte gleichzeitig so viel Geld bekommen, daß die zwei beschlossen, zusammen ein Haus zu bauen.

Als die Geschichte mit Carsten und mir und meinem neuen Auto passierte, steckten die zwei auch gleich die Köpfe zusammen. „Neues Auto? Hast du das gesehen? Könnten wir auch brauchen! Aber wir müssen sparen für den Bau. Am besten, wir probieren es wieder mit einer Bestellung. Und damit es auch ja klappt, bestellen wir jeder extra ein Auto, obwohl wir ja nur eins brauchen!"

Tja, aber wer zwei Autos bestellt und das mit der nötigen Leichtigkeit und Frische tut, der bekommt auch zwei Autos. Sie haben gleichzeitig zwei gebrauchte Autos geschenkt bekommen, die allerdings noch sehr gut in Schuß sind.

Was diese beiden erfolgreichen Besteller auszeichnet, ist ihre lockere Leichtigkeit, und außerdem bestellen sie, abgesehen davon, daß sie nun ein Auto zuviel haben, in der Regel nur Dinge, die sie auch wirklich haben möchten. Im Gegensatz zu mir bisweilen. Ich lerne da auch sehr viel von der Beobachtung meiner Freunde und Leser, bei wem was wann und wie funktioniert.

Es ist ja in der Regel nicht tragisch, wenn man Dinge bestellt, die man hinterher doch nicht braucht. Sie beschleunigen dann eben die Selbsterkenntnis und Selbstfindung, weil man genötigt wird, einfach mal auf einem tieferen Level darüber nachzudenken, was man eigentlich wirklich will.

Wir haben also bisher festgestellt, daß man, um ein glückliches und erfülltes Leben zu führen, zuerst einmal wissen muß, was genau einen denn wirklich erfüllt. Dazu muß man sich selbst erkennen und herausfinden, womit man sich wirklich wohlfühlt. Manchmal sind dazu auch ein paar Fehlversuche nötig, bis man merkt, daß einen die Dinge, die man für das Nonplusoberultra hielt, doch nicht so erfüllen.

Eine Möglichkeit hatte ich im ersten Buch vorgeschlagen. Daß man nämlich ganz schlicht nur seine äußeren Umstände erfaßt und beobachtet und sich bewußt ansieht, was für Menschen einem im Alltag begegnen. All diese Personen und Umstände sind Spiegel der inneren Zustände und können daher ein fruchtbarer Quell der Selbsterkenntnis sein, wenn man sie daraufhin untersucht.

Für Personen des öffentlichen Lebens ist das allerdings schwieriger als für Normalsterbliche. Sie erhalten nämlich meist von den Menschen, die ihnen begegnen, mehr Aufmerksamkeit, als ihre Persönlichkeit allein ihnen bescheren würde. Die Aufmerksamkeit und der überfreundliche Umgang gelten jedoch dem Ruhm und Glanz einer bekannten "Figur" und nicht dem wirklichen Menschen dahinter. Für solche Leute, egal ob Popstar oder spiritueller Guru, ist der Spiegel verzerrt. Somit sind sie in ihrer Selbsterkenntnis behindert und dadurch wiederum in der Möglichkeit, zu einem erfüllten Leben zu finden.

Im kleineren Rahmen ist auch schon der Spiegel eines Geschäftsführers gegenüber seinen Angestellten verzerrt. In jeder Situation, in der Menschen sich nicht frei und offen und ohne versteckte Hintergedanken begegnen, ist der Spiegel eigentlich verzerrt. Also auf gut deutsch: ziemlich häufig bis dauernd.

Wir müssen also nach zusätzlichen Möglichkeiten zur Selbsterkenntnis Ausschau halten. Wie so oft ist der schlichteste Weg der beste. Nämlich der, täglich einmal innezuhalten, in die innere Stille zu gehen und in sich hineinzuhorchen: Was will ich, wer bin ich und womit fühle ich mich wirklich wohl? Was am heutigen Tag hat mich wirklich befriedigt? Und was hat nur das sogenannte niedere Ego befriedigt?

An dieser Stelle ist es vielleicht an der Zeit, mit einem alten Vorurteil gegenüber dem "niederen Ego" aufzuräumen. Viele Leute, mich eingeschlossen, bekommen es mit der Angst zu tun, wenn sie hören, sie sollen ihr Ego auflösen. „Was, ich soll mich auflösen? Irgendwo ins Nirwana? Ich will aber ich bleiben, ich will nicht weniger werden!"

Da genau liegt das Mißverständnis. Man wird nicht weniger, sondern mehr. Dazu muß man klären, was wirklich mit dem "niederen Ego" gemeint ist. Es ist nämlich nur der Teil des Selbst, den man sowieso nicht haben will.

Kein Mensch findet es von seinem wahren Wesenskern her toll, beispielsweise in wichtigem Tonfall dummes Zeug daherzureden, wenn er gerade von einem Thema keine Ahnung hat. Das ist das niedere Ego, das Angst vor Bloßstellung hat und sich darum hinter einem blasierten Tonfall versteckt.

Wer das niedere Ego abgelegt hat, sagt in diesem Fall ganz gelassen, daß er von diesem oder jenem Thema keinen blassen Dunst hat, und ist gegen spitze Bemerkungen von Anwesenden immun. Im Gegenteil, der in sich ruhende Mensch wird wahrscheinlich den mit der spitzen Bemerkung mit ei-

24

nem wissenden und sprechenden Blick studieren: „Aha, du hast also auch Ängste, du könntest nicht immer überall mitkommen, darum machst du jetzt sicherheitshalber mal andere nieder." Wahrscheinlich erschrickt sich derjenige, fühlt sich von dem Blick in seinen tiefsten Ängsten erkannt und hält schleunigst den Mund, um sich besser verstecken zu können.

Das niedere Ego ist also der Teil der Persönlichkeit, der immer aus irgendeiner Angst heraus agiert. Wer würde diesen Teil nicht gerne ablegen? Wer würde sich dadurch nicht als "mehr" und freier empfinden?

Der Zauberlehrling der Selbsterkenntnis sollte daher auch die wahren Motive hinter seinen Handlungen und Ansichten beleuchten. Ist Angst oder Liebe der Vater des Gedankens?

„Du hast niemals eine wirkliche Wahrheit entdeckt, wenn sie nicht die Liebe vermehrt!" Dieser Satz stammt aus dem Buch *Zaubersprüche* von Hans Kruppa. Wer sich mit kleinen, inspirierenden Gedanken für jeden Tag bereichern will, ist damit sehr gut beraten. Das Buch enthält viele geniale kleine Kostbarkeiten, beispielsweise:

„Krankheit ist ein
Symptom verirrten Lebens.
Sie drosselt das Tempo
falscher Bewegung,
denn verlangsamtes Leben
findet den Weg
zu sich zurück.
Der Körper verweigert sich
weiterer Oberflächlichkeit
und zwingt das Leben
in die Tiefe."

Genial, oder? Es ist wesentlich besser für den Computer im Hirn, *Zaubersprüche* auf dem Klo liegen zu haben, als sich die jüngsten Katastrophen aus der Tageszeitung reinzuziehen. (Ich hoffe, der Autor liest das nicht, oder er sieht es als Ehre für sein Buch an, was es auch ist. Auf dem Klo hat man eine gewissermaßen auch energetisch sehr offene Haltung. Von daher ist es völliger Blödsinn für die Programmierung des Geistes, dort eine normale Zeitung zu lesen, sofern man dort überhaupt etwas liest.)

4

Die Wahrheit über
Monster und Pussycats

Dieses Kapitel gehört thematisch eigentlich noch zum Kapitel "Erkenne dich selbst". Es hat damit zu tun, daß übermäßige oder deplazierte Ängste im Alltag die Selbsterkenntnis verhindern. Dazu möchte ich ein kurzes Gespräch eines Mediums mit einer Besucherin während eines intuitiven Frage- und Antwortabendes wiedergeben. Es geht nicht um den speziellen Fall, der scheinbar völlig banal anfängt, sondern um ein Prinzip, das mich sofort an mich selbst erinnerte, daran, wie ich noch vor einigen Jahren selbst gedacht habe.

Medium: Weshalb bist du hergekommen?

Besucherin: Ich weiß nicht. Ich dachte, ich komme einfach mal her und sehe mal, wie es ist.

Medium: Dachtest du das, oder war es mehr ein Gefühl?

Besucherin: Ja, eigentlich mehr ein Gefühl, jetzt wo du es sagst. Ich hatte das Gefühl, ich sollte herkommen.

Medium: Das hört sich sehr profan an und ist doch ein wichtiger Unterschied. Wie kannst du je deine innere Wahrheit aussprechen und leben, wenn du so wenig Aufmerksamkeit dir selbst gegenüber hast, daß du noch nicht einmal weißt, ob etwas gerade aus dem Verstand oder aus dem Gefühl kommt? Es ist nicht unbedeutend, es ist sehr bedeutend. Fangt bei den kleinen Wahrheiten an!

Wenn jemand euch fragt, ob ihr einen Tee möchtet, dann sagt ihr oft "nein", obwohl ihr gerne einen hättet. Ihr wollt dem anderen nicht zuviel Arbeit machen. Aber es ist nicht eure Wahrheit. Angenommen, ihr würdet immerhin schon mal "ja" sagen, dann fragt euch der andere, was für einen Tee ihr möchtet, und ihr sagt „Ach, mir ist alles recht", und auch das ist schon wieder nicht eure Wahrheit. Wenn ihr

27

einen winzigen Moment nachfühlen würdet, würdet ihr wissen, welchen Tee ihr wollt. Ihr meint, es sei höflicher, gar nicht erst nachzufühlen, sondern gleich "Ist mir alles recht" zu sagen. Ihr sprecht nicht eure Wahrheit, und ihr würdigt den anderen als Gastgeber nicht. Ihr unterstellt ihm, daß er schon mit einer Tasse Tee überanstrengt sein könnte.

Wieder und wieder sage ich zu den Leuten, sie sollen ihre "Wahrheit sprechen". Doch sofort bekommen alle Angst, sie sollten ihre tiefsten, innersten und privatesten Wahrheiten jetzt und hier offenbaren. Dabei ist alles, was ich möchte, daß ihr die Wahrheit über den Tee sagt!

Ihr denkt, eure tiefste Wahrheit sei zu schrecklich, um überhaupt nur hinzuschauen, und darum fangt ihr lieber gar nicht an zu schauen. Ihr vermutet ein schreckliches Monster in den Tiefen eurer Seele. Doch wenn ihr dann beim Tee anfangt, nach der Wahrheit zu schauen, dann entdeckt ihr bald ganz nebenbei, daß das, was da in euch drinnen wohnt, gar kein Monster ist, sondern eine kleine Pussykatze. Ihr hattet Angst, die kleine Katze könnte ein Monster sein, und habt darum die Wahrheit über den Tee verschwiegen. Ihr macht es euch sehr kompliziert. Ihr solltet sofort damit aufhören! Fangt an, eure Wahrheit zu sprechen, und fangt mit dem Tee und den anderen Kleinigkeiten des Lebens an. Der Rest folgt von allein.

Soweit das Medium

Denk' daran, das einzige, was dein Selbst von dir möchte, ist, vollständig erkannt zu werden, damit es den besten Weg zur individuellen Glückseligkeit finden kann.

Wenn man sein Licht noch nicht gefunden hat, stellt man sich die Aufgabe, es zu verwalten, schwierig vor. Und kaum hat man es, stellt man fest, daß diese Form der Selbstverantwortung in Wahrheit genau das ist, was man sich gewünscht hat.

„Unsere größte Angst ist nicht, daß wir unzulänglich sein könnten. Unsere größte Angst ist, daß wir grenzenlos mächtig sein könnten. Unser Licht, nicht unsere Dunkelheit, ängstigt uns am meisten."

Nelson Mandela

5   Wie funktioniert der kosmische Bestellservice?

Viele Menschen haben schon erkannt, daß sie ihre äußere Realität letztlich durch die Art und Qualität ihrer Gedanken und Gefühle zumindest stark mitgestalten und bestimmen. Im Extremfall ist das Innen gleich dem Außen, und die Lebensumstände eines Menschen legen im Außen dar, wie er im Inneren denkt und fühlt.

Manche Menschen bemühen sich, das oft vorhandene tägliche innere Chaos durch schwierige Übungen zu bewältigen, oder sie versuchen, sich dazu zu zwingen, nur noch positiv zu denken. Das mag bei einigen Menschen funktionieren, mir aber war es zu anstrengend. Auch mit den täglichen Affirmationen und Visualisierungen hatte ich es nicht so, obwohl ich viele Menschen kenne, die darauf schwören, daß es klappt. Ist doch toll, wenn es funktioniert! Das Maß der Wirksamkeit ist das Maß der Wahrheit. Ich finde auch nicht, daß das meiner "Technik" widerspricht. Man kann ja für jeden Wunsch eine andere Technik ausprobieren und dann bei der bleiben, die sich als die effektivste erweist.

Durch zufällige Erfahrungen habe ich festgestellt, daß ein einziger klarer Gedanke, mit klarer Absicht ans Universum ausgesandt, ausreicht, um alles innere Chaos zu übertönen. Denn genau dieser eine klare Gedanke verwirklicht sich immer wieder mit erstaunlicher Präzision. Es ist eine Art positives Denken in Kurzform.

Eine Bestellung beim Universum funktioniert im wesentlichen nicht anders als eine Bestellung bei irgendeinem x-beliebigen Versandhaus. Der einzige Unterschied ist der, daß man beim Universum weder anrufen, noch ein Fax schikken, noch E-mails versenden muß. Beim Universum zu bestellen ist viel einfacher: Man denkt sich seine Bestellungen in Gedanken. Oder man schreibt sie auf oder spricht sie laut aus. Die Formulierung ist völlig egal – Hauptsache, sie drückt das aus, was man haben möchte. Beispielsweise: „Hallo Universum, ich bestelle einen neuen Job, eine neue Wohnung, ein blaues Kleid aus Samt, das optimale Urlaubsziel, lauter nette Leute am Urlaubsort" – oder, oder, oder, was immer du gerade haben möchtest.

Damit DU und nur du besser daran glauben kannst (das Universum ist nicht blöd, es versteht dich so oder so), kann es günstig sein, dir beim Bestellen ein Umfeld zu schaffen, das dir das Gefühl vermittelt, die Bestellung "gut abgeschickt" zu haben. Ein Beispiel: Wenn du schriftlich bestellst – d.h. du schreibst dir auf, was du bestellst, und bewahrst den Zettel vielleicht an einem besonderen Ort auf –, dann kannst du dies nachts tun, weil du dann besser in die Sterne und in die Weite des Universum schauen kannst, und wenn du magst, stell' dir Kerzen dazu auf.

Wenn dir das zuviel Brimborium ist, kannst du die Bestellung auch auf einem Butterbrotpapier notieren und in der Zuckerdose aufheben oder wegwerfen – alles egal. Hauptsache, dir macht es Spaß, so wie du es machst.

Viele Menschen bestellen gerne nachts in den Sternenhimmel hinein und auf dem Balkon, aber ich habe auch schon von erfolgreichen Bestellungen vom Klo aus gehört... Es gibt keine wie auch immer geartete Regel hierzu.

Ebenfalls keine Regel, aber für viele ein wichtiger Hinweis, ist der Ratschlag, daß du möglichst in kindlicher Arglosigkeit bestellen und die Bestellung dann gleich wieder "geistig zu den Akten legen" und vergessen solltest. Das hat einen ganz einfachen Grund: Du bestellst ja auch keine Handtücher, Seifen oder sonstwas bei einem Versandhaus, von dem du annimmst, daß es sowieso zu blöd ist, irgendeine deiner Bestellungen zu verstehen, und das vermutlich alles falsch liefern wird.

Da du nur bei Versandhäusern bestellst, von denen du glaubst, daß es eine ganz einfache und normale Sache ist,

31

dort irgend etwas zu bestellen, wirst du auch nicht täglich dort anrufen und nachfragen, ob sie auch kapiert haben, was ein Handtuch und eine Seife sind, oder ob du es ihnen nochmal erklären sollst.

Wenn du dich so verhältst, wirst du bei jedem Versandhaus aus der Kundenkartei gestrichen – meistens auch beim Universum. Bei Mehrfachbestellungen derselben Sache geht das Universum wie jedes andere Versandhaus auch davon aus, daß du etwas wirr im Kopf bist und noch gar nicht so genau weißt, was du wirklich willst, und daß man dir besser erst einmal gar nichts schickt.

Affirmationen sind eine grundsätzlich andere Technik, die mit Bestellungen beim Universum nichts zu tun haben. Da wiederholt man – eventuell bis zum Umfallen – immer wieder dasselbe. Wenn diese Art der langsamen Umprogrammierung des Geistes für dich funktioniert, ist es doch super. Du kannst ja probeweise die Bestellungen zusätzlich einsetzen. Das eine schließt das andere nicht aus.

6   Ich erlebe, was ich denke

Vieles deutet darauf hin, daß die Summe all unserer Gedanken, Gefühle und Worte die äußeren Umstände erzeugt, in denen wir leben. Umgekehrt spiegeln uns unsere Lebensumstände ebenso wie die Menschen in unserem Umfeld unseren inneren Zustand wider.

Stell' dir einfach mal als ein Spiel oder eine Hypothese vor, das Leben wäre so, daß "wirklich" all deine Gedanken letztlich direkt oder indirekt Realität kreieren. Wie viele deiner Gedanken, die du in der letzten Woche aufgezeichnet hast, wären dann dazu geeignet, die Realität zu schaffen, in der du wirklich leben willst??

Bei mir ist das Verhältnis katastrophal, ich sage es lieber gleich. Nachdem ich eine Woche lang das erwähnte Gedankentagebuch geführt hatte, wunderte ich mich stellenweise ernsthaft, daß ich überhaupt noch lebe. Denn meine Gedankenhygiene läßt mehr als zu wünschen übrig. Mein guter Wille allein, konstruktiv zu denken, reicht anscheinend nicht aus. Goethe schrieb dereinst: „Es ist nicht genug zu wissen, man muß es auch anwenden. Es ist nicht genug zu wollen, man muß es auch tun."

Wie mein Gedankentagebuch mir offenbarte, setze ich leider bei weitem nicht all meine guten Vorsätze und alles, was ich weiß, in die Tat um, und dahinter verbirgt sich eine gute Nachricht: Es scheint völlig ausreichend zu sein, daß man sich "auf den Weg macht", man muß nicht gleich perfekt sein. Wer anfängt, gewonnene Erkenntnisse umzusetzen, so gut, wie er es im Moment kann, der tut genug, um oft scheinbar wie von Zauberhand unterstützt zu werden. Dieses "So-gut-man-es-im-Moment-Kann" mag von außen betrachtet im Einzelfall ziemlich wenig sein, dennoch bewirkt es etwas.

Es gibt Menschen, von denen hat man den Eindruck, sie führen sich auf wie ein Elefant im Porzellanladen, d.h. sie scheinen wenig Einfühlungsvermögen zu besitzen und andere Menschen immer wieder wie eine Dampfwalze zu überfahren. Das mag unser Eindruck sein. Und trotzdem kann es sein, daß diese scheinbar so unmöglichen Zeitgenossen "magische" Unterstützung noch und nöcher erhalten, und wir stehen staunend daneben.

„Universum, was soll das? Was denkst du dir dabei? Wie kannst du bloß diesen Knilch unterstützen? Und ich? Ich bin doch so gut und nett und benehme mich moralisch einwandfrei, wann bitte unterstützt du mich mal auf solche Weise? Ich finde das ungerecht! Du solltest doch gerecht sein. Wenn nicht du, wer dann??"

Wenn wir in der Lage wären, die Hinweise des Universums zu verstehen, dann könnte eine mögliche Antwort auf so eine Frage folgendermaßen lauten:

„Hi, hier spricht das Universum, der kosmische Bestellservice, die All-Einheit, oder wenn du magst, nenn' mich doch einfach Joe!

Du willst also wissen, wieso ich diesen Menschen, den du für einen nutzlosen 'Knilch' hältst, unterstütze. Nun, salopp ausgedrückt, baut er zwar tatsächlich öfter mal Mist. Doch hat er auch eine recht schwierige Persönlichkeit. Mitten in seinem Mist fällt ihm immer wieder selbst auf, daß er andere vor den Kopf stößt, und er bemüht sich dann wirklich, die Sache sofort besser zu machen."

„Ach", könntest du dann einwenden. „Da merke ich aber gar nichts von. Dieser Tunichtgut hat sich bei mir noch nie entschuldigt."

„Du hast recht, es wäre nett gewesen, wenn er das gelegentlich getan hätte. Aber dennoch solltest du nicht so hart über ihn urteilen. Bedenke, Menschen mit Komplexen und einem eher schwachen Charakter können enorme Angst davor haben, auch nur den kleinsten Fehler zuzugeben. Es fällt ihnen schwer, sich zu entschuldigen. Doch möglicherweise empfindet ja dieser 'Knilch' in seinem Inneren ehrliches Bedauern darüber, und er tut – oft ganz versteckt –

eine Menge, um seine Fehler wiedergutzumachen. Er hat vielleicht andere gute Eigenschaften, ist möglicherweise nicht nachtragend und würde seinem größten Widersacher, den er täglich anbrüllt, dennoch in der Not helfen.

Das bedeutet, daß er zwar vieles noch nicht kann und weiß und ihm manche Dinge noch nicht bewußt sind. Doch im Rahmen seines gegebenen Bewußtseins gibt er sich Mühe und macht alles so gut er kann. Und in diesen Momenten des Bemühens werde ich ihn immer wieder unterstützen. Schon seine eigene innere Weisheit ist daran interessiert, daß er zu einem glücklichen Leben findet, und darum erhält er für jede Sekunde ehrlicher Freude am Leben kleine Wunder zur Belohnung.

Außerdem solltest du bedenken, daß der Mensch nicht nur über Worte kommuniziert, sondern auch über unterschwellige Gedanken und Gefühle, die beim Gegenüber ankommen, ohne daß es diesem unbedingt bewußt wird. Diese Kommunikation findet unumgänglich statt. Von außen kannst du nie wirklich beurteilen, was in einem anderen vor sich geht. Deshalb solltest du das Verhalten oder den Lebensweg eines Menschen nicht so vorschnell verurteilen. Deine Aufgabe ist es, deinen eigenen Weg zu erkennen. Damit bist du voll ausgelastet."

Soweit eine mögliche Antwort von "Joe".

Dazu, daß Kommunikation auch aus "unterschwelligen Gedanken und Gefühlen" besteht, wie unser fiktiver Joe oben erwähnte, fällt mir die Rückwärtssprache ein, die mir vor etwa einem Jahr zum ersten Mal begegnete. Sie gehört zu den Dingen, die die geniale Vielfalt und die wundersamen Verflechtungen des Lebens zeigen.

Wenn man einen normalen Dialog aufzeichnet und das Gesprochene hinterher mit einem guten Tonbandgerät rückwärts abspult, kann ein geübter Therapeut aus diesem Kauderwelsch etwa alle 30 Sekunden Sätze und Worte heraushören, die wie ganz normal Vorwärtsgesprochenes klingen. Sensationellerweise enthüllen diese sogenannten Reversals, was der Sprecher über das, was er da gerade vorwärts erzählt hat, in Wirklichkeit denkt und fühlt. Es ist eine Methode, mit der man herausfinden kann, ob man wirklich in Harmonie mit seinem innersten Wesen ist. Wenn ja, dann stimmt das Rückwärtsgesprochene mit dem Vorwärtsgesprochenen überein. Und falls nein, kann man durch diese Technik erhellende Einsichten erhalten. Vor allem kann man ihnen nicht widersprechen, da man diese Dinge ja selbst gesagt hat, wenn auch nur "rückwärts".

In Amerika ist "Speech Reverse" (die englische Bezeichnung für Rückwärtssprache) inzwischen zu einer anerkannten Therapieform geworden. Der Entdecker David Oates hat sie sogar einmal bei einem Mörder eingesetzt. Eine Stunde lang stritt der alle Anschuldigungen ab und beteuerte seine Unschuld. Rückwärts allerdings gestand er nicht nur, den Mord begangen zu haben, sondern er verriet auch sein Motiv und gab an, wo er die Tatwaffe versteckt hatte. Die Polizei ging diesem Hinweis nach und fand am angegebenen Ort die Waffe mit den Fingerabdrücken des Täters, der immer noch seine Unschuld beteuerte.

Auch in Deutschland gibt es inzwischen Institute, die sich mit der Rückwärtssprache beschäftigen. (Adressen siehe Anhang).

Der eigentliche Grund, warum ich das erzähle, ist der, daß ich verdeutlichen möchte, wie viel zwischen zwei Menschen, die sich unterhalten, abläuft und daß energetisch und essentiell das Gegenteil von dem wahr sein kann, was die beiden auf der normalen Sprachebene austauschen. Der gute Joe hat also recht damit, daß man sich vorschnelle Urteile aufgrund rein verbaler Äußerungen besser sparen sollte.

Er hatte da eben auch was von "ehrlicher Freude am Leben" erwähnt, für die es "kleine Wunder zur Belohnung" gäbe. Das erinnert mich an die Geschichte von einem Mann, der ein Nahtoderlebnis hatte und darüber ein Buch schrieb (leider sind mir Autor und Titel entfallen). Dieser Mann starb und erlebte das mittlerweile schon bekannte Phänomen, auf einen Lichttunnel zuzuschweben. Dabei lief sein ganzes Leben wie ein Film vor ihm ab. Alle negativen Erlebnisse und Ereignisse zogen vor seinem geistigen Auge vorbei und wurden dann aus seiner Erinnerung gelöscht. Allerdings wurden die positiven auf seinem Konto für "positives Karma" abgespeichert.

Was den Mann sehr verwunderte, war, was alles als "negativ" gelöscht und was auf seinem Konto als "gut gemacht" verbucht wurde. Es waren Situationen dabei, in denen er seiner Meinung nach "moralisch" richtig gehandelt, sich dabei aber nicht gut gefühlt hatte. Er hatte so gehandelt, wie er es für seine Pflicht hielt, hatte sich jedoch dabei schlecht gefühlt. Solche Erlebnisse erschienen auf der Negativseite und wurden gelöscht.

In anderen Fällen wiederum war es genau umgekehrt. Da gab es Situationen, in denen er zwar, wie er meinte, völlig gegen die Moral und gesellschaftliche Normen verstoßen hatte, in denen allerdings alle Beteiligten Spaß gehabt und sich wohlgefühlt hatten. Wenig bis keine Moral, aber Freude am Leben für alle, und schon erschien das Erlebnis auf der Positivseite und wurde mit Belobigung abgespeichert. Der Mann war ganz schön verdutzt. Offenbar zählten nicht die gesellschaftliche Norm oder die vermeintliche Moral, sondern einzig, ob alle Beteiligten sich wohlgefühlt hatten. Hätte er das bloß mal früher gewußt, dann wäre vieles in seinem Leben anders gelaufen.

In seinem Fall entschied die Seele, ihn mit dieser neuen Erkenntnis noch einmal ins Leben zurückzuschicken, und so glückten die Wiederbelebungsmaßnahmen der Ärzte, und er konnte der Welt in einem Buch von dem Erlebten berichten. Soviel zur "ehrlichen Freude am Leben" und den "kleinen Wundern zur Belohnung".

Bestätigen kann ich übrigens auch Joe's Hinweis, daß einem Menschen von außen meist nicht anzusehen ist, was in seinem Inneren wirklich vorgeht. Von Autisten zum Beispiel nimmt man oft an, daß sie den Verstand einer Ameise haben. Birger Sellin ist ein Autist, der mit diesem Vorurteil gründlich aufräumte, als ihm eines Tages jemand einen Computer schenkte. Er schreibt seitdem Bücher und versteht offensichtlich sogar Englisch, während sein gesamtes Umfeld bisher meinte, er könne nicht bis drei zählen.

Es stimmt schon, jeder hat mehr als genug damit zu tun, sein eigenes Inneres zu erforschen. Wenn du dir selbst gegenüber ehrlich sein kannst und dir im Rahmen deiner gegenwärtigen Erkenntnisse Mühe gibst, ein glückliches und erfülltes Leben zu führen, dann wirst gewiß auch du alle Unterstützung vom Universum oder von "Joe" erhalten. Und wenn einer mal etwas Dummes tut, dann fällt ihm nur im Moment nichts Besseres ein, darum sollte man nicht so viel Aufhebens machen. Solange du mit wachsendem Bewußtsein dabei bist, deine eigenen Gedanken zu beobachten, und du dich im gemütlichen Schlenderschritt, in einem dir angenehmen Tempo auf den Weg begibst, dir mittels bewußter Gedanken und Gefühle langsam, aber sicher die Realität zu kreieren, in der du wirklich leben willst, solange wirst du "magische" Unterstützung erhalten.

Solltest du unterwegs mal wieder vollständig einschlafen (so wie ich des öfteren), dann klingelt eben der Wecker, zunächst ganz dezent. Das merkst du daran, daß das Leben anstrengender wird, weil die vielen kleinen Fügungen abnehmen, die dir sonst immer das, was du gerade brauchst, zur rechten Zeit am rechten Ort vor die Füße legen. Wenn dir das längere Zeit gar nicht auffällt, dann fährt dir beispielsweise die S-Bahn immer gerade vor der Nase weg, und du mußt 18 Minuten warten, statt daß sie immer genau dann einfährt, wenn du am Bahnsteig auftauchst.

Ich habe mir angewöhnt, bereits bei zwei verpaßten S-Bahnen hintereinander zu überlegen, wo ich in den letzten Tagen mit meinem Bewußtsein war, und ob ich womöglich schon wieder am Einschlafen bin. Normalerweise, in einer "unterstützten Realität", hat so was einfach nicht zu passieren, und das tut es auch nicht. Die S-Bahn ist ein simples, aber symbolhaftes Beispiel – wie eigentlich alles im Leben.

Erst vor einer Woche hatte ich genau diesen Fall, daß ich zwei Tage am Stück über irgend etwas unzufrieden und genervt vor mich hinmurrte und meinen mißmutigen Zustand gar nicht bewußt wahrnahm. Schon klingelte der "Wecker". Die S-Bahn fuhr vier Minuten zu früh ab, es war lausig kalt, und ich mußte eine Viertelstunde warten. Auf dem Rückweg dasselbe. Da ich in solchen Dingen vom kosmischen Bestellservice eher verwöhnt bin, fing die Sache bereits an, mir verdächtig vorzukommen.

Als ich am nächsten Tag schon wieder warten mußte, war klar, daß etwas nicht stimmte. Ich hörte auf zu brummen und zu murren, suchte in meinem Bewußtsein nach einer Lösung und freundete mich mit der Situation wieder an. Am nächsten Tag wollte ich – mit neuem Elan – besonders früh zu einem Kunden fahren (ich arbeite ja u.a. als Graphikerin) und alle Dinge, die in den letzten Tagen liegen geblieben waren, wieder aufarbeiten. Dummerweise vergaß ich jedoch, den Wecker zu stellen, und verschlief genau eine Stunde. „Was habe ich denn jetzt wieder falsch gemacht?" wunderte ich mich.

Irgend etwas schien noch nicht zu stimmen, denn wie hätte das sonst passieren können. Bald wurde mir klar, was los war, als ich nämlich in der S-Bahn saß und der Fahrer durchgab, daß wir aufgrund eines Unfalls Verspätung haben würden. Wie sich herausstellte, war der S-Bahn-Verkehr auf meiner Strecke seit über einer Stunde völlig blockiert, und die S-Bahn, in der ich saß, war die erste, die wieder fast frei (mit nur 10 Minuten Verspätung) durchfahren konnte.

Ich atmete auf. Offensichtlich hatte doch alles gestimmt, und das hier war das erste Zeichen. Das Universum hatte mir eine Stunde Warten in der S-Bahn erspart, mir den Wecker ausgestellt und mich lieber länger schlafen lassen. „Vielen Dank, Universum, eine gelungene Kleinigkeit!" Seitdem kommen die S-Bahnen wieder genau dann, wenn ich am Bahnsteig erscheine.

Genauso wird es dir auf dem Weg zu mehr Gedanken-hygiene vermutlich auch ergehen. Es gibt jedoch keinen Grund, daß du dich dabei mehr anstrengst, als es dir Spaß macht. Immer mit der Ruhe, das reicht auch. Die Motivationen werden mit der Zeit immer deutlicher von außen kommen. Wenn sich deine innere Verfassung klar erkennbar in einer reibungslos funktionierenden äußeren Wirklichkeit widerspiegelt, dann macht es dir sicher auch Spaß, damit herumzuexperimentieren, bis alles im Leben immer leichter läuft.

7 Nicht gackern, bevor das Ei gelegt ist

In meinem ersten Buch, *Bestellungen beim Universum*, habe ich ein kleines Detail nicht ausreichend betont, wie mir inzwischen scheint. Es geht um die Zweifel, die alle Bestellungen löschen. und um die damit zusammenhängende Tatsache, daß man auf keinen Fall "gackern" sollte, bevor man "das Ei gelegt" hat.

Zum einen zerstören Zweifel jede Energie, die geeignet ist, Bestellungen in der Wirklichkeit manifest werden zu lassen. Gar nicht mal, weil der kosmische Bestellservice nicht liefert, sondern eher, weil man die Annahme hartnäckig verweigert.

Ich hatte mal ein Problem mit der "Lieferannahme". Es war schon eine Weile her, daß ich eine bestimmte Bestellung aufgegeben hatte, und die Lieferung wollte und wollte sich nicht einstellen. Gleichzeitig tauchten immer wieder Informationen und Hinweise auf eine bestimmte Veranstaltung auf, die mich jedoch völlig kalt ließen. Immer wieder wurde mir davon berichtet, und ich dachte mir jedesmal: „Igitt, was ist das denn? Auf jeden Fall nichts für mich!"

Nachdem ich etwa zum fünfzigsten Mal davon hörte, las oder erzählt bekam, beschloß ich, doch mal vorbeizuschauen. Ich mag auch ganz gerne Überraschungen und außergewöhnliche Erfahrungen, und so ging ich zu dieser Veranstaltung, weil ich es für eine Art skurriles Amusement hielt. Aber siehe da, genau dort fand ich den richtigen Hinweis auf das, was ich schon vor so langer Zeit bestellt hatte. Es war nur ein eindeutiger Fall einer "hartnäckigen Annahmeverweigerung der Auslieferung", ich hätte das Bestellte schon viel früher haben können.

Je mehr nun ein Mensch in einem geistigen Zustand des Zweifels verharrt, desto weniger ist er entspannt, und desto weniger versteht er die Hinweise, wo er sich seine Lieferung abholen kann. Leider klingelt es nämlich meistens nicht an der Tür und einer bringt einem das Bestellte vorbei, sondern diese Hinweise auf das Bestellte begegnen einem im Alltag, wenn man seinem wirklichen Lebensweg zumindest ganz annähernd und eingermaßen folgt. In Einzelfällen (wie bei mir) kann man sich auch mal monatelang dumm anstellen und erhält die Lieferung am Schluß doch noch. Aber ich hätte sie auch schon Monate früher haben können. Manchmal verpaßt man Lieferungen leider auch endgültig, wenn sie sich nicht mehrfach zustellen lassen.

Derartige selbsterzeugte Blockaden, die die Auslieferung behindern, entstehen übrigens oft auch dann, wenn man seine Bestellung herausposaunt, bevor man die Lieferung erhalten hat. Diese spielerischen, einmaligen Bestellungen beim Universum funktionieren ja deshalb, weil sie sich von all den unbewußten, ungeordneten und chaotischen Gedanken abheben, die man meistens so denkt, ohne zu wissen, was man eigentlich wirklich will. Jeder klare und geordnete Gedanke, der hinterher wieder losgelassen wird und dessen Eintreffen man entspannt entgegensieht, kommt daher wie ein Bumerang in Form einer Manifestierung im Physischen wieder zum Absender zurück.

Angenommen, du erzählst nun gleich jedem: „Du übrigens, ich hab' mir jetzt ein neues Auto beim Universum bestellt. Ich hab' allerdings keinen Pfennig auf dem Konto. Bin gespannt, wie das Universum mir dieses Auto beschaffen wird." Das ist dann so, als würde man den Gedankenbumerang nicht mit geistiger Kraft ins Universum schleudern, sondern als würde man ihn in die Hand nehmen, jedem herumzeigen und dann im Regal für jeden sichtbar ablegen. Dieser Gedanke hat ernsthafte Manifestierungsprobleme.

Man kann es sich vielleicht auch vorstellen wie einen Samen, der auf dem Boden des Geistes zu einer Pflanze (der Manifestation) heranwächst. Wenn ich den Samen aus dem Geist ausgrabe und ihn überall herumzeige, dann fehlt ihm der Nährboden. Weit sinnvoller ist es, den Samen im Boden

42

(im Geist) zu lassen, und wenn dann alle die ausgewachsene Pflanze bewundern, kann man erzählen, was für ein Samen (= Gedanke) der Vater oder die Mutter dieser Manifestation war.

Rausposaunen bedeutet auch, den Gedanken der vollen Breitseite aller Zweifel der lieben Mitmenschen und auch der eigenen auszusetzen. Man kommt in Zugzwang. „Jetzt habe ich doch schon überall herumerzählt, daß ich ein Auto bestellt habe, nun wird es aber Zeit, daß es kommt. Wie stehe ich denn sonst da? Die fragen ja jetzt schon alle hämisch nach." Und schon fühlt man sich unter Druck und im Stress. Dadurch verliert der Geist seine Leichtigkeit und Kraft, und man schafft es nicht loszulassen.

Wenn ich den Bumerang nicht loslasse, kann er auch nicht zurückkommen. Selbst wenn das Universum einen "Anfängerkredit" gewähren sollte und trotz fehlerhaften Ausfüllens des Bestellformulars zur Sonderauslieferung bereit wäre, ist es fraglich, ob man noch entspannt genug ist, zur richtigen Zeit am richtigen Ort zu sein, um das Bestellte auch entgegenzunehmen. Es sprechen also sehr viele Gründe dafür, den Schnabel zu halten und erst nach der Auslieferung vom Erfolg zu berichten.

In meinem Fall hat sich dieses Problem quasi automatisch gelöst. Ich war 1996 in zwei Talk-Shows, um von den Bestellungen beim Universum und meinem Zufallsbuch zu berichten (das gibt es nur in Manuskriptform). Ich stellte mir vor, es würden sich daraufhin vielleicht unheimlich viele Leute melden, die tolle Zufälle erlebt haben, und die könnte ich dann in mein Buch aufnehmen, an dem ich damals schrieb.

De facto scheinen Zufälle kaum mehr ein Thema zu sein, weil fast allen klar ist, daß es keine "zufälligen" Zufälle gibt, sondern einem die Dinge zu-fallen, die man sich kreiert oder mit seiner inneren Resonanz anzieht (wodurch das Zufallsbuch schließlich überflüssig wurde).

Nach der zweiten Sendung erhielt ich sehr viele Zuschauerzuschriften. Allerdings wollte mir niemand von einem Zufall berichten. Rund die Hälfte schrieb in etwa: „Das ist ja sehr interessant! Wo bekommt man denn einen Katalog von diesem Versandhaus 'Universum'? Die scheinen ja wirklich alles zu haben. Ich wäre Ihnen sehr verbunden, wenn Sie mir Telefonnummer und Preisliste zukommen lassen könnten..."

Ich konnte es kaum fassen. Ja drücke ich mich denn so undeutlich aus? fragte ich mich. Ungläubig über so viel Unverstand setzte ich mich hin und verfaßte in drei Tagen das erste Buch, *Bestellungen beim Universum*. Ich wollte den Unverständigen erklären, was ich wirklich gemeint hatte und wie sie an dieses "Versandhaus" kommen.

Ich habe das Manuskript dann kopiert und an alle, die es interessierte, verkauft. Auf diese Weise habe ich mehrere Hundert Kopien unter die Leute gebracht, bis der Omega-Verlag ein wunderschönes kleines Buch daraus machte.

Aber bereits nach den ersten hundert Kopien, die ich verkauft hatte, stellte sich ein Problem ein. Es riefen mich nämlich immer mehr Leute an, teils um begeistert zu berichten, was sie schon alles Wundervolles bestellt und erhalten hatten, teils um anzufragen, warum es bei ihnen nicht klappe. Durch die Bank waren übrigens die Leute, bei denen die Bestellungen funktionierten, der Telefonstimme nach zu urteilen lockere, fröhliche und entspannte Menschen, und die, bei denen es nicht klappte, klangen oft trauriger und angespannter und wollten ganz unbedingt endlich etwas geliefert bekommen.

Eines aber hatten die meisten Anrufer gemeinsam: Sie hielten mich für eine Art "Meisterin in der Nutzung des universellen Bestellservices". Ich könne das ja wohl am besten von allen, und bei mir funktioniere alles sofort, was auch immer ich bestelle. Dazu lese man am besten gleich noch einmal in Kapitel 2 nach, wo ich mir durch eine unbewußte Bestellung eine saftige Steuernachzahlung beim Finanzamt herbeigefürchtet habe. Das war kein bißchen meisterhaft. Zum Glück kann man ja ständig neue Bestellungen aufgeben und so das Problem wieder lösen.

Diese Erwartungshaltung vieler Leser auch meiner Zeitschrift *Sonnenwind* führte jedenfalls sehr schnell dazu, daß ich mich unter Erfolgszwang fühlte. Und schon hatte ich das gleiche Problem wie jene Menschen, die schon vor der Auslieferung allen von ihrer Bestellung beim Universum erzählen.

Ich fühlte mich schlecht, weil ich Schlösser bestellt und dann herausgefunden hatte, daß ich gar nicht wirklich in einem Schloß wohnen will, auch nicht kostenlos. Mir gefällt meine Unabhängigkeit in meinen eigenen vier Wänden doch besser. Da ich aber von den Schlössern berichtet hatte, fragten die Leute immer wieder: „Ja wann ziehst du denn nun in eins dieser Schlösser?" Und ich dachte: „Laßt mich bloß in Ruhe mit Schlössern! Die mit ihrer düsteren, angestaubten Energie. Und wer soll die putzen? Ich bestimmt nicht."

Langer Rede, kurzer Sinn: Ich fühlte mich gestresst durch die Erwartungshaltung meiner Leser und der Menschen in meinem Umfeld. Und schon kam es, wie es kommen mußte: Die Bestellungen funktionierten für eine Weile nur noch bei kleinen, "harmlosen" Dingen. Die Kette unwahrscheinlicher Fügungen und unglaublicher Zufälle riß zwar zum Glück nicht ganz ab, aber Bestellungen von wirklich großen Dingen wie z.B. Schlössern wollten einfach nicht mehr funktionieren. Das Ganze gipfelte dann in der erwähnten großen Fehlbestellung, die sich zum Glück mit Hilfe eines Freundes wieder korrigieren ließ.

Seitdem halte ich es so: Wenn mich einer fragt, was ich gerade so bestellt habe, sage ich: „Was ich? Ich habe doch alles. Ich hab' grad nichts bestellt, außer täglich eine schöne Überraschung, und die kommt auch." Das ist hübsch unverfänglich, und man kommt nicht in Stress.

8
Wo ein Problem ist, ist auch eine Lösung

Zu Problemen habe ich so meine eigene Einstellung: Wo auch immer eins auftaucht, ist für mich klar, daß es auch eine Lösung dazu geben muß. Ein Problem ohne Lösung kann es so wenig geben wie eine Medaille mit nur einer Seite. Denn das wäre ja keine Medaille mehr. Sie würde nicht existieren und damit auch die erste Seite, nämlich das Problem nicht. Das Vorhandenseins eines Problems beweist also für mich, daß es irgendwo eine Lösung geben muß.

Nun gibt es Probleme, deren Lösung in etwas weiterer Ferne liegen könnte als mir im Moment lieb ist. Aber da bin ich der Meinung, daß es immer eine Zwischenlösung geben muß, die gut genug ist, um damit bereits hier und jetzt vollkommen glücklich sein zu können.

Wenn also die Bestellungen nur mit halber Kraft funktionieren, was kann ich dann tun, damit ich trotzdem alles, was ich möchte, inklusive aller Absurditäten, die ich mir manchmal so vorstelle, bekomme?

– Höre ich da irgendwelche Stimmen, die "Raffgeier" rufen?? Seid doch froh, daß ich so raffgierig immer das Beste vom Leben haben will, sonst würde ich mich nicht so intensiv nach möglichen Wegen dazu umsehen und keine schlauen Ratgeber dazu schreiben! –

Ich denke, einer der Gründe, weshalb relativ viele Leute meine Zeitschrift oder auch das letzte Buch gerne lesen, ist der, daß ich selbst ziemlich "unheilig" und "unerleuchtet" bin und mir trotzdem relativ viele Vergnügungen und Annehmlichkeiten einfach von einem kosmischen Bestellservice schicken lasse. Die Botschaft dahinter für euch ist folgende: „Na wenn die Irre da das alles schafft und erlebt, dann schaffe ich das ja wohl erst recht!" Und genau so ist es auch.

46

Das bringt mich gleich auf ein dazu passendes Thema – wichtig besonders für Neulinge im Kreise derer, die Erfahrungen mit dem Unfaßbaren und mit unerklärlichen Phänomenen aus dem Unsichtbaren machen. Wenn man zum ersten Mal voller Staunen und Noch-kaum-fassen-Können solche Erfahrungen macht, möchte man meist sofort noch viel, viel mehr über diese Phänomene wissen und darüber, wie man sie nutzen kann. Was tut man also oft? Man rennt auf Seminare, Workshops und Vorträge aller Art. So weit, so schön. Dagegen ist nichts zu sagen. Man lernt Gleichgesinnte kennen, bekommt weitere Inspirationen, alles wunderbar soweit. Aber man darf eines nicht vergessen: Die Tatsache, daß ein Mensch erkannt hat, daß es geistige Gesetze und unsichtbare Kräfte gibt, beweist nicht, daß dieser Mensch ein guter Mensch ist!! Man kann einfach nur mit Intelligenz und durch Erfahrungen festgestellt haben: „Aha, der Geist beherrscht die Materie, so ist das also! Und jeder Mensch, der seine Gedanken ordnet, hat Macht über Menschen mit ungeordneten Gedanken. Noch interessanter: Über wen könnte ich denn da mal Macht ausüben? Wo sind die Dummen, die ich ausbeuten könnte??"

Solche Leute gibt es in der sogenannten New-Age-Szene genauso, wie es dort herzensgute, liebe und sehr reife Menschen gibt. Ihr solltet nicht jedem erstbesten Guru hinterherrennen und ihn Entscheidungen für euch fällen lassen. Eure Wahrheit kann nur aus eurem Inneren und von eurer inneren Stimme wirklich erkannt und festgestellt werden. Niemals weiß irgendwer anderes, egal wer, wirklich etwas besser als eure eigene innere Instanz, wenn ihr ihr offen und ehrlich zuhört. Manchmal hören gute Medien vielleicht eher die zarten Rufe eurer inneren Stimme als ihr selbst. Doch die letzte Instanz für Wahrheit oder Unwahrheit müßt ihr in euch selbst erspüren.

Wie das geht? Das ist sehr einfach: Du hast keine Wahrheit gefunden, wenn sie nicht die Liebe vermehrt! Das will heißen, daß du nur deinem Wohlgefühl zu folgen brauchst. Wenn der Herr Guru Oberschrat oder Hinterzupf dir sagt, dein Problem sei dies und das, und du hast dabei ein Gefühl, als würde dein Körper weiter und offener, und du fühlst dich erfreut, erlöst oder sonstwie positiver als vorher, dann war der Guru gar nicht schlecht, und er hat einen Teil der Wahrheit getroffen. Wenn du hingegen denkst, „Ja, das hört sich logisch an. Mir fallen auch Situationen ein, die man so sehen könnte. Wahrscheinlich hat er recht", aber du fühlst dich dabei eher schlechter als vorher, dann hat der Herr Guru schlicht und ergreifend Stuß erzählt und falsch geraten. Fertig, aus, basta.

Es ist wirklich Zeit, mit der Guru-Anhimmelei aufzuhören. Wer sich selbst nicht erkennt und als seinen eigenen Guru anerkennt, wird nie zu wirklicher Erfüllung finden. Inspirieren lassen kann man sich durchaus von einem Guru. Wenn seine Gegenwart bewirkt, daß du dich mit dir selbst besser fühlst als vorher, oder er dir das Gefühl vermittelt, daß sich Teile in deinem Körper entspannen, von denen du gar nicht wußtest, daß sie angespannt waren, dann hast du einen Menschen gefunden, der zumindest an diesem Tag positiv inspirierend auf dich wirkt. Das macht aber dennoch keinen besseren Menschen aus ihm, als du es bist, und es sagt nichts darüber aus, ob es morgen auch noch so ist oder ob du nicht doch lieber deine eigene innere Weisheit befragst und dort sogar noch bessere Hilfen bekommst.

Eigentlich geht es immer nur darum, daß positive Gedanken und Gefühle das Leben positiver werden lassen, sofern sie ehrlich sind und sich dahinter nicht negative Gedanken verbergen. Nach meinem Dilemma mit dem Erfolgsdruck, der entstand, weil ich ja angeblich die 'Meisterbestellerin' bin, hatte ich also ein Problem, und auch dafür mußte es eine Lösung geben.

Wenn ich Probleme habe, zu denen mir zunächst rein gar keine Lösung einfällt, dann setze ich mich mittlerweile meist zu einer kurzen Meditation in Stille hin und suche im Innen nach einer Antwort.

Es ist schon lange nicht mehr passiert, daß gar keine Antwort gekommen wäre. Früher habe ich mir in solchen Fällen die Antwort für irgendwann demnächst bestellt. Dann hat mir im Laufe der nächsten Tage jemand etwas Erleuchtendes zu dem betreffenden Thema gesagt, oder ich habe irgendwo etwas genau dazu Passendes gelesen, oder die Antwort kam mir irgendwann ganz plötzlich einfach so in den Sinn.

Mittlerweile erhalte ich die Antwort meistens sofort als eine Art Eingebung von innen. Zu meinem aktuellen Dilemma mit dem Erfolgsdruck meldete die innere Stimme folgendes:

Wie ich ja selbst immer so schön und so schlau schreibe, könne man im Leben nie nicht bestellen (hhm, stimmt, das habe ich geschrieben). Man bestelle zwar leider meist unbewußt, aber die Summe aller Gedanken und Gefühle komme immer einer zumindest unbewußten Bestellung gleich, und im Äußeren spiegele sich das, was man wirklich die meiste Zeit über denke und fühle.

Durch mein Gedankentagebuch sei mir ja ferner schon klar geworden, daß ich durchaus zu den Leuten gehöre, die ziemlich viel Wirrwarr zusammendenken. Wenn ich nun zudem auch noch meine Bestellungen und die Auslieferung durch Angespanntsein, Erwartungshaltung und Erfolgsdruck blokkieren würde, dann bliebe mir nur noch eine Wahl: Ich würde wohl das gesamte Wirrwarr im Kopf komplett aufräumen und all meine Gedanken und Gefühle vollständig von alten, unerwünschten Automatismen reinigen müssen (nützliche Automatismen behält man natürlich weiterhin). Wenn ich nur noch im Zustand wacher Bewußtheit verweilen, all meine Gedanken bewußt denken würde, und zwar nur noch solche, die dazu angetan sind, positive Realitäten zu kreieren, dann könne ich mir sämtliche Einzelbestellungen sparen, denn dann gäbe es ohnehin keine unerwünschten, unbewußten Manifestationen mehr!

Ende der Durchsage von innen.

Na, wenn's weiter nichts ist. Vielen Dank für den tollen Tip, das mache ich doch gleich... Guter Scherz, was? Wer

49

sich in einem ähnlichen Bewußtseinszustand wie ich befindet, schon einmal ein Gedankentagebuch geführt hat und sich selbst kennt, der wird bei so einem Vorschlag wahrscheinlich ebenso wie ich entweder ohnmächtig vor Schreck oder behilft sich mit einem Scherzchen zur Auflockerung der höchst dramatischen Lage. Das kann ja wohl nicht wahr sein! *Alle* Gedanken und Gefühle aufräumen, reinigen und *nur* noch Dinge denken, die man mit Bewußtsein auswählt.

Das würde ja konkret bedeuten, keine uralten Unterhaltungsfilme mehr im Kopf gegen Langeweile im Stau. Keine Tagträume mehr, deren Inhalt von alten Mustern genährt wird. Keine halb in Trance gedachten stillen Beobachtungen und Frotzeleien mehr über andere Leute, die man ja so doof findet. Keine mürrischen und genervten Gedanken mehr. Keine Werturteile mehr, keine Befürchtungen, keine Melancholie, keine Ohnmachtsgefühle, keine Wut, keine Aggressionen mehr, wo es doch manchmal so schön ist, sich ausgiebig auszumalen, wie man Leute bestraft, die einen geärgert haben, etc. pp.

Es ist zwar wahr, daß ich, sobald mir ein solcher eher düsterer Gedanke klar bewußt wird, manchmal gleich und manchmal wenigstens eine halbe oder ganze Stunde später entscheide: „O.k., jetzt hast du dich genug in deinen Rachegedanken gesuhlt. Jetzt könntest du auch mal wieder versuchen, dich in den anderen einzufühlen, und nach einer Lösung suchen, bei der beide als Gewinner aus der Situation hervorgehen und nicht nur du 'beweist', daß du recht hast."

Ich vermute, es ist diese immer wiederkehrende Grundtendenz in meinen Gedanken und Absichten, die bewirkt, daß ich so viel "Glück" habe, weil ich gemäß meinem Erkenntnisstand letzten Endes meistens bemüht bin, das Beste aus einer Situation zu machen.

Doch was mir diese innere Stimme da vorschlug, war ja allen Ernstes, sämtliches unbewußtes und automatisches Vor-mich-hin-Denken zu eliminieren und durch bewußtes Denken zu ersetzen. Das ist ja wohl etwas übertrieben, meinem

50

Eindruck nach eigentlich nicht zu schaffen. Außerdem war ja schon immer das Schöne an den Bestellungen beim Universum, daß man so schön "unheilig" und ohne jeden "weihevollen Ernst" sein und leben konnte, und dennoch funktionierte es wie am Schnürchen. Es gab bislang keinen Grund für mich, mich gedanklich wie eine Heilige zu benehmen. Ab und zu ein geordneter Gedanke reichte völlig aus. Und nun das. Katastrophal! Das mir! Außerdem hörte sich das Ganze definitiv nach Anstrengung an. Ich liebe meine Bequemlichkeit und gedenke, sie beizubehalten.

Das brachte mich auf eine Idee. „Diesem Universum mit seinen anstrengenden, viel zu heiligen Ideen werde ich ein Schnippchen schlagen", dachte ich mir, und so jagte ich gleich eine neue Bestellung raus: „O.k., liebes Universum, ich sehe ein, daß ich mir durch das Veröffentlichen meiner Erfahrungen selbst ein Kuckucksei ins Nest gelegt habe, weil ich seitdem das Gefühl habe, unter Beobachtung zu stehen. Da ich nie nichts bestellen kann, sondern mit meinem Gedanken- und Gefühlsmix weiterhin meine Realität kreiere, ist es naheliegend, daß ich etwas an meinen Gedanken und Gefühlen tun muß. Ich bestelle mir daher hiermit, daß du dir eine Methode ausdenkst, mit der das ganz einfach geht. Wenn du mir etwas schickst, womit ich auf leichte und einfache Weise ohne viel Arbeit meine Gedanken reinigen und ordnen kann, dann soll es mir recht sein. Und wenn dir das nicht gelingt, dann bestelle ich einen neuen Vorschlag, wie ich weiterhin alles, was ich will, bekomme. Vielen Dank im voraus für die freundliche Bearbeitung."

Ich fand mich ganz schön schlau und erwartete irgendwann eine Eingebung, wie ich die Zweifel ausschalten und mich vom Erfolgsdruck unabhängig machen könnte, so daß die Bestellungen wieder in altbewährter Weise auch bei größeren Dingen funktionierten.

Nicht viel später fand ich mich jedoch der Erkenntnis gegenüber, daß das Leben offensichtlich keinen Stillstand duldet und allen Ernstes von mir erwartet, daß ich ALLE meine

Gedanken und Gefühle früher oder später in bewußte Ordnung bringe. Für den Moment sollte ich wohl zumindest schon mal anfangen, den Prozentsatz an bewußten Gedanken zu verbessern, mich quasi auf den Weg machen. Ach herrje.

Ich mußte an die erfolglosen Positiv-Denker denken. Das sind die, die in Gedanken „Mir geht's gut, mir geht's gut" murmeln und eine Schicht tiefer doch das Gefühl haben, daß nichts ihnen helfen kann und es ihnen miserabel geht. Wenn diese erfolglosen Positiv-Denker 24 Stunden am Tag die tiefe Überzeugung hätten, daß ihre Gedanken Wirklichkeit kreieren, dann gäbe es die versteckten Hintergedanken von „Das bringt doch alles nichts, mir geht's schlecht" nicht mehr, und somit könnte der Geist zur gewünschten Wirkung kommen.

„Erkenne dich selbst und die Macht deines Geistes, der Verursacher deiner gesamten äußeren Umstände ist!" Um das wirklich zu tun, müßte man wohl doch etwas Ordnung in die alltäglichen, häufig etwas kontraproduktiven Gedanken bringen.

Aber nebenbei geht es auch darum, wie man es vermeidet, sich beim Verinnerlichen dieser Wahrheit anzustrengen, und wie man statt dessen diese Reise in ein noch glücklicheres und erfüllteres Leben für sich selbst zu einem fröhlichen und abwechslungsreichen Abenteuer mit vielen spannenden Entdeckungen macht.

Mir hat mal jemand gesagt: „Was man kann, lebt man. Was man nicht kann, lehrt man!" Sollte es also mal nichts mehr von mir zu lesen geben, dann wißt ihr Bescheid, daß ich nun endgültig erleuchtet bin... Bis dahin schreibe ich Bücher und Artikel mit Anregungen und Inspirationen darüber, wie wir es gemeinsam schaffen, den Prozentsatz an konstruktiven Gedanken täglich zu erhöhen. Nicht mehr und nicht weniger. Nur die Ruhe. Die Erleuchtung läuft uns nicht davon. Der wahre Genießer erledigt das schrittweise.

9 Der Erleuchtung ist es egal, wie du sie erlangst

Letztlich geht es im ganzen Leben und somit auch bei den Bestellungen beim Universum darum, daß man nicht das bekommt, was man sich wünscht, sondern das, was man glaubt. Man kann sich selbst überlisten, indem man seine in der Regel ungeordneten, schwerfälligen und automatischen Alltagsgedanken mit locker fröhlichen und einmalig leichten und klaren Gedanken übertönt und diese dann quasi als Bestellung absendet. Wenn das Loslassen des Gedankens gelingt, dann ist das wie ein Glaubenssatz, den man zur Manifestation abgeschickt hat. Man darf halt keine Zweifel hinterherschicken. Damit man das nicht automatisch tut, sollte man mit einfachen Dingen anfangen, um dann auf der Basis vorangegangener Erfolgserlebnisse den Glauben zu verstärken. Und alles, woran man glaubt, das klappt.

Es geht also hauptsächlich um die Frage, wie man sich selbst die Ängste, Zweifel, Sorgen und falschen Glaubenssätze austreibt. WIE man das macht, ist vollkommen schnurzpiepegal. "Der Erleuchtung ist es egal, wie du sie erlangst", heißt ein sehr inspirierendes kleines Buch von Thaddäus Golas (leider vergriffen). Und genauso ist es auch. Es gibt Leute, die machen in allen Punkten das Gegenteil von dem, was ich vorschlage, und bei ihnen funktioniert es. Sie schreiben sich beispielsweise ihre Wünsche jeden Abend immer und immer wieder ab. Mir käme das vor, als würde ich eine Strafarbeit schreiben, aber bei manchen Menschen klappt das. Sie bekommen allen Ernstes den Inhalt ihrer "Strafarbeit". Na wunderbar. Ist doch klasse! Herzlichen Glückwunsch. Hauptsache, es funktioniert!

Der Sinn meiner Ergüsse besteht übrigens nicht darin, neue Dogmen aufzustellen, die vorschreiben, "so und nur so geht es". Ich schreibe erstens, weil es mir Spaß macht – und ihr müßt es ausbaden. Spaß beiseite, was ich mir von meinen Ausführungen erhoffe, ist, daß sie inspirierend auf andere Menschen wirken. Daß sie darüber schmunzeln und lachen und sich denken: „Na, also so verrückt wie die bin ich doch schon lange. Jetzt lasse ich mir auch etwas Kreatives einfallen, das mir gefällt und all meine unbewußten Schichten davon überzeugen kann, das zu glauben, was ich mir wünsche! Wenn das mit so verrückten Methoden wie denen von dieser Bärbel da geht, dann klappen meine Methoden erst recht!"

Wer so denkt, ist auf dem sicheren Weg zum Erfolg. Ob er dann trotzdem das macht, was ich vorschlage, oder das genaue Gegenteil oder ganz etwas anderes, ist völlig egal. Ich berichte hier einfach nur von ein paar Erfolgsgeschichten, von meinen persönlichen Irrungen, Wirrungen und Kopfgeburten, und wenn das dann ganz viele Leser ermutigt, ähnliche und eigene Wege zu gehen, und ich ganz viele Zuschriften über erfolgreiche Bestellungen bekomme, dann finde ich das super und mir geht's gut.

Gefreut hat mich zum Beispiel die folgende Geschichte: Noch bevor die Druckversion von *Bestellungen beim Universum* erschien, hatten meine Verleger das Manuskript einem Freund zu lesen gegeben, der mit "diesem ganzen Esoterikkram" eigentlich nichts am Hut hat. Doch das Büchlein fand er verrückt genug, um das mit den Bestellungen beim Universum wenigstens mal zu probieren, und so bestellte er sich testweise eine neue Freundin. Da er aber nicht wirklich an "so einen Unsinn" glaubte, vergaß er die Bestellung gleich wieder (das Beste, was ihm passieren konnte), und kaum zwei Wochen später war sie da, die neue Freundin. Er rief völlig außer sich vor Begeisterung über den Erfolg im Verlag an und berichtete gleich davon.

Kurz nachdem das Buch erschienen war, heirateten er und seine neue Freundin. Da sie beide absolut überzeugt sind, daß sie sich aufgrund einer Bestellung beim Universum kennengelernt haben, schenkten sie bei der Hochzeitsfeier allen Gästen das Buch, damit sie sich auch etwas Schönes bestellen können.

Dieser Besteller hatte richtiggehend Glück, daß er seine Bestellung nicht so ernst genommen hatte und sie darum gleich wieder vergaß. Er kam gar nicht mehr dazu, irgendwelche Zweifel aufkommen zu lassen, weil die Bestellung schon unwiderruflich abgeschickt war.

Wegen dieser unschönen Sache mit den ewigen Zweifeln ist auch das mit dem "Strafarbeitenschreiben" für manche Menschen gar nicht so dumm. Sie versuchen, durch wiederholte Visualisierungen neue Bilder im Inneren entstehen zu lassen, die dann irgendwann die alten Bilder überlagern. Das ist nichts für faule Leute (wie mich) und solche mit relativ wenig Disziplin (so wie mich). Es kann klappen, aber man muß sich selbst ehrlich beobachten. Freue ich mich innerlich schon darauf, wie sich langsam die alten Bilder durch die tägliche "Strafarbeit" (sorry, den wundervollen Aufsatz, wollte ich sagen) ersetzen, oder nähre ich dadurch nur meine Zweifel täglich mehr?

Es wird dir niemand anders außer dir selbst sagen können, welche Technik für dich funktioniert. Du mußt dich selbst erforschen, was du in den Tiefen deines Seins wirklich denkst und fühlst, während du dich gerade in dieser oder jener Technik übst. Wenn du schon innerlich frohlockst, weil du gerade wieder eine geheime Bestellung ans Universum geschickt hast, und keiner weiß etwas davon, dann ist das richtig. Wenn es dich beruhigt, stärkt und erfreut, Stra..., äh, schöne Aufsätze am Abend zu schreiben, dann ist für dich eben das richtig. Doch du wirst auf keinen Fall darum herumkommen, dich in dem, womit du dich wohlfühlst, selbst zu finden und zu erkennen.

Sein wahres Selbst zu erkennen ist keineswegs schwierig. Im Gegenteil, man verbraucht viel mehr Energie, wenn man versucht, sich vor sich selbst zu verstecken. Das ist ungefähr so, als wäre man allein in einem vermeintlich dunklen

55

Raum und würde mit allen möglichen Tricks versuchen, die einzige, aber dafür riesige und hell leuchtende Lampe in der Mitte des Raumes zu übersehen. Das kostet Kraft. Außerdem muß man sich verrenken, sich die Augen zuhalten, sich in die Ecke quetschen und lauter unbequeme Dinge tun.

Man glaubt gar nicht, wie viele Leute Angst davor haben, was nicht alles Schreckliches in ihnen schlummern könnte. Sie glauben, es könnte noch dunkler werden, wenn sie überhaupt erst mal nachschauen. Und um besser nachschauen zu können, ziehen sie sich noch mehr dunkle Säcke über den Kopf.

Es ist wie bei dem Zitat von Nelson Mandela am Ende von Kapitel 4. Man kann es nicht treffender ausdrücken. Man könnte es nur für alle Fälle mit weiteren Bildern beschreiben. Wer das All sucht, in den Himmel schaut und dort nur Wolken sieht, der blickt noch nicht tief genug. Die Wolken sind nicht das All. Genauso ist es mit dem menschlichen Sein. Die Wolken sind nicht die menschliche Seele. Man sollte unbedingt sämtliche Wolken bzw. Säcke über dem Kopf entfernen, die einem die freie Sicht ins All, d.h. auf die eigene Seele verwehren.

Wer sich selbst in seinem wahren Sein erkennt, der kann spielerisch herausfinden, welcher der richtige Weg für ihn ist. Ein paar Restwolken machen da gar nichts. Wenn Bestellungen beim Universum bei meinem "Wolkenzustand" (bayerisch weiß-blau) funktionieren, dann muß es bei jedem anderen Menschen auch klappen.

Ich schlage daher vor, daß du dir an dieser Stelle einen Zettel nimmst und dir ein paar Ideen notierst, wie du dich selbst überzeugen könntest, an das, was du haben möchtest, auch zu glauben. Damit der Anfang nicht so schwer ist, hier ein paar Beispiele, was auf dem Zettel stehen könnte:

☺ Nicht daran zu glauben, bringt auf keinen Fall was. Es ist also sinnvoller, daran zu glauben.

☺ Ängste sind nie sinnvoll (außer um den Zustand zu genießen, wenn sie vorbei sind). Sie beweisen immer, daß ich glaube, etwas außerhalb von mir bestimme meine Realität. Ohne diese Überzeugung machen Ängste keinen Sinn. Etc. pp.

Du kannst in deine Liste auch die Frage mit aufnehmen, wieso du meinst, es wäre sinnvoll, das Gegenteil von dem zu glauben, was du haben möchtest. Aus irgendeinem Grund entscheidest du dich ja immer mal wieder, das Gegenteil von dem zu glauben, was du dir wünscht, sonst hättest du das Gewünschte ja schon. Wieso tust du das?

Bei mir stand auf dem Zettel: „Ich möchte nicht enttäuscht werden, falls es mal nicht klappt, darum glaube ich erstmal lieber das Schlechteste." – Au weia! Dabei weiß ich doch genau, daß „Erst muß ich es sehen, dann glaube ich es" bei solchen Dingen überhaupt nicht funktioniert. Das Universum sagt dazu: „Sobald du es glaubst, wirst du es sehen."

Ein beliebter Glaubenssatz ist auch: „Ich könnte zu faul werden, wenn ich zu fest davon überzeugt bin, alles zu bekommen, was ich will." Bei weiterem Nachdenken ebenfalls völliger Humbug. Die Vorfreude gibt einem im Gegenteil viel mehr Energie, und man wird viel aktiver.

Das waren nur ein paar kleine Beispiele. Jeder hat seine eigenen verrückten Gründe, warum er „vorsichtshalber das Schlimmste herbeibefürchtet". Erkenne dich selbst, und dann glaube an das, was du dir wünschst.

(Klim – Bim – Klingbim – OM – Das ist die schöne Entspannungsmusik, die du dir zur Bearbeitung deiner Liste gerade aufgelegt hast...)

10

Wie schaffe ich es, ein Problem zu haben?

Du hast ganz richtig gelesen, da steht: Wie schaffe ich es, ein Problem zu haben? Ich habe nicht das "K" vor dem "ein" vergessen. Aus unserer Sicht, wie wir aufgewachsen sind und wie wir leben, ist es ganz normal, haufenweise Probleme zu haben.

Aber man stelle sich einmal rein hypothetisch ein Wesen aus einer anderen Welt vor, das Probleme nicht kennt, und du versuchst nun, ihm die Sache zu erklären. Das ist gar nicht so einfach. Wenn das Wesen von der anderen Welt wirklich gar keine Ahnung hat, fällt einem zwangsläufig auf, daß es eine Kunst für sich ist, Probleme zu erzeugen.

Die Märchenfrau Mary aus dem gleichnamigen Roman von Ella Kensington (vormals Bodo und Gina Deletz) ist solch ein Wesen. Mary hat mitbekommen, daß da unten auf dem Planeten Erde ein besonders lustiges und für sie ganz neues Spiel gespielt wird, nämlich das Spiel „Wir haben ein Problem".

„Uiiiiiiiiiii", denkt sie sich, „das klingt ja ganz toll und super lustig! Ich will auf jeden Fall auch lernen, ein Problem zu haben. Das ist klasse!"

Marys Wunsch, die Erde zu besuchen, wird stattgegeben, und sie erhält sofort einen erwachsenen Körper. In diesem begibt sie sich nun auf die Suche nach einem Problem. Mit neidischen Blicken beäugt sie jeden, der äußert, ein Problem zu haben. Mary hat nur ein Problem: Sie versteht nicht, wie man es macht, ein Problem zu haben. Und je eingehender sie die glücklichen Menschen befragt, die schon solch ein begehrenswertes Problem haben, desto trüber sieht es aus für Mary, denn die Probleme der anderen lösen sich im Gespräch mit ihr auf, und sie kommt und kommt nicht weiter. Es gelingt ihr einfach nicht, ein Problem zu finden.

58

Die Lage scheint sich zu verbessern, als sich Michael, ein Mann, der förmlich aus Problemen besteht, in sie verliebt. Aber ich sage es lieber gleich – es endet tragisch. Auch Michael kommen seine Probleme abhanden.

Genauso kann es jedem Leser von *Mary* ergehen, daß zumindest viele Probleme des täglichen Lebens sich stark relativieren, da meist nicht die Situation an sich das Problem ist, sondern das, was man darüber denkt.

Zwei Menschen können zur gleichen Zeit am gleichen Ort sein. Der eine kann vollkommen glücklich und der andere über dieselben Umstände vollkommen unglücklich sein. Allein, wenn man sich das einmal vergegenwärtigt, lösen sich schon viele Probleme in Luft auf, weil man aufhört, unzählige Glücksmomente des Lebens einfach ungenutzt vorüberziehen zu lassen.

Ein Beispiel aus dem wahren Leben zum Thema ungenutzte Glücksmomente ist ein ehemaliger Chefredakteur der französischen Ausgabe der Zeitschrift ELLE. Jean-Dominique Bauby erlitt im Alter von 43 Jahren mitten aus dem Leben heraus einen Gehirnschlag und erwachte danach mit völlig klarem Geist in einem Körper, der vollständig gelähmt war. Er konnte noch nicht einmal mehr schlucken. Lediglich das linke Augenlid ließ sich noch bewegen. Und durch Zeichen mit diesem kleinen Muskel schaffte er das Unglaubliche, ein Buch über sein neues Leben zu diktieren, eingeschlossen in seinem eigenen Körper, der unter dem sogenannten Locked-in-Syndrom litt.

Wenn man dieses Buch *Schmetterling und Taucherglokke* von Jean-Dominique Bauby liest, beschleicht einen immer wieder das Gefühl, daß hier ein Mensch sein Leben erst zu leben begann, als es eigentlich schon vorbei war. Und man wird gnadenlos daran erinnert, daß manche sogenannten Probleme, die man sich einbildet, nichts anderes als verpaßte Glücksmomente sind.

Für das Buch von Bauby wurden die Buchstaben des französischen Alphabets in der Reihenfolge ihrer Häufigkeit notiert und ihm immer wieder vorgesagt. Immer wenn der richtige Buchstabe kam, zuckte J.D. Bauby mit dem Augenlid, und seine geduldige Helferin Claude Mendibil, die das ganze Buch mit ihm auf diese Weise fertigstellte, schrieb den nächsten Buchstaben nieder.

So diktierte J.D. Bauby unter anderem seinen letzten Tag im normalen Leben. Wie er mürrisch und achtlos neben seiner schönen Frau erwachte, wie er dann all die lästigen Alltäglichkeiten wie Rasieren, Anziehen, Frühstücken unzufrieden und hastig erledigte. All jene Alltäglichkeiten erschienen ihm nun wie ein wahres Wunder. „Heute kommt es mir so vor, als werde mein ganzes Leben nur eine Verkettung solcher kleinen Fehlschläge und verpaßten Chancen gewesen sein", diktierte er.

Bauby starb am 9.3.97 und hinterließ ein Buch, das so traurig, so lustig und so humorvoll ist, daß es jedem einzelnen Leser deutlich und unüberhörbar die Frage stellt: „Und wie sieht es mit den vielen kleinen Glücksmomenten in deinem Leben aus? Sind sie eine Kette kleiner Fehlschläge und verpaßter Gelegenheiten, oder ist deine Seele zufrieden und muß dich nicht mit einem "Donnerschlag" ins bewußte Leben zurückholen?"

Jean-Dominique beendet sein Buch mit den Worten: „Gibt es in diesem Kosmos einen Schlüssel, um meine Taucherglocke aufzuriegeln? Eine Metrolinie ohne Endstation? Eine genügend starke Währung, um meine Freiheit zurückzukaufen? Ich muß anderswo suchen. Ich mache mich auf den Weg."

Vielleicht ist es eine Radikalkur, aber dennoch keine schlechte Idee, sich einige der Probleme, die man gerade so zu bewältigen hat, vor Augen zu halten und sich zu fragen, was ein Jean-Dominique Bauby nach seinem Gehirnschlag davon halten würde. Ich meine um Himmels willen nicht diese Haltung: „Naja, es gibt immer noch Leute, denen es NOCH schlechter geht als mir. Also sollte ich wohl zufrieden sein..." Ich meine etwas anderes. Nämlich sich mit Bewußtsein sein Leben anzusehen und sich zu fragen, welches Problem wirk-

60

lich ein Problem ist, und ob man die Chancen zu Glück und Freude auch wirklich alle nutzt. Denn wenn ich sie nicht nutze, wie anders sollen sie zu mir kommen?

Das Fabelwesen Mary nähert sich dem Problem der Problemlosigkeit auf eine ganz andere, viel leichtere und durchgehend lustige Weise. Doch da Menschen sehr individuell und sehr verschieden sind, braucht oft jeder eine ganz andere Art der Erklärung, um etwas für sich wirklich von innen heraus zu verstehen.

Kommen wir nun aber zum Fun-Part im Kapitel Probleme. Hier folgen mit freundlicher Genehmigung der beiden Autoren von *Mary* einige Auszüge aus diesem Buch. Eines meiner Lieblingskapitel ist das, wo Mary aus Versehen in eine Irrenanstalt eingeliefert wird und es ihr einfach nicht gelingen will herauszufinden, wer die Kranken und wer die Pfleger sind. Sie findet es aber schließlich doch noch heraus: Die Kranken müssen die in Weiß sein, denn die meisten von ihnen sind so unfreundlich und verkrampft – die Armen!

Doch ich überlasse euch das Vergnügen, dieses Kapitel zu lesen, lieber selbst und fange etwas weiter vorne in Marys Erdendasein an. Marys Seele hatte ihr erklärt, daß es nicht einfach sei, unglücklich zu sein. Die Menschen müßten viele komplizierte Dinge dafür tun. Wenn sie diese nicht einhielten, dann wären sie automatisch glücklich. Das Unglücklichsein müsse deshalb hart erarbeitet werden.

Mary versucht sich der Sache schrittweise zu nähern und interviewt alle unglücklichen Menschen, die sie finden kann. So zum Beispiel die Sekretärin in einer großen Firma. Wie sie entdeckt hat, ist diese Frau unglücklich, weil sie sich sehr klein und machtlos fühlt. Mary möchte mehr darüber erfahren und setzt sich beim Essen in der Kantine zu dieser Sekretärin und fragt sie ganz naiv:

„Wie machen Sie das eigentlich mit dem Sich-Kleinfühlen?"

„Wie meinen Sie das, Frau Mary?" fragt die Sekretärin ziemlich erstaunt.

„Ich meine, Ihr Chef hat doch das Gefühl, wichtiger zu sein als Sie. Und Sie fühlen sich dann wertloser. Wie genau machen Sie das, daß Sie das Gefühl bekommen, wertloser zu sein als Ihr Chef?"

„Sie haben vollkommen recht, Frau Mary. Ich werde es mir nicht mehr länger bieten lassen, daß er mich wie sein Eigentum behandelt. Ich danke Ihnen! Vielen Dank!"

„Sind die denn hier alle verrückt geworden?" dachte Mary. „Ich stelle ganz normale Fragen und bekomme nie eine Antwort. Statt dessen bedanken sich alle für irgendwelche Anregungen, die ich gar nicht gegeben habe."

So und ähnlich ergeht es der armen Mary öfter. Kaum bohrt sie etwas in der Tiefe, um endlich herauszufinden, wie die anderen das mit den Problemen machen, schon lösen sie sich bei ihnen auf, und Mary ist völlig verwirrt, weil ihr keiner vernünftige Antworten zu geben scheint. Aber sie gibt nicht auf und versucht es erneut. Sie trifft eine Frau, die angibt, sehr unglücklich zu sein, und Mary ist hoch erfreut. Vielleicht erfährt sie ja diesmal etwas mehr.

„Susanne, wollen Sie mir erklären, wie Sie es anstellen, unglücklich zu sein?"

„Sie wollen wissen, was mich unglücklich macht?"

„Eigentlich würde mich viel mehr interessieren, wie genau Sie es machen, daß Sie unglücklich sind."

„Ich verstehe nicht, was Sie meinen. Ich mache meine Probleme doch nicht selbst!"

„Wer macht sie denn, wenn Sie es nicht tun?" fragt Mary daraufhin verdutzt.

Mary kehrt im Traum zu ihrer Seele zurück und fragt sie, was Susanne damit meine, daß sie ihre Probleme nicht selbst mache.

Ihre Seele, die sie Ella genannt hat, um ihr einen Namen zu geben, erklärt es ihr geduldig: „Weißt du, wenn die Menschen alle wüßten, daß sie ihre Probleme selbst machen, dann würden sie sich plötzlich sehr schuldig fühlen, und das wäre etwas ganz Schlimmes für sie. Darum haben sie vergessen, daß sie selbst die Probleme kreieren.

Außerdem ist das Vergessen dieser Tatsache auch ein wichtiger Bestandteil des Erdenspiels, um Probleme dauerhaft machen zu können. Denn wenn du die volle Verantwortung für deine Probleme bei dir siehst, dann ist es ein Leichtes, diese Probleme zu beseitigen. Gibst du allerdings anderen die Schuld, hast du nur eine Möglichkeit, deine Probleme zu lösen. Du mußt die anderen dazu bringen, sich so zu verhalten, wie du es für richtig hältst. Nun versuch' das einmal bei vielen Milliarden Menschen auf der Welt. Du siehst, das mit der Schuld ist eine ausgezeichnete Möglichkeit, dein Unglücklichsein sehr lange aufrechtzuerhalten. Nutzt du diese Möglichkeit nicht, mußt du dir ständig ein neues Problem ausdenken."

Mary hat die Sache nur halb verstanden und versucht noch einmal, ob Susanne ihr nicht doch am konkreten Beispiel ihres eigenen Lebens erklären kann, wie sie es macht, unglücklich zu sein.

Susanne ist der Meinung, daß vor allem die gesellschaftlichen Zwänge sie unglücklich machen. Daß sie beispielsweise arbeiten muß.

Mary hakt ein und fragt: „Wenn ich Sie richtig verstanden habe, dann müssen Sie arbeiten, wenn Sie etwas haben wollen. Können Sie mir erklären, wo hier der Zwang versteckt ist?"

„Ich verstehe Ihre Frage nicht. Das ist doch der Zwang, daß ich arbeiten muß."

„Wenn Sie nichts haben wollten, dann gäbe es diesen Zwang doch gar nicht. Verstehe ich das richtig?"

„Das ist doch Unsinn. Ohne Geld kann man in Deutschland nicht leben. Ich muß also Geld verdienen."

Mary versteht allerdings nicht, was Geld ist, und so versucht sie erneut, Susannes Problem zu erfassen: „Sie fühlen sich also unglücklich, weil Sie in Deutschland leben wollen?"

„Wie meinen Sie das?" fragt Susanne.

„Nun, Sie sind unglücklich, weil Sie sich von der Gesellschaft hier gezwungen fühlen, Geld zu verdienen. Geld brauchen Sie jedoch nur, weil sie hier leben wollen. Jetzt verstehe ich nicht, warum Sie überhaupt in einer Gesellschaft leben wollen, die dafür verantwortlich ist, daß Sie unglücklich sind. Das ergibt doch gar keinen Sinn."

Susanne ist entgeistert und Mary ratlos.

Auch Marys weiterer Weg ist "hart und steinig". Die Seele Ella versucht ihr auf die verschiedensten Weisen beizubringen, wie man ein Problem hat. Beispielsweise sei es sehr nützlich, sich ein Ziel zu suchen, daß man nicht erreichen kann. Das vergebliche Streben nach dem Ziel würde dann wunderbar unglücklich machen. Mary schöpft neue Hoffnung und fragt:

„Aha, wenn ich also ein Problem empfinden will, welches Ziel müßte ich mir dann aussuchen?"

„Zum Beispiel das Ziel, frei zu sein."

Das versteht Mary nun wieder gar nicht. Sie ist der Meinung, daß ihr niemand ihre Freiheit nehmen kann, und so sieht sie keinen Sinn darin, das als Ziel anzunehmen. Sie könne doch schließlich nicht etwas anstreben, das man gar nicht nicht haben kann?!

Die Seele versucht ihr ein Beispiel zu geben und läßt sie eine Situation erleben, bei der sie aufgrund ihres merkwürdigen Verhaltens in eine Irrenanstalt gesteckt wird. "Leider" findet Mary es dort sehr nett und lustig, auch wenn es ihr nicht gelingen will herauszufinden, wer die Irren und wer die Gesunden sind. Sie stellt nur fest, daß die in Weiß sich manchmal sehr merkwürdig verhalten.

Schließlich muß die Seele sie wieder aus der Irrenanstalt entlassen, da Marys innere Freiheit nicht lange in die Situation einer geschlossenen Anstalt paßt, und so wird sie unfreiwillig wieder vor die Tür gesetzt. Sie bedauert es sehr, da es dort immer so schön zu essen gab. Wie man sich Essen besorgt, gehört nämlich ebenfalls zu den Dingen, die ihr noch unklar sind.

Bei einer anderen Gelegenheit gibt ihr ihre Seele im Traum wieder einige genauere Erklärungen: „Was dir bisher noch nicht auffiel, ist, daß du bereits ein Problem empfunden hast. Du hast es nicht bewußt gemerkt. Nur deshalb konnte es funktionieren. Dein Problem war, daß du keine Möglichkeit gefunden hast, etwas darüber zu erfahren, wie man Probleme empfinden kann. Daß du dies wirklich als Problem empfunden hast, erkennst du daran, daß du die vielen interessanten kleinen Dinge um dich herum in dem Moment, als du so dachtest, gar nicht wahrgenommen hast und sie nicht genießen konntest. Du hattest keinen Sinn für diese Dinge. Du wolltest nur eins: Du wolltest wissen, wie man Probleme empfinden kann. Das war dein Problem, und schon hast du die Schönheiten des Lebens kaum mehr wahrgenommen. Genau so funktionieren Probleme. Gratuliere, du bist einen Schritt weiter!"

Mary ist begeistert über diesen "tollen Erfolg" und will unbedingt weitermachen. Und so schenkt ihr die Seele wieder ein neues Erdenleben. Diesmal will sie dafür sorgen, daß Mary vergißt, wer sie wirklich ist, nämlich ein freies, unsterbliches Wesen. „Du wirst in diesem Leben tief in dir verwurzelt den Drang nach Lebensfreude und Liebe verspüren, aber fest davon überzeugt sein, daß du diese Lebensfreude nur von außen bekommen kannst. Das wird das Ziel sein, von dem aus du dann alle Probleme schaffen und empfinden kannst. Und du wirst das Gefühl haben, von allem anderen Leben getrennt zu sein. Das wird dein größtes Problem sein.

Das Erdenleben bietet zwar auch die einzigartige Möglichkeit, sich über Kleinigkeiten zu freuen, die für ein Wesen mit deinen Fähigkeiten überhaupt nicht erwähnenswert wären, aber durch das oben genannte Grundproblem deines Lebens wirst du dies immer wieder übersehen."

Dieses Leben ist dann auch dasjenige, in dem sie den dauernd unglücklichen Michael trifft. Gemeinsam finden sie jedoch heraus, warum Michael so oft unglücklich ist. Und so lösen sie auch dieses Problem, als sie erkennen, daß Michael "eigentlich nur unglücklich war, um besser glücklich sein zu können." Er hatte geglaubt, er müsse seine ganze Aufmerk-

65

samkeit immer den Problemen widmen, damit er auch keines übersieht. Die Probleme wollte er sehen, um sie ausräumen zu können, damit er anschließend glücklich sein könne.

Im Laufe der Zeit erkennt er jedoch, daß die Situationen seines Lebens eigentlich nie objektiv gut oder schlecht sind, sondern daß die Beurteilung "schön" oder "nicht schön" lediglich davon abhängt, wie er etwas bewertet. Wie er allmählich merkt, fühlt man eigentlich immer das, worauf man seine Wahrnehmung ausrichtet, und worauf man sie richtet, das entscheidet man selbst.

Eine Diskussion zwischen einer neuen Bekannten und Michael, der den "Trick" inzwischen schon durchschaut hat, soll dieses "Problem" abschließend verdeutlichen. Ich habe das Gespräch teilweise leicht modifiziert und mit anderen Teilen des Buches zusammengefaßt.

Die neue Bekannte: „Ich bin es leid, daß ständig an mir herumkritisiert wird. Und auch, daß man mich permanent manipulieren will."

Michael: „Wenn du jetzt erreicht hättest, daß du nicht mehr kritisiert und manipuliert wirst, was hättest du davon?"

„Ich könnte so sein, wie ich bin. Ich könnte das tun, was ich für richtig halte."

„Warum willst du so sein können, wie du bist? Was hättest du davon?"

„Dann wäre ich frei."

„Mit welcher Absicht möchtest du frei sein?"

„Damit ich tun kann, was ich will."

„Warum willst du tun können, was du willst?"

„Da drehen wir uns wieder im Kreis. Weil ich frei sein will."

„Die Freiheit an sich ist nichts wert, wenn man nichts damit anfängt. Die Freiheit kann als solche kein Ziel sein. Sie ist allenfalls eine Voraussetzung, um ein höheres Ziel zu erreichen."

„Dann ist das Ziel, daß ich tun kann, was ich will."

„Und warum willst du das tun?"

„Ich verstehe die Frage nicht."

„Ich meine, wenn du etwas tun willst, dann muß es dafür einen Grund geben. Wenn du kein Motiv hast, etwas zu tun, tust du auch nichts."

„Der Grund ist ganz einfach: Ich will Spaß haben! Ich will Dinge tun, die ich schön finde."

„Dein eigentliches Ziel ist also, alles, was du tust, schön zu finden?"

„Umgekehrt. Ich will die Dinge tun, die schön sind."

„Wo ist der Unterschied?"

„Na, es ist eben nicht alles schön, was ich tue. Ich will nicht alles schön finden, sondern das tun, was wirklich schön ist."

„Wie kannst du das eine von dem anderen unterscheiden?"

„Das fühle ich."

„Wie fühlst du das?"

„Ich spüre, wenn etwas schön ist. Es ist ein bestimmtes Gefühl."

„Stell' dir einmal vor, du hättest dieses Gefühl bei einer Sache, die eigentlich gar nicht schön ist! Wie könntest du dann voneinander unterscheiden, was schön ist und was nicht?"

„Ich könnte es nicht unterscheiden."

„Stell' dir weiterhin vor, du hättest dieses Gefühl. Würde dir irgend etwas fehlen oder wärst du wunschlos glücklich?"

„Das ist schwer, weil ich das Gefühl jetzt nicht fühlen kann."

„Okay, dann versetz' dich wieder richtig in so eine Situation hinein! Sieh alles so, als würdest du durch deine Augen wieder hindurchsehen können auf eine der schönsten Situationen deines Lebens. So wie damals. Und während du das siehst, achtest du darauf, was es zu hören gibt in dieser Erinnerung. Genieße diese Situation ausgiebig, und spüre, was du für ein Gefühl hast, während du diese Situation siehst und hörst. Spürst du das Gefühl jetzt?"

„Oh ja, es war wirklich toll damals."

„Jetzt überleg' bitte noch einmal. Wenn du dieses Gefühl bei etwas hast, das du tust, fehlt dir dann noch irgend etwas?"

„Wenn ich dieses Gefühl habe, kann mir nichts fehlen. Es ist wunderbar."

„Ist es wichtig, was du gerade tust, oder ist es wichtig, daß du bei dem, was du tust, dieses Gefühl hast?"

„Du hast recht. Es ist mir eigentlich egal, was ich tue. Hauptsache, ich spüre dieses schöne Gefühl. Dieses Gefühl ist eigentlich mein wirkliches Ziel. Dafür lohnt es sich zu leben."

„Bisher glaubtest du, das Gefühl sei abhängig davon, daß die Situation so ist, wie du sie schön findest."

„Das denke ich immer noch. Ich fühle es jetzt ja nur, weil ich mich an diese schöne Situation erinnert habe."

„Laß uns das einmal etwas genauer untersuchen. Du sagst, du spürst es, weil du dich erinnerst. Was genau passiert beim Erinnern? Wodurch entsteht das schöne Gefühl?"

„Ich denke dadurch, daß ich meine Aufmerksamkeit auf das schöne Gefühl richte."

„Ist dir klar, daß dies der einzige Weg ist, ein Gefühl zu bekommen?"

„Was meinst du mit dem einzigen Weg?"

„Du erlebst immer das Gefühl, auf das sich deine Wahrnehmung ausrichtet. Bewußt oder unbewußt."

„Das ist logisch. Ist es wichtig, das zu erkennen? Du tust so, als sei es von entscheidender Bedeutung."

„Das ist es auch. Überlege einmal selbst! Wenn du immer genau das fühlst, worauf sich deine Wahrnehmung richtet, warum richtest du deine Wahrnehmung dann nicht immer auf das Gefühl, das du soeben als das wahre Ziel erkannt hast, dessentwegen es sich zu leben lohnt?

Bisher hast du deine Wahrnehmung auf das Negative gerichtet, weil du es aus dem Weg räumen wolltest, um dann das Schöne wahrnehmen zu können. Du könntest aber auch gleich das Schöne wahrnehmen."

„Aber ist das nicht weltfremd? Dann kümmere ich mich womöglich gar nicht mehr um die Probleme, die doch real da sind."

68

„Du wirst erstaunt sein, denn das Gegenteil passiert. Du wirst dir immer mehr bewußt, daß du für alle Probleme selbst verantwortlich bist. Wenn du deine Macht und Selbstverantwortung erkennst, findest du viel leichter Lösungen. Du wirst erkennen, daß deine Sichtweise die Probleme alleine schon dadurch reduziert, daß du mehr Schönes schaffst und damit auch andere Menschen ansteckst. Solange du deine Wahrnehmung auf das Schöne richtest, bist du auch tausendmal kreativer, als wenn du die Gegenwart total ablehnst und als schlecht bewertest. Ablehnung unterdrückt jegliche Kreativität. Dir fällt in schlechten Stimmungen sowieso keine Lösung mehr ein. Du fühlst dich nur schlecht und hast Angst.

Wenn du wieder Mut schöpfst und dich auf das Schöne konzentrierst, fallen dir auf einmal Lösungen ein, von denen vorher keine einzige in Sicht war.

Wenn du wirklich etwas für die ganze Welt tun willst, dann richte deine Wahrnehmung auf das Schöne. Dadurch wird sowohl deine Kreativität angeregt als auch deine Lust, mehr Schönes zu erleben. Du wirst Probleme viel leichter aus dem Weg räumen können, und du wirst es als eine Freude erleben, dies zu tun.

Probleme so zu lösen macht in Wirklichkeit genauso viel Spaß wie alles andere, und je mehr du deine Wahrnehmung auf das Schöne richtest, desto mehr wirst du auch zu einem Magneten für gute Ideen und neue Lösungsmöglichkeiten. Es wird dir einfach Spaß machen, die Möglichkeiten zu nutzen, die sich in der Gegenwart für dich ergeben, da du ja erkannt hast, daß du darüber entscheidest, ob du die Gegenwart als schön oder als nicht schön wahrnimmst. Denk' einfach noch einmal über unser Gespräch nach, und entscheide dich immer wieder, worauf du deine Wahrnehmung richten möchtest. Erinnere dich, was du wirklich möchtest – nämlich nur das schöne Gefühl haben und dein Leben als schön empfinden. Das kannst du aus dir heraus tun. Es muß keine einzige äußere Bedingung dafür erfüllt sein. Es ist allein deine Entscheidung, worauf du deine Wahrnehmung richten möchtest.

Die meisten Menschen kennen diese Art der positiven Wahrnehmungsausrichtung aus dem Urlaub. Normalerweise sind sie eher an dem interessiert, was noch nicht in Ordnung ist, damit sie es in Ordnung bringen können. Dadurch richten sie ihre Aufmerksamkeit immer auf den Mangel. Im Urlaub ist jedoch von Beginn an alles anders. Wenn sie im Urlaub irgendwohin gehen, schauen sie sich sofort um und suchen förmlich das Schöne. Das kannst du auch im Alltag tun. Es werden ganz andere Situationen auf dich zukommen. Und wenn du dabei ein sogenanntes Problem lösen solltest, wirst du dich dabei ebenfalls fühlen, als tätest du etwas Schönes und nicht etwas Anstrengendes. Es lohnt sich, es einmal auszuprobieren."

Ein Schlußwort von der Seele Ella:

„Die Liebe braucht man nicht hervorzurufen. Sie ist einfach da und kann wahrgenommen werden. Dies gelingt jedoch nur, wenn deine Wahrnehmung sich auch tatsächlich auf dieses Gefühl richtet. Durch deine Angst richtet sich deine Wahrnehmung automatisch auf alles, was schieflaufen könnte. Du empfindest immer die Gefühle, auf die sich deine Wahrnehmung richtet.

Du bist niemals wirklich glücklich, weil du ein Problem gelöst hast, sondern weil du in dem Moment deine Wahrnehmung auf das Gefühl des Glücklichseins richtest. Das kannst du immer tun."

Wer neugierig geworden ist und sich durch das ganze Abenteuer von Mary und Michael weiter inspirieren lassen und außerdem erfahren will, wie man das "Streben nach Werterfüllung" im Leben durch die "pure Lust am Leben" ersetzen kann und welche Tücken dabei zu beachten sind, damit man Illusionen und Einbildung von wirklichem Glauben an positive Veränderungen im Leben unterscheiden kann, dem kann ich das Buch *Mary* von Ella Kensington nur empfehlen (Bezugsquelle siehe Anhang).

11   Ein ganz normaler Bestelltag

Mich hatte vorhin jemand nach einer Liste mit Beispielen von Bestellungen gefragt, die ich im Laufe der Zeit schon erfolgreich aufgegeben hätte – große Bestellungen und auch Kleinigkeiten, einfach ein Querschnitt. Spontan fiel mir dazu aber gar nichts ein – es sind zu viele. Da sieht man den Wald vor lauter Bäumen nicht mehr.

Bei der Gelegenheit überlegte ich mir schließlich: Was war eigentlich heute so? An heute kann ich mich immerhin noch erinnern. Was also war heute? Interessant ist beispielsweise, daß ich seit einer Woche keine Layout-Aufträge mehr habe. Gleichzeitig hat meine Verlegerin angefragt, ob ich nicht noch ein zweites Buch schreiben möchte – nun habe ich Zeit, schon mal damit anzufangen.

Außerdem hatte mein alter Bestellkumpan Carsten vor ein paar Wochen bemängelt, daß meine Wohnung zwar wunderbar billig und auch sehr schön, aber die Dusche zu klein sei. Ob ich nicht endlich mal in eine größere und trotzdem billige Wohnung ziehen wolle.

Am Tag meines letzten Layout-Auftrags bekam ich eine solche Wohnung angeboten. Nun kann ich die freie Zeit wunderbar nutzen, um den Umzug vorzubereiten und ein paar neue Möbel auszusuchen. Ich mache mir auch keine Sorgen über die nächsten Aufträge. Für mich ist ganz sonnenklar, daß ich angerufen werde, sobald ich die letzte Lampe eingekauft und den letzten Handwerker organisiert habe, denn dann habe ich ja wieder Zeit.

Diese angenehme Fügung, für Umzugsvorbereitungen und den Entwurf für das nächste Buch auch Zeit zu haben, hatte ich nicht bestellt – ich kam ja gar nicht dazu. Das Universum war schneller als ich. Es hat quasi für mich im voraus mitgedacht.

So auch heute abend. Ich kam von einem Möbelhaus und wollte mir in einem anderen Laden noch schnell ein Faxgerät kaufen, das ich mir vor ein paar Tagen schon angesehen hatte. Danach wollte ich zu einer Abendmeditation fahren.

Zu der Geschichte gehört noch dazu, daß ich vor einer Woche meinen Terminkalender verloren habe und wußte, daß ab morgen wieder alles gestopft voll mit irgendwelchen Terminen wäre. Ich hatte schon seit Tagen meine innere Stimme befragt, was ich machen sollte. Ich wollte wissen, ob der Kalender wieder auftaucht oder ob ich alle Leute, mit denen ich verabredet bin, anrufen und die genauen Termine neu erfragen sollte. Die innere Stimme meldete: „Nur die Ruhe, der Terminkalender taucht noch vor Dienstag wieder auf."

Schön zu wissen, aber ich bin auch nur ein Mensch, und obwohl mir die innere Stimme bislang noch nie Unsinn erzählt hat, ist ja möglicherweise auch sie nicht unfehlbar und irrt sich mal.

Wenn ich etwas vermisse, sage ich normalerweise zu mir selbst: „He, innere Stimme, he, Universum, schafft mir bitte das Vermißte wieder ran, und zwar möglichst gleich." Mittlerweile weiß ich genau, daß es in Kürze "von selbst" wieder auftaucht, und wende mich anderen Dingen zu. Es ist dann fast immer so, daß mir irgendein Handgriff einfällt oder etwas, das ich von hier nach da räume, und genau dabei stolpere ich über das Vermißte.

Doch diesmal tauchte der Kalender tagelang nicht wieder auf. Meine Freundin, bei der ich zuletzt war, hatte ich auch angerufen, und sie hatte in allen Zimmern nachgesehen und nichts gefunden. Ich befürchtete, die innere Stimme könnte sich irren, und der Kalender könnte aus Versehen im Umzugsausmistmüll gelandet sein.

Die innere Stimme sagte weiterhin: „Nur die Ruhe, kommt schon noch..." Heute morgen wurde ich dann doch etwas panisch, und ich fing an, alle Leute anzurufen und die Termine neu zu erfragen. Nur ein Termin ausgerechnet für mor-

72

gen war mir immer noch nicht klar. Die betreffende Person hatte heute nicht mehr zurückgerufen.

Ein letztes Element ist, daß meine Mutter heute Geburtstag hat. Sie ist aber mit ihrem Freund nach Italien unterwegs, und ihr Freund hatte mir gesagt, anrufen, um zu gratulieren, sei sinnlos, weil sie bestimmt nach der Ankunft nur ganz kurz im Ferienhaus der Familie wären und dann gleich zum Essen gehen würden. Und wann sie nach so einer langen Reise im Auto ankämen, könne man ja nie so genau sagen.

„Ganz kurz" reicht, fand ich, und so hatte ich bereits vor zwei Tagen mein Unterbewußtsein programmiert, mich zum richtigen Zeitpunkt zu erinnern, so daß ich genau dann in Italien anrufe, wenn die beiden gerade "ganz kurz" im Ferienhaus sind.

Heute abend war ich dann also wie gesagt im Auto unterwegs und wollte erst das Faxgerät kaufen und dann zur Meditation. Den Geburtstag meiner Mutter hatte ich vergessen. Ich hatte allerdings das Gefühl, mich beeilen zu müssen, wenn ich das Faxgerät vor der Meditation kaufen wollte. Aber dann fiel mir ein, daß Stress und Eile keine Zeit sparen, sondern meist Zeit und Geld kosten. Während ich noch überlegte, ob ich nicht doch Zeit sparen würde, wenn ich heute noch das Faxgerät kaufte, wurde mir diese Entscheidung schon mal abgenommen, weil es einen Stau in Richtung Faxgeschäft gab.

Keine Frage, da fuhr ich natürlich nicht lang. Ich hasse Staus. Leider war die nächste Straße durch einen LKW gesperrt, und nach der nächsten Abbiegung war wieder ein Stau. Schließlich fuhr ich so viele Umwege, daß ich schon fast zu Hause war. „Was war das jetzt?" fragte ich mich. „Zufall? Fehlorganisation beim Autofahren?" Und plötzlich fiel mir der Geburtstag meiner Mutter wieder ein. „Ach ja, na klar – diese Irrfahrt ist der Hinweis, daß jetzt der richtige Zeitpunkt zum Anrufen in Italien ist", dachte ich mir und fuhr nach Hause, wo die Telefonnummer lag.

Während ich kurz darauf einen Parkplatz suchte, kam mir noch der Gedanke in den Kopf: „Und hör' den Anrufbeantworter ab, da ist etwas drauf, das jetzt wichtiger ist als die Meditation!"

Ich rätselte herum und versuchte zu erfühlen, ob das ein "echter Hinweis" der inneren Stimme oder des Universums war oder ob ich nur vor mich hingeträumt hatte. Im Laufe der Jahre habe ich festgestellt, daß sich Phantasiegedanken manchmal anders anfühlen als sinnvolle Hinweise aus dem Unbewußten. Aber den Unterschied zu erspüren erfordert sehr viel innere Wachsamkeit und zudem sehr viel Selbstehrlichkeit.

Manchmal finde ich es nämlich ganz schick und denke mir: „Oh wow, das ist wieder eine von diesen hellsichtigen Anwandlungen oder mordswichtigen Durchsagen..." Doch wenn man gerade so in Eitelkeit schwelgt, dann ist das genau die Stimmung, in der man überhaupt nichts mehr auseinanderhalten kann. Man läuft höchstens Gefahr, irgendwelchen Hirngespinsten hinterherzurennen.

Ich bin daher bemüht, solche plötzlichen Eingebungen erstens gelassen zu sehen, zweitens in aller Ruhe nachzuspüren, ob es etwas Sinnvolles oder Sinnloses war, und drittens dann ganz gemächlich, möglichst ohne viel Aufwand, zu überprüfen, was an der Sache dran ist.

Bei aufwendigeren Anweisungen von innen verlange ich deutliche Zeichen im Außen, ansonsten rühre ich mich nicht vom Fleck. Man stelle sich vor, ich würde beispielsweise wegen irgendeiner Spinnerei um die halbe Welt fliegen. Einmal hat die innere Stimme gemeldet, es wäre eine gute Idee, nach Kalifornien zu fliegen, und zwar eine Woche später. Ich hatte damals nur deshalb im Reisebüro angerufen, um mir zu beweisen, daß es sowieso keine Flüge gibt. Es gab dann aber noch genau einen Flug. Und der ging zum optimalen Zeitpunkt ab und zum optimalen Zeitpunkt wieder zurück. Ich jammerte noch ein wenig wegen Geld und Urlaubsvertretungen. Und als diese beiden Dinge sich ebenfalls von selbst zwei Tage später geregelt hatten und sich noch ein paar Kleinigkeiten dazufügten, entschloß ich mich dann doch zu fliegen. Und die Reise war es definitiv wert.

Zurück zu meiner aktuellen Eingebung von vorhin, daß etwas auf dem Anrufbeantworter sein würde, was mich von der Meditation abhält. Zuerst rief ich meine Mutter in Italien an. Sie war auch da – was sonst? Sie hatten sehr lange im Stau gestanden, waren noch nicht lange da und wollten gerade zum Essen. „Bravo, innere Stimme, das Timing ist mal wieder perfekt!" Jetzt mal hören, was der Anrufbeantworter meldet.

Es war meine Freundin, und sie hatte meinen Terminkalender doch noch gefunden! Er war irgendwo runtergerutscht. Ich ließ in der Tat die Meditation sausen und holte mir lieber den Kalender wegen der vielen Termine, die ich ab morgen habe und von denen mir die Hälfte nicht mehr richtig in Erinnerung war. Das Rumtelefonieren heute morgen hätte ich mir sparen können, da ich sowieso nicht alle erreicht habe.

Was war noch? Ach ja, das Faxgerät. Meine Mutter meinte, sie hätte noch ein Faxgerät übrig, ob ich das haben wolle. Es sei ein Normalpapierfax (genau das, was ich wollte). Ein Glück, daß ich nicht zehn Minuten vorher eins gekauft hatte.

So viel zu heute bzw. zu gerade eben. Bestellt hatte ich davon nur, daß ich zum richtigen Zeitpunkt bei meiner Mutter anrufen wollte. Ich hatte zwar meine innere Stimme gefragt, ob der Kalender wieder auftaucht, hatte aber der Antwort nicht geglaubt. Und das mit dem Faxgerät muß irgendwer gänzlich besser als ich gewußt haben.

So sieht also der ganze normale Alltag einer Bestellerin aus. Wenn ich in meinem Bekanntenkreis herumfrage, dann halten die einen solch günstige Fügungen und Eingebungen für rein statistisch begründbaren Zufall, und die anderen sagen: „Ja ja, bei mir geht das auch jeden Tag so. Gott sei Dank, das Leben war vorher viel zu anstrengend."

12 Voraussetzungen für erfolgreiches Bestellen

Gibt es eigentlich Bedingungen, die erfüllt sein müssen, damit man ebenfalls zu den Leuten gehört, deren Tage gespickt voll mit solchen Zufällen sind? Ja und nein. Die Voraussetzungen lernt man mit der Zeit von ganz allein. Zum Beispiel: Der Parkplatz in der Innenstadt klappt. Die Erinnerung an den richtigen Zeitpunkt zum Anrufen klappt, aber vielleicht gelingt es einem nicht, den optimalen Schreibtisch zu finden. Dann wird man höchstwahrscheinlich anfangen darüber nachzudenken, was beim Parkplatz und dem Anruf anders war als beim Schreibtisch.

Im Außen ist gar nichts anders. Was anders ist, ist immer nur das innere Gefühl. Vielleicht hat man den Parkplatz für ein kleines Spiel gehalten und an die Sache mit dem Anruf gar nicht so richtig geglaubt, und es wäre nicht schlimm gewesen, wenn es nicht geklappt hätte. Aber die Sache mit dem Schreibtisch, die nervt. Schließlich muß DAS jetzt wirklich schnell gehen, weil es eilt. Und schon dauert es ewig. So sind sie, die vom kosmischen Bestellservice. Gnadenlos. Die kleinste innere Anspannung, und die Jungs lassen uns hier hängen. Fünf Möbelgeschäfte und alles nur Schrott. Ganz sicher stünde in irgendeinem Laden der optimale Schreibtisch, doch weil man es eilig hat, ist man nicht für kreative Eingebungen offen.

Die Eingebung könnte völlig irrational sein. Obwohl man keine Zeit hat, könnte es sich ergeben, daß man plötzlich von einem Freund an einen ganz ungewöhnlichen Ort zum Mittagessen eingeladen wird. Wenn es sich gut anfühlt und man den Stress vergessen kann, würde man vielleicht hingehen. Auf der Fahrt dorthin würde man vielleicht feststellen, daß es in dem seltsamen Kuhdorf, in dem man zum Essen eingeladen ist, auch ein Möbelhaus gibt. Möglicherweise wäre man sogar eine halbe Stunde zu früh zur Verabredung da und würde sich die Zeit damit vertreiben, kurz mal in diesen Schuppen von Möbelhaus hineinzuschauen. "Schuppen" deshalb, weil man ja wirklich Besseres gewöhnt ist und schon die allergrößten Möbelhäuser abgeklappert hat. Doch wie der Teufel es will, es ist kaum zu glauben, genau bei diesem Möbelhöker in Hintertupfingen steht mein Traumschreibtisch zu einem supergünstigen Preis.

Wer "gewissenhaft in Eile ist", der sagt natürlich so einen Essenstermin ab, weil er ja noch fruchtlos durch ein paar langweilige Möbelhäuser rennen muß...

Woher weiß man nun, wann man zum Essen gehen soll, obwohl man in Eile ist, und wann Essengehen gerade nicht so paßt? Grundsätzlich sollte man davon ausgehen, daß Eile und Hektik nie Zeit sparen, sondern immer Zeit kosten. Daneben gibt es nur ein weiteres Kriterium, nämlich das Wohlgefühl. Wenn man sich beim Gedanken an "jetzt Essengehen" wohlfühlt und schon die Entspannung durch den Körper rieseln fühlt und wenn sich außerdem noch ein paar Kleinigkeiten günstig zusammenfügen – man wollte diesen Freund sowieso dringend sprechen, man schleppt schon seit Tagen etwas für ihn mit sich rum, etc. pp. –, dann ist "jetzt Essengehen" mindestens o.k., wenn nicht sogar besonders sinnvoll. Man verpaßt auf jeden Fall nichts, wenn man sich beim Gedanken an die bevorstehende Aktion wohlfühlt.

Fühlt man sich dagegen unwohl und denkt sich: „Oh je, ich müßte vielleicht der Höflichkeit halber hingehen, aber Lust habe ich ja gar keine. Und in Ruhe essen kann ich auch nicht, weil ich doch noch unbedingt in weitere Möbelhäuser rennen will..." Dann hat es keinen Sinn, und es ist nicht optimal.

Hier sind wir an einem kritischen Punkt angelangt. Wer sich nicht von der Idee trennen kann, er müsse unheimlich hetzen und sich beeilen, der wird die innere Stimme nicht hören, die leise ruft: „Au ja, laß uns da Essen gehen, das ist eine super Idee!"

Und so wird man im Laufe vieler Bestellungen von ganz alleine draufkommen, wann sie funktionieren und wann nicht. Wenn man sich entspannt und sich aus seiner Mitte heraus im Hier und Jetzt bewegt, dann klappen die Bestellungen, weil die Intuition sich auf ihre meist sehr sachte Art bemerkbar machen kann. Wenn man aber fixe Ideen im Kopf hat und völlig unentspannt ist, dann kann man die leisen Töne von innen nicht mehr hören. Und Schluß ist mit dem Bestellen.

Ich bekomme immer wieder mal Zuschriften zum ersten Buch. Meistens von sehr erfolgreichen Bestellern, die mir ihre Begeisterung kundtun. Ab und zu schreiben mir aber auch die Enttäuschten. Das liest sich dann etwa so: „Jetzt geht es mir doch sooo schlecht, und ich bräuchte so dringend das und das, und ich finde es nicht gerecht, daß das Universum mir dieses und jenes nicht liefert. Es muß doch jetzt endlich, weil ich so arm dran bin..."

Ich habe dieses Gesetz nicht erfunden, ich untersuche es nur, und ich stelle immer wieder fest, daß genau diejenigen, die meinen, etwas dringend zu brauchen, und die verzweifelt darauf warten, es nicht bekommen. Wer hingegen sowieso ein sonniges Gemüt hat und nichts braucht, sondern sich an dem, was er hat, freut, der muß nur anfangen mit dem Bestellen, und schon prasseln die Lieferungen auf ihn herab.

Das ist keine universelle Ungerechtigkeit, sondern das Gesetz der Resonanz. Gedanken der Fülle und Freude erzeugen Fülle und Freude, und Gedanken des Mangels eben Mangel. Das ist hart, wenn man sich tief im Mangelgefühl festgefahren hat. In einer solchen Situation kann ich mir nur eins vorstellen, nämlich daß man nach kleinen Lichtblicken Ausschau hält und diese langsam mehrt.

Wer unter vorwiegend finanziellem Mangel leidet, könnte sich ja einen überraschenden Anruf von einem besonders netten Menschen wünschen. Oder eine besonders nette Begegnung mit einem ganz fremden Menschen. Wenn solche Bestellungen dann klappen, kann man sich schrittweise vortasten und sich kleine Verbesserungen der Lage und kleine neue Chancen und Ideen bestellen. So kann man dann Stück für Stück vorankommen.

Wenn man sich grauenhaft fühlt, dann hat es keinen Sinn, sich für morgen zu bestellen, daß man der größte Glückspilz aller Zeiten wird. Das funktioniert nur, wenn man auf keiner Ebene seines Seins an diesem Vorhaben zweifelt und die Bestellung außerdem gleich, nachdem man sie abgeschickt hat, wieder vergißt. Daß das meist überhaupt nicht klappt, ist nur allzu menschlich. Deshalb rate ich in solchen Fällen zu, wenn es sein muß, mikroskopisch kleinen Schritten. Solange, bis man sich selbst wieder mehr vertraut.

Heute rief mich jemand vom Fernsehen an und lud mich in eine Sendung ein. Die Redaktion schlug mir folgendes Konzept vor: Leute aus dem Publikum leiten mir ihre Bestellungen weiter, und ich gebe sie beim Universum für sie auf (weil ich ja die "Profibestellerin" bin). Nach zwei Tagen würden wir die nächste Sendung drehen, und die Zuschauer berichten dann, was davon alles geklappt hat.

Ich war erstmal ziemlich baff über diesen Vorschlag. Er hat mir aber auch verdeutlicht, wie man zwangsläufig denkt, wenn man sich mit solchen Dingen eher wenig beschäftigt und diese ganz eigene Art von Gesetzen im Bereich der geistigen Kräfte nicht kennt.

Ich habe sie im Geist schon vor mir gesehen, die Zuschauer. Nur zwei Tage Zeit, und in diesen zwei Tagen sollen sie irgendwelche intuitiven Eingebungen haben, die sie so zur rechten Zeit am rechten Ort sein lassen, daß sie das Bestellte auch erhalten können. Wahrscheinlich würden sie die zwei verkrampftesten Tage ihres Lebens erleben und an jeder zweiten Straßenecke zweifelnd anhalten: „War das nicht eben ein Hinweis, daß ich lieber links abbiegen soll? Links blinkt so schön die Reklame, da zieht es mich hin. Aber von rechts weht so ein besonderer Wind, vielleicht sollte ich dahin gehen??"

Außerdem könnte mir nichts Schlimmeres passieren, als unter den Erfolgsdruck zu geraten, für andere etwas bestellen zu müssen, worauf dann eine ganze Horde von Leuten mit Spannung wartet. Ich könnte die Bestellungen niemals loslassen.

Ich vermute, es wäre anders, wenn ich wirklich eine "Profibestellerin" und völlig unabhängig von den Erwartungshaltungen anderer Menschen wäre, wenn ich in aller Coolness denken könnte: „Na Universum, da hast du dir ja was Feines ausgedacht. Jetzt sieh mal zu, wie du da wieder rauskommst. Schaff' sie mal ran, die ganzen Bestellungen. Ich freue mich schon auf die bestimmt wie immer tollen Ergebnisse."

Aber leider, leider habe ich den Nerv nicht. Angeblich hat ein geistig geordneter Mensch einige Macht über einen geistig ungeordneten Menschen. Wenn ich also schon kurz vor der Erleuchtung stünde, dann wäre meine klare Überzeugung, daß diese Bestellungen funktionieren müssen, größer als die Ängste, Zweifel und Anspannungen der Versuchskaninchen aus dem Zuschauerraum.

Da aber ich und die Erleuchtung noch kein Rendezvous für diese Woche haben, habe ich der Redaktion vorgeschlagen, sie sollten selbst mal ein paar Bestellungen aufgeben, dann würden sie merken, warum unter Stress und Erfolgsdruck gar nichts geht.

Ein Nebenprodukt der Bestellungen beim Universum ist, daß man lernt, ehrlich zu sich selbst zu sein. Denn wenn man sich etwas vormacht oder sich etwas einbildet, wo nichts ist, dann ist man dauernd auf der falschen Fährte und nie zur richtigen Zeit am richtigen Ort. Das merkt man ziemlich schnell, wenn man erfolgreiche mit erfolglosen Bestellungen vergleicht und sich überlegt: „Was war anders in mir und in meinen Gedanken?"

Um auf Dauer ein erfolgreicher Besteller zu werden, muß man immer wieder seine wahren Motivationen erkennen, auch mal lang gehegte Ideen völlig verwerfen können und offen für Neues sein. Auch ist es sinnvoll, ein inneres Wohlgefühl, das von der Seele ausgeht, von einer oberflächlichen Zufriedenheit unterscheiden zu lernen. Oberflächlich zufrieden könnte man sein, wenn einem jemand Honig um den Bart schmiert, der es aber nicht ehrlich meint, sondern sich nur Vorteile dadurch erhofft.

Wer wirklich ehrlich mit seinen tiefsten inneren Gefühlen umgeht, erkennt solche Unehrlichkeiten immer öfter von allein, weil er bereit ist, sich innerlich einzugestehen, daß er so toll, wie der andere es darstellt, vielleicht gar nicht ist. Vielleicht ist man in Wahrheit aber auf eine ganz andere Weise toll, die das Gegenüber leider nicht zu schätzen weiß.

Fast immer spürt man es, wenn jemand einen auf solche Weise hinters Licht führen möchte. Doch weil man sich halt gar so geschmeichelt fühlt, verdrängt man dieses Gefühl aus der Tiefe und lächelt lieber huldvoll.

Wer ehrlich zu sich selbst sein und über solche Süßholzraspeleien schmunzeln kann, ist frei zu entscheiden. Wenn ich mir eingestehen kann, daß ich irgendeinen Artikel (für die Zeitschrift, die ich herausgebe) in einer Stimmung geschrieben habe, in der ich mir gerade furchtbar gescheit und wichtig vorkam, dann kann ich mein Geschreibsel hinterher mit einem vergnügten Lacher und mit Leichtigkeit in den Papierkorb befördern, ohne es noch einmal gelesen zu haben. Auch wenn ich sechs Stunden daran geschrieben habe, wen interessiert das. Wenn mir die Stimmung nicht gefällt, in der ich den Beitrag geschrieben habe, und ich ihn wegwerfen kann, dann kommt statt dessen ein Artikel ins Heft, hinter dem ich wirklich stehen kann. Und genau dieser Artikel bringt mir neue Leser, während ersterer wahrscheinlich einige vergrault hätte.

Wenn man immerhin oder wenigstens bis dahin gekommen ist, dann fängt das Leben schon an, wesentlich leichter zu werden, weil man der Weisheit den Vorzug geben kann und nicht auf der Dummheit beharren muß.

Ich finde auch, daß es eine sehr leichte Art zu lernen ist. Ich freue mich jedesmal ganz doll und könnte von einem

81

Bein aufs andere hüpfen, wenn ich wieder irgendeiner Eingebung gefolgt bin, die mir, während ich ihr folgte, ein völliges Rätsel war, die sich hinterher aber als goldrichtig erwies.

Einmal stand ich im Winter in einem Stau vor einer Autobahnauffahrt hinten an, und nichts bewegte sich. Die Straße war stark mit Neuschnee eingeschneit, und ich hatte keine Ahnung, warum es nicht weiterging. Es war nur klar, daß alle, die hier standen, auf die Autobahn wollten und daß es halt im Moment nicht weiterging. Ich bestellte mal probeweise, der Stau möge sich möglichst bald auflösen, hatte aber schon ein schlechtes Gefühl dabei.

Es bewegte sich auch weiterhin nichts, und die Leute hatten schon alle den Motor ausgestellt. Ich hatte aber immer deutlicher das Gefühl, ich sollte an allen vorbeifahren. Zuerst kam ich mir bei der Vorstellung, auf der Gegenspur alle zu überholen, wie ein Drängler vor. Dann befürchtete ich, daß mich kurz vor der Auffahrt keiner mehr wieder einfädeln lassen würde. Doch das Gefühl war sonnenklar: „Fahr' an der Schlange vorbei!" Na gut, ich fuhr. Ich sah zwar überhaupt nicht, wie mir das nutzen könnte, aber was tut man nicht alles, wenn man überprüfen will, ob man unter Halluzinationen oder weisen Eingebungen leidet.

Ich fuhr also auf der Landstraße an allen vorbei und kam in Sichtweite der Auffahrt. Was war? Drei Autos hingen in der leicht ansteigenden Autobahnauffahrt fest und kamen nicht hoch, weil der Neuschnee matschig und glatt war. Die anderen Autofahrer standen brav hinten an und rührten sich nicht. Angesichts dieser Situation war es mir nicht peinlich, mich quer vor die Warteschlange zu stellen und einen Schiebetrupp zu organisieren. Wir schoben die drei Hängengebliebenen hoch, und als nächstes ließ ich mich hochschieben. Die übernächsten schoben dann wieder den nächsten hoch, so lange, bis vermutlich der Matsch verdrängt war und es wieder von allein weiterging.

Offensichtlich hatten gerade keine Besteller-beim-Universum in der Schlange gestanden. Denn das ist das Nächste, was man recht schnell lernt: Es ist nicht genug, sich Chancen zu bestellen, man muß sie auch nutzen.

Mir ist es auch schon x-mal passiert und es passiert mir immer noch, daß ich mir etwas bestelle, und es ergibt sich ganz deutlich eine passende Gelegenheit, aber ich lasse sie vorüberziehen.

Ganz typisch: Vor drei Tagen war ich bei einer Veranstaltung und wollte den Organisator persönlich kennenlernen. Das Universum schickte mir diesen Menschen ungelogen 10 bis 15 mal vor meiner Nase vorbei. Er stand sogar manchmal allein in der Gegend herum. Egal, um welche Ecke ich kam, ich rannte immer wieder in ihn hinein. Ich fand aber, daß der Grund, weshalb ich mit ihm reden wollte, etwas fadenscheinig war, und dachte, dieser arme Mann wird wahrscheinlich pausenlos von irgendwelchen Neugierigen belagert, und dann komme ich auch noch daher. So schob ich es immer wieder unschlüssig vor mir her, ihn anzusprechen, bis es schließlich zu spät war.

Gleichzeitig hatte ich aber gehört, daß eine Leserin meiner Zeitschrift sich ebenfalls für die Veranstaltung angemeldet hatte (es war eine eher untypische Veranstaltung für Leser meiner Zeitschrift). Ich nahm mir vor, sie zu finden. Leser anzusprechen ist viel einfacher, meinte ich, und so fand ich diese Frau unter 200 Menschen sofort heraus. Sie spazierte einmal an mir vorbei, und ich fühlte nur eine leichte Anziehung und sprach sie sofort an. Siehe da, es war genau die Leserin, die ich gesucht hatte, wer sonst?!

83

13 Alles Gute kommt von innen

Mein Leben begann immer besser zu funktionieren, als ich schon sehr, sehr viele positive Erlebnisse mit Bestellungen beim Universum und großen und kleinen Wundern hinter mir hatte. Im Grunde genommen zweifle ich gelegentlich immer noch an dem, was ich täglich selbst erlebe (nicht sehr intelligent, wie mir scheint). Dennoch bin ich an einem Punkt, an dem ich bei auftretenden Problemen auf ein Repertoire von kleinen positiven Erlebnissen zurückblicken kann, die alle erst ein paar Tage her sind. Und dann denke ich mir: „Wenn doch das gestern und das vorgestern geklappt hat, dann muß das heute auch möglich sein!"

Physische Wunder und Dinge, die es nach herkömmlichem Weltbild eigentlich gar nicht geben dürfte, nutzen mir wenig, wenn die Erlebnisse schon mehrere Monate oder noch länger zurückliegen. Ich weiß zwar dann, daß ich sie erlebt habe, doch sie fühlen sich im Laufe der Zeit schon wieder unwirklich an, und aus dem Gefühl steigen immer wieder Zweifel an dem auf, was ich selbst erlebt habe und mein Verstand von daher weiß.

Doch die vielen kleinen positiven Miniwunder, die sich jeden Tag ereignen, sind in meinem Gefühl noch lebendig, weil sie gerade erst passiert sind. Und genau die verhelfen mir in solchen Momenten zu der inneren Gewißheit, daß viel mehr möglich ist, als der Verstand sich je ausdenken kann. Und schon geschieht das nächste kleine Wunder.

Deswegen haben auch all jene recht, die immer wieder betonen, wie wichtig es ist, dankbar für die kleinen Wunder zu sein und sie anzuerkennen. Wenn man sie als Zufall und Schnickschnack abtut, fängt man täglich bei Null an, statt sich in den Dingen zu steigern, die man der unendlichen inneren Weisheit überlassen kann, die einem so viel Arbeit erspart.

Ein wirkliches Miniwunder ist mir beispielsweise letzte Woche passiert. Es erscheint wirklich banal, aber genau solche Miniwunder retten den Rest der Woche, falls man gerade keine "große Bestellung" am Laufen hat. Man wird sich dadurch einfach viel sicherer, daß kaum etwas wirklich schief gehen kann.

Das Miniwunder begann damit, daß ich zu einem äußerst ungünstigen Zeitpunkt Unterleibskrämpfe bekam, wie ich sie schon seit zehn Jahren nicht mehr gehabt hatte. Natürlich versuchte ich sofort, meinem Körper gut zuzureden: „Also hör' mal, das Problem haben wir doch schon seit zehn Jahren nicht mehr. Das ist völlig out jetzt. Früher war das mal so, aber jetzt doch nicht mehr. Sofort aufhören! Du irrst dich, es kann nicht sein, daß wir Krämpfe haben!"

Das Beste, was ich mit dieser Technik erreichte, waren 30 Sekunden Ruhe. Kaum schlich sich ein Gedanken durchs Gehirn wie, „Na wer weiß, ob es das jetzt schon war. Womöglich fängt es doch gleich wieder an...", schon war alles wie vorher. Und so schwankte ich eine Weile hin und her zwischen Schmerzen weg- und herbeidenken. Es war, als würde einer zu mir sagen: „Mach' die Augen zu und denke fünf Minuten NICHT an einen weißen Elefanten." Das gelingt mir auch nur selten, und in dem Moment konnte ich überhaupt nicht aufhören, auf das Wiedereintreffen der Schmerzen zu warten.

Irgendwann hatte ich den Eindruck, daß es allenfalls schlimmer werden würde, wenn ich meine Gedanken dauernd um das Problem kreisen ließ. Ich ging zurück an die Arbeit und zog sogar in Erwägung, mich mit pharmazeutischen Produkten zu vergiften (sprich: eine Schmerztablette zu nehmen).

Ich begann wieder zu arbeiten und startete einen letzten Versuch der Kommunikation mit der inneren Stimme: „Sag' mal, du hast doch schon so viele Probleme gelöst. Fällt dir dazu nicht auch was ein?" Dann konzentrierte ich mich fünf Minuten auf die Arbeit. Plötzlich fiel mir ein Gespräch ein, bei dem mir vor zwei Jahren mal jemand gesagt hatte, Alkohol wirke entspannend (ich trank damals schon seit Jahren keinen mehr). Dieser Jemand hatte mir dargelegt, manche Leute seien innerlich und äußerlich so gestresst, daß sie mit ein bißchen Alkohol hin und wieder sehr gut entspannen könnten und daß in einigen Fällen, wenn sie nicht zuviel trinken würden, der Nutzen der Entspannung höher sei als der Schaden durch den Alkohol. Der Körper sei in gewisser Weise für diese Entspannung dankbar und könne daher den Schaden von allein begrenzen. (Die mögliche Dosierung für diesen Effekt soll allerdings individuell sehr verschieden sein!)

Besagter Jemand hatte damals die Anti-Alkoholiker zu mehr Toleranz gegenüber dem Alkoholkonsum anderer Leute aufgerufen. Dieses Gespräch fiel mir jetzt ein. Das werden wir gleich testen, dachte ich mir. Meinen Körper müßte es ja besonders entspannen, da er so etwas ja nur äußerst selten zu kosten bekommt. Einziger Nachteil, der auch der Grund ist, warum ich nichts trinke: Ich werde von Alkohol furchtbar schwerfällig, lahm, müde, schwindelig und fühle mich entsetzlich. Davor fürchtete ich mich etwas, da ich wirklich noch viel zu tun hatte.

Egal, die Schmerzen waren weit schlimmer als ein möglicher Schwips. Her mit dem Bier! Meine Kollegen wunderten sich sehr, und ich fing an, mich zu betrinken, wie ich meinte. Ich wartete förmlich darauf, daß ich müde und schwindelig würde. Der erste Schluck stieg mir auch ordentlich zu Kopf, doch bereits nach ein paar weiteren Schlucken waren meine Schmerzen fast völlig weg. Ich war total aus dem Häuschen vor Freude und Begeisterung und schüttete vermutlich Unmengen von Glückshormonen aus. Letztere müssen die Wirkung, die Alkohol normalerweise auf mich hat, völlig aufgehoben haben. Ich habe zwei ganze Biere getrunken (in kurzer Zeit konsumiert ist das für einen Anti-Alkoholiker ziemlich viel), und trotzdem ging es mir immer besser. Zudem war ich hellwach und konnte mich bestens konzentrieren. Ich verspürte nicht den allerkleinsten Schwindel und fühlte mich eher, als hätte ich statt Alkohol einen Krafttrunk kredenzt. Die Arbeit ging wie geschmiert.

Das ist zwar wirklich eine sehr simple Methode, und bei einem anderen hätte sie vielleicht auch nicht so perfekt funktioniert. Die Kunst ist aber eben die, im richtigen Moment auf die richtige Idee zu kommen. Für mich war es die Bestätigung, die ich für diesen Wochenanfang brauchte, daß nämlich der Intuition (oder dem Universum) die klugen Ratschläge auch in scheinbar schwierigen Situationen so bald nicht ausgehen, wenn man ihr nur vertraut und WEISS, daß es im Inneren (und/oder Äußeren) eine Instanz gibt, die zu Außergewöhnlichem fähig ist.

Heute trat ein nicht ganz so einfacher Fall ein. Ich war schon seit zwei Tagen in einer etwas müden Stimmung, und dann standen auch noch alle drei Kurven meines Biorhythmus' am Tiefpunkt. Das hatte ich leider zufällig gesehen. Wahrscheinlich war es eine sich selbst erfüllende Prophezeiung. Dazu kam, daß einer meiner Lieblingsfreunde, dessen Kurven sich genau konträr zu meinen verhalten, in Toplaune war. (Kein Wunder also, wenn ich schlecht drauf bin, dachte ich, die Kurven haben eben doch manchmal recht!)

Ich habe nicht den blassesten Schimmer, was heute morgen los war, aber ich dachte lauter konfuse Sachen und fühlte mich nicht wohl in meinem Sein. Und so was mir! Ich fand, daß das kein akzeptabler Zustand sei, um den Tag zu beginnen, und befaßte mich mit meinem Lieblingsselbststudienprogramm. Allerdings machte es mich heute nur noch konfuser, obwohl es für mich sonst immer ein reiner Quell der kraftvollen guten Laune ist. Aber heute verwirrte mich selbst das.

Ich saß da und sah zu, was sich in meinem Kopf abspielte. Es war enorm (für meine Verhältnisse)! Ich fühlte mich, als sei dies der Tiefpunkt der letzten Tage schlechthin und als führte nicht mehr ich die Regie in meinem Sein, sondern als bestimme irgend etwas oder irgend jemand anders meine

Gedanken und den Zustand in meinem Inneren. Ich war es jedenfalls nicht, fand ich.

Solch eine Stimmung ist bestens dazu angetan, weitere düstere Gedanken anzuziehen. Mir fielen die gräßlichsten Theorien aus der Esoterikszene ein, die ich je gehört habe und die mich normalerweise völlig kalt lassen: „Wenn das Erdmagnetfeld gegen Null geht, dann verfallen alle dem Wahnsinn, weil die menschlichen Emotionen vom Magnetfeld der Erde abhängen." – Aha, wahrscheinlich war es gerade so weit, und mein Gehirn fing bereits an, Durcheinander zu produzieren.

„Zur Zeit herrschen chaotische Energien auf der Erde, und immer mehr Leute verfallen dem inneren Chaos." – Da haben wir's! Ich habe zu lange gelacht über die angeblich chaotischen Energien, von denen ich nie etwas gemerkt habe. Jetzt sind sie doch noch bei mir angekommen!

„Das Antennenfeld HAARP in Alaska sendet wieder disharmonische Energien, die das Bewußtsein der Menschen beeinflussen." – Das wird es sein, wieso sollte auch ich die einzige sein, die nichts davon merkt?

Nach der dritten düsteren Theorie langte es mir. Ich begann zu analysieren, wo die Krise herkommen könnte. Und prompt wurde es noch schlimmer. Das, worauf man seine Energie lenkt, verstärkt man. Jetzt hatte ich auch noch einen plausiblen Grund zum Schlechtdraufsein gefunden. Na bravo! Ich hatte mich selbst überzeugt, daß ich wegen irgendwelcher alter Muster, die durch dieses oder jenes angesprochen wurden, gar nicht besser drauf sein konnte. So ein Quatsch! Ich fütterte mich selbst mit angeblichen Gründen für meinen Zustand und nannte es Analysieren. Ich mußte sofort das Gegenteil versuchen, und so begann ich angestrengt, mich zu positiveren Gedanken zu bewegen. Doch wie jeder weiß, bringt aufgesetztes Wiederholen positiver Gedanken gar nichts, wenn man selbst nicht daran glaubt. Ich hatte mich schon zu sehr vom Gegenteil überzeugt.

Schließlich setzte ich mich nur still hin und sprach wieder

mit dem Universum: „Du hast mir doch gerade erst den Super-
tip gegen die Schmerzen gegeben und zudem alle Nebenwir-
kungen des Alkohols völlig eliminiert. Da schaffst du es doch
sicher auch, wieder Ordnung in meine Gedanken und Gefühle zu bringen. Ich möchte wieder klar, kraftvoll, frei und
glücklich sein und zwar sofort. Sag' mir, was ich tun muß,
um diesen Zustand jetzt gleich zu haben!"

Ich erwartete eine komplizierte Anweisung oder irgendeinen Trick. Vielleicht den Rat, eine bestimmte Meditation zu
besonderer Musik zu machen oder etwas Aufbauendes zu
lesen. Aber erstens kommt es anders, zweitens als man
denkt. In dem Moment, als ich wild entschlossen verkündete, wieder klar, kraftvoll, frei und glücklich sein zu wollen,
und als ich es außerdem für absolut möglich hielt, dies sofort erreichen zu können, weil ich auf die unendlichen Möglichkeiten und Fähigkeiten aus meinem mir zum Teil völlig
uneinsichtigen Inneren vertraute, in dem Moment machte
es "klick" in mir, und das Chaos war beendet.

Ich war völlig verdutzt. Anders als bei den Schmerzen, die
ich immer wieder herbeibefürchtet hatte, kamen die chaotischen Gedanken nicht wieder. Es hatte "klick" gemacht, der
Schalter war eingerastet, und fertig. Ich wußte nach zwei
Minuten, daß ich nichts weiter brauchte und daß das Chaos
nicht wiederkommen würde (zumindest in nächster Zeit
nicht). Mit diesem Klick war zudem ein kreativer Rausch in
Gang gesetzt worden.

Den Rest des Tages fühlte ich mich außerordentlich klar,
positiv und kraftvoll und hatte so viele Ideen, daß ich alle
halbe Stunde ein immer voller werdendes Schmierblatt aus
der Hosentasche zog und mir Stichpunkte zu meiner nächsten Idee notierte.

Keine Ahnung, was der geneigte Leser dazu denkt, und ob
ihr alle meint, ich sei eher aus- als eingerastet. Mir ist alles
recht, Hauptsache, der Rest des Tages heute war super. Und
jetzt ist es mittlerweile spät nachts, und ich habe auch noch
Lust zu schreiben. Es ist wirklich ein super Tag geworden!

Ich hoffe, es gerät nun keiner unter Leistungsdruck und jammert, daß es bei ihm nicht "klick" machen will. Ich übe ja auch schon zehn Jahre an meinen "Klicks", und das, was ich vor mich hinspinne, ist absolut kein Maßstab für auch nur die kleinste Fliege oder irgendein anderes Lebewesen – sei es menschlich oder nichtmenschlich. Jeder kann seinen Weg nur in Kommunikation mit seiner inneren Stimme herausfinden.

Die wichtigste Gemeinsamkeit, die wir haben, ist die, daß wir die besten Antworten und Lösungen für alle Probleme in unserem eigenen Inneren finden. Im Außen und bei anderen Menschen können wir uns Rat und Tat und Inspirationen holen. Dazu ist das menschliche Dasein auch da, daß wir uns im gegenseitigen Austausch unser Sein spiegeln und diesen Austausch genießen. Doch die letzte Instanz ist immer das Selbst.

Angenommen, du, liebe Leserin, lieber Leser, befindest dich in einem inneren Chaos, und du hörst noch nicht einmal mehr die innere Stimme, dann bau' doch einfach darauf, daß sie zumindest dich hört, und sage ihr, was für eine Absicht du hast. Eine passende Antwort könnte dann im Laufe der nächsten Tage in Form eines treffenden Kommentars von irgendeinem anderen Menschen kommen. Oder du schlägst – rein zufällig – ein Buch an genau der richtigen Stelle auf, die dir in diesem Moment weiterhilft. Oder, oder, oder. Vielleicht verordnet dir deine innere Stimme Pfefferminztee mit Himbeereis und Ketchup gegen inneres Chaos. Na und? Das ist ein super Ratschlag! Ich würde ihn sofort annehmen. Dabei kann schließlich nichts schiefgehen.

Falls die innere Stimme auf irgendeine Weise melden sollte, „Fahr' nach Alaska und frier das Chaos ein, dann kannst du wiederkommen", so würde ich persönlich dazu tendieren, handfeste Beweise für die Wirksamkeit dieser Kur zu fordern. Ansonsten würde ich mir höchstens eine Postkarte von Alaska kaufen und darüber meditieren. Denn schließlich könnte diese Eingebung auch nur völliger Unsinn sein.

Bei Pfefferminztee mit Himbeereis und Ketchup ist das Risiko des Ausprobierens gering, doch bis nach Alaska zu fahren ist etwas anderes. Da sollte man schon sicher sein.

 Aber selbst ein Topmedium für Fernwahrnehmung wie Joseph McMoneagle, der PSI-Agent Nummer 1 des Pentagon, sagt, daß er nur in 65 Prozent aller Fälle das aufzuspürende Ziel mittels Fernwahrnehmung findet. Und in 35 Prozent aller Fälle kommen nur Phantasie und Unsinn und zu ungenaue Daten heraus. (65 Prozent ist immer noch gigantisch. Angenommen, ein General würde in ein anderes Land entführt und du solltest mittels hellsichtiger Fernwahrnehmung herausfinden, wo genau er ist – in wieviel Prozent der Fälle würdest du ihn finden? Ich in 0 Prozent. McMoneagle schafft es in 65 Prozent aller Fälle. Bei Interesse lest mal sein Buch *Mind Trek. Autobiographie eines PSI-Agenten!*)

 Selbst McMoneagle kann meistens Phantasie von genialer Eingebung nicht unterscheiden. Er weiß es erst, wenn nachgesehen wird, was an dem medial aufzuspürenden Ort wirklich war.

 Ein Interview, das ich mal mit McMoneagle geführt habe, hat mir gezeigt, daß es einem Medium, das schon mit den höchsten militärischen Auszeichnungen geehrt wurde und 21 Jahre lang professionell für sämtliche US-Geheimdienste gearbeitet hat, in mancher Hinsicht auch nicht besser geht als mir. Ich kann häufig Phantasie und geniale Eingebungen auch nicht voneinander unterscheiden. Sie fühlen sich zwar gelegentlich schon etwas unterschiedlich an, aber eben nicht immer. Manchmal ist die innere Stimme so deutlich, daß ich einfach weiß, daß etwas stimmt. Doch manchmal kann ich nur raten, ob das jetzt völliger Quatsch oder total genial war.

 Bei Pfefferminztee mit Himbeereis bin ich zum Experimentieren bereit, aber bei Alaska will ich gesondertes Urlaubsgeld (gewinnen, Extra-Auftrag etc.), die perfekte Urlaubsvertretung, mindestens ein Dutzend Zeichen und Zufälle etc., ansonsten entscheide ich mich für die Postkarte von Alaska, über die ich, wie gesagt, allenfalls mal meditiere.

Doch das darf ja zum Glück jeder selbst entscheiden. Keiner muß auf mich hören. Fahrt ruhig alle nach Alaska und schickt mir die Postkarten von dort. Hauptsache, es hilft. Das Maß der Wirksamkeit ist das Maß der Wahrheit!

Wenn du in Alaska besonders gut in Kontakt mit deiner inneren Stimme und Intuition kommst, dann lohnt sich die Reise.

Aber bedenke: **Du kannst um die halbe Welt in Urlaub reisen, doch wenn du dich in deinem Inneren nicht wohlfühlst, wirst du dich nirgendwo richtig erholen!**

14 Werde ich zu brav, wenn ich auf das "Göttliche" in mir höre?

Wem dieser Gedanke noch nie gekommen ist, dem kann ich nur gratulieren. Ich hegte diese Befürchtung schon seit Jahren und habe mich erst vor kurzem davon freigemacht.

Wenn ich zum Beispiel auf irgendwelchen esoterischen Seminaren oder Vorträgen hörte, das Ego müsse sterben oder vernichtet werden, dann hörte ich nur eins heraus: Böse Menschen wollen mir den Spaß am Leben rauben, und brav soll ich sein. Denn es ist ja immer das Ego, das die weniger "braven" Dinge will. Jemand will mir mein ICH wegnehmen. Ich soll kein individueller "Wassertropfen" mehr sein dürfen, sondern es als ein höheres Ziel betrachten, "eins mit dem Meer" zu werden, sprich meine Individualität aufzugeben. Und das soll Spaß machen? Bestimmt nicht. Es ist nur furchtbar brav. Der brave Tropfen kehrt ins Meer zurück, und nur die bösen plantschen allein herum, ohne das Meer zu fragen.

Das erinnert mich an den Spruch: "Brave Mädchen kommen in den Himmel, böse Mädchen kommen überall hin." Bis jetzt bin ich viel herumgekommen, und ich hätte gern, daß das so bleibt. Adieu Meer, ich bleibe lieber ein Tropfen!

In der Esoterikszene bin ich damals eigentlich aus Sensationslust viel herumgehüpft. Wer nur tief genug in diese Materie eindringt, bekommt neben all den Luftschlössern und Dingen, die andere Menschen scheinbar restlos begeistern und die einem selbst rein gar nichts sagen, doch auch das eine oder andere handfeste Wunder zu sehen oder erlebt es selbst. Außerdem habe ich in diesem Bereich viele Antworten gefunden, die mir niemand sonst geben konnte. Zum Schluß habe ich gar gelernt, alle Antworten in mir selbst zu finden. Das war dann auch der Zeitpunkt, an dem ich aufhörte, mich zu fürchten, ich könnte zu brav werden.

Aber gerade heute ist das Thema noch einmal aktuell aufgekeimt. Ich war nämlich wieder mal auf einem Vortrag. Und die Vortragende sprach mir in den meisten Dingen völlig aus dem Herzen. Doch mir ist es immer ein wenig suspekt, wenn sie erzählt, sie sei "eine Botschafterin der aufgestiegenen Meister". Heute abend hatte ihr beispielsweise Saint Germain (angeblich auch einer dieser jenseitigen Meister) aufgetragen, dieses oder jenes zu tun oder zu sagen. Und Lady Soundso (ich weiß die Namen dieser ganzen mir unbekannten Meister leider nicht) ließ ebenfalls grüßen. Allerdings zugegebenermaßen mit einem guten Spruch. Sie (die aufgestiegene Meisterin) ließ ausrichten, viele Menschen würden sich angesichts der vielen Leiden auf der Erde immer wieder fragen, was eigentlich dieser Gott im Himmel da tue. Offensichtlich gar nichts, denn sonst könne es doch dieses viele Leid nicht geben.

Lady Dingsda (tut mir leid, der Name, aber wie gesagt...) meint nun, daß wir nicht Gott die Schuld geben sollten, sondern uns selbst. Gott hätte uns nämlich die Kraft gegeben, diese Leiden allesamt zu vermeiden. Wir aber würden unseren freien Willen dazu benutzen, diese Kraft nicht einzusetzen, sondern die Dinge einfach geschehen lassen. Unsere Kraft einzusetzen würde aber nicht bedeuten, daß wir Mister Clinton, Saddam oder wie sie alle heißen, persönlich abschießen gehen, damit diese nicht weiterballern können, sondern daß wir damit anfangen, aus unserem persönlichen Leben ein Paradies zu machen. Wenn wir das geschafft hätten, könnten wir weit effektiver mithelfen, ein weltweites Paradies zu erschaffen. Soweit Lady Dingsda, ihres Zeichens aufgestiegene Meisterin, gechannelt von der Vortragenden des heutigen Abends.

Ich finde die Aussage als solche hervorragend. Bei solchen Gelegenheiten fällt mir allerdings immer wieder eine Begebenheit aus den USA ein. Ein bekanntes Medium channelt (d.h. läßt fremde Wesenheiten durch sich sprechen) dort seit Jahren mit großem Erfolg den Erzengel Gabriel (oder war es

94

Michael?). Sie war und ist sehr genau in ihren Aussagen und hilft vielen Menschen weiter. Als dann in den USA die bereits erwähnte Rückwärtssprache aufkam (siehe Kapitel 6), lief sie zu David Oates, dem Entdecker dieses Phänomens, und wollte sich rückwärts bestätigen lassen, daß sie diesen Erzengel wirklich channelte. Der Klient kann sich wohlgemerkt vom Therapeuten die entsprechenden Stellen auf dem Band vorspielen lassen. Wenn man weiß, an welcher Stelle man auf welche Tonlage zu achten hat und mit welchem Wort der Satz beginnt, dann hört man auch mit ungeübtem Ohr, was man da selbst erzählt hat.

Dieses Medium erzählte rückwärts, daß das mit dem Erzengel gar nicht stimme, sondern daß sie in Kontakt mit ihrem eigenen höheren Selbst stehe, das ihr die Informationen übermittele. Man könnte ja nun meinen, sie sei vielleicht stolz gewesen und habe sich gefreut, daß sie selbst so schlau ist, so vielen Menschen mit hellsichtigen Auskünften weiterzuhelfen. Aber nein, sie war stocksauer und ärgerte sich fürchterlich. Sie selbst hatte zwar diese Aussage gemacht, aber eben ungewollt beim Rückwärtssprechen. Und nun ärgerte sie sich, daß ihr der Erzengel geklaut worden war.

Nicht, daß ich es letztlich wichtig finde, ob es der Erzengel Posemuckel ist, das höhere Selbst oder Kermit, der Frosch. Solange die Eingebungen irgend jemandem nützen und gut sind, ist es doch egal, woher sie kommen.

Ich sage deshalb immer, ich bestelle beim Universum, weil es mir diesbezüglich an Feinwahrnehmung fehlt, bei wem ich denn nun wirklich bestelle. Es könnte freilich auch der Erzengel Posemuckel sein, der die Bestellungen ausführt, doch ich weiß es halt nicht. Ich stelle nur immer wieder fest, daß es funktioniert, ohne daß ich wirklich wüßte, wieso.

Nun muß ich aber der Ehrlichkeit und Vollständigkeit halber auch noch von einem anderen Erlebnis erzählen. Ich war vor längerem bei einer Meditation, bei der die Atmosphäre wunderbar wohlig war und ich mich richtig gut entspannen konnte. Es wurde der aufgestiegene Meister Saint

95

Germain gerufen. Mir war es egal, sie hätten auch Kermit oder das Krümelmonster rufen können. Solange die Energie so war, wie sie war, war es mir recht.

Das war damals die Zeit, als ich anfing, manchmal bei Meditationen verschiedene Arten von Energien wahrzunehmen. Das ist ähnlich, als würde man sich in Gedanken an sehr vertraute Menschen erinnern. Man bekommt meist nicht nur ein Bild, sondern auch ein Gefühl dazu. Auf einmal kann man den Menschen und die Atmosphäre, die er verbreitet, richtig fühlen, fast so, als stünde er neben einem.

Verschiedene Meditationsenergien können auch eine ganz persönliche Färbung haben und sich ganz individuell anfühlen. Ich nehme so etwas äußerst selten wahr, aber an diesem einen Abend hatte ich so eine deutliche Wahrnehmung.

Mindestens ein Jahr später an einem anderen Ort, bei einer anderen Person und mit völlig anderen Teilnehmern saß ich wieder mal bei einer Gruppenmeditation. Gruppenmeditationen haben den Vorteil, daß die Energien dabei wesentlich stärker sind, als wenn man allein meditiert, und dann kommen unter Umständen auch die diesbezüglich etwas dumpferen Gemüter wie ich in den Genuß, wahre Energieduschen zu erleben.

Ich duschte also in der Gruppenenergie. Auf einmal überkam mich dieses merkwürdige Gefühl, als nähme ich eine ganz besondere und sehr individuelle Energie wahr. Sie erinnerte mich sofort an die angebliche Saint-Germain-Energie von damals. Während ich noch verwundert mit dem Fühlen dieser Energie beschäftigt war, denn so oft nehme ich wie gesagt Energien so genau nicht wahr, sagte auf einmal die Gruppenleiterin: „Einige von euch werden es vielleicht fühlen, soeben ist der Meister Saint Germain in den Raum gekommen." Wusch, da lief mir ein Schauer den Rücken hinunter, und ich bekam eine Gänsehaut.

So etwas ist mir zwar seitdem nicht wieder passiert, doch ich spare mir seit diesem Tag möglichst alle Urteile über Menschen, die angeblich oder auch wirklich diesen oder je-

nen Erzengel oder aufgestiegenen Meister channeln oder sich
mit deren Energien verbinden. Vielleicht tun sie es, vielleicht
auch nicht. Die Tatsache, daß mir im allgemeinen jegliche
Wahrnehmung dafür fehlt, heißt nicht, daß diese Wesen nicht
da sind.

Andererseits wäre es aber auch egal, wenn sie nicht da
wären, sondern statt dessen "nur" der Ozean des Einheits-
bewußtseins, Gott persönlich, das Universum, unser kollek-
tives Unter- oder Überbewußtsein oder wer auch immer. Ich
gehe ganz schlicht und ergreifend nach meinem Wohlgefühl.
Wenn sich für mich etwas gut und richtig anfühlt, dann freue
ich mich, und es ist mir egal, von welcher Energie, Gottheit
oder wem auch immer diese Eingebungen oder Meditationsenergien stammen.

Und so freute ich mich heute auch sehr über die gelungene Aussage von Lady Dingsda, daß nämlich der Mensch das
volle Potential seiner Schöpferkraft nicht nutze und allein
dadurch alles Leid zustande käme.

In den letzten Jahren hatte ich jedoch diese mir unbekannten Energien immer wieder im Verdacht, daß sie aus mir
eine brave Musterschülerin machen und mir mein Ego und
allen Spaß rauben würden, sobald ich persönlich Kontakt
mit ihnen aufnähme.

Gott sei dank ändern sich die Menschen, sie werden freier
und unabhängiger, und damit ändern sich auch die Informationen, die sie aus ihrem Inneren aufnehmen und empfangen. Während Eingebungen und sogenannte Durchgaben früher oft streng und gebieterisch waren, werden sie heute von
Jahr zu Jahr befreiender. Ich vermute fast, die Informationen von der anderen Seite werden immer dieselben sein.
Nur das "Übersetzungsgerät Mensch" gibt jeweils seine ge-
genwärtige Persönlichkeitsfärbung dazu.

Je freier und entspannter der Mensch, desto klarer kommen die Informationen durch, ohne daß da noch beispielsweise der strenge Zeigefinger irgendwelcher Kindheitserleb-
nisse mit hineinspielt.

Daß wir das Ego behalten dürfen, ist jedenfalls schon lange klar. Was wir ablegen können, wenn wir denn wollen, sind jene Teile des Egos, die uns zu automatischen Reaktionen veranlassen, bei denen wir hinterher das Gefühl haben, irgend jemand hätte uns ferngesteuert. Alte Muster, die uns zwingen, immer wieder in dieselbe Sackgasse zu rennen, obwohl wir doch schon so lange gerne mal eine andere Richtung probieren würden.

Mit anderen Worten: Wir dürfen alte und überholte Ängste ablegen und loslassen. Das hat dann nicht zur Folge, daß wir weniger werden, sondern mehr. Ist ja ganz klar: Je weniger Ängste ich habe, desto freier kann ich entscheiden, was ich will. Denn dann treibt mich ja keine Angst mehr zu Reaktionen, die ich gar nicht wirklich will.

Das neue gereinigte Ego wird somit zum Diener und verhilft mir zu mehr Wahlmöglichkeiten im Leben. Ich kann täglich mehr sein, und ich kann sein, wer ich sein will. Das alte Ego hat mich beherrscht, indem es mir meine Entscheidungen durch Ängste und automatische Reaktionen abnahm. Na, darauf verzichten wir doch gern, oder?

Seit dieser neuen Definition von "Ego-Vernichtung", auf die ich ja in Kapitel 3 schon eingegangen bin, fürchte ich mich zumindest nicht mehr davor. Ich darf also ein individueller Tropfen bleiben, ich lege nur überflüssige und nicht mehr dienliche Ängste und Muster ab, behalte aber alles, was ich noch behalten will, und werde somit mehr im Leben und nicht weniger, wie zunächst befürchtet.

Bleibt aber dennoch die Sache mit dem "Bravsein". Die Referentin von heute weiht also ihr Leben in weiten Teilen dem, was die innere Stimme ihr rät. Seien das nun aufgestiegene Meister oder ihr göttlicher Teil, wie sie es nennt. An dieser Stelle wurde mir früher ganz schwummrig. Wie kann es erstrebenswert sein, mir von irgendwem – und sei es nur mein eigener göttlicher Teil – irgend etwas vorschreiben zu lassen? Ich will schließlich selbst entscheiden! Und dieser göttliche Teil da, das kann man sich doch denken, hat wahrscheinlich nur "Bravsein" im Sinn. Ich denke ja gar nicht dran, nach innen zu horchen und zu schauen, wo diese Stimme lauert, die immer flüstert: „Sei still und brav und bescheiden" und so weiter und so fort...

Menschen, die so lebten, erzählten auch immer etwas vom göttlichen Willen und wie ihr Leben einfacher würde, wenn sie sich dem göttlichen Willen fügten. Wußte ich es doch, daß es etwas mit Bravsein zu tun hat, dachte ich mir. Wer sagt, daß ich Lust habe, nach dem göttlichen Willen zu leben? Ich will nach meinem Willen leben und sonst nach gar keinem! Basta.

„Ja, aber der göttliche Wille und deiner sind doch eins", säuselten die Gurus. Mein Verstand meldete, daß der göttliche Wille "Bravsein" bedeutet (Brave Mädchen kommen in den Himmel...) und daß mein Wille möglicherweise ziemlich häufig ziemlich ungöttlich ist (...böse Mädchen kommen überall hin).

Inzwischen (aber erst seit einigen Jahren) bin ich drauf gekommen, was es bedeutet, daß der göttliche Wille und meiner eins sind. Es bedeutet nicht, daß ich meinen Spaß am Leben und meinen Willen irgendeinem braven und spießig langweiligen Gott beugen muß, sondern es bedeutet, daß Gott sich meinem Willen beugt, sobald ich das mache und vom Universum einfordere, was ich wirklich will, das, was wirklich ich bin und was mir wirklich Freude macht.

Kurz gesagt ist der "göttliche Wille" der angstfreie Teil in uns. Dieser Teil will auf ganz natürliche Weise andere Dinge als der Teil, der als niederes Ego bezeichnet wird und aus Gründen agiert, hinter denen sich immer irgendwelche Ängste verbergen.

Wenn ich etwas aus Freude am Leben tue, um mir oder anderen etwas Gutes zu tun, aus einem angstfreien Wohl- und Füllegefühl heraus, dann ist das der sogenannte "göttliche Teil". Wenn ich aus Angst vor Verlust, aus dem Wunsch, andere zu übertrumpfen, oder aus ähnlichen Gründen heraus handele, dann hat das niedere Ego mich angetrieben.

Die Angst, "zu brav" zu werden, ist somit ein Unsinn, denn das würde ja bedeuten, ich fürchte mich davor, zu brav zu sein, wenn ich nur noch aus Spaß und Freude und Liebe am Leben heraus handele.

Ein Beispiel aus dem realen Leben. Ich plante dereinst (1995) zweierlei: Ich wollte gerne eine teils spirituelle, teils ganz normale Zeitschrift mit positiven Nachrichten herausgeben. Das wollte ich zu meinem persönlichen Vergnügen tun. Außerdem wollte ich Geld verdienen. Da mir jeder prophezeite, das könne nie etwas werden, da es schon genug Zeitschriften am Markt gäbe, meinte ich, daß vielleicht eine "Partnervermittlungsagentur für spirituelle Menschen" eine gute Marktlücke wäre.

Ich begann also einerseits mit der Zeitschrift und startete parallel dazu mit einem Freund zusammen die Partnervermittlungsagentur.

Die Partnervermittlungsagentur war absolut nicht das, was einer von uns beiden wirklich machen wollte. Wir glaubten nur, dies sei eine Marktlücke, die uns Geld und den Freiraum einbringen würde, um unseren Hobbies besser nachgehen zu können. Und so erforschten wir fleißig den Markt. Das Göttliche in uns schien sich jedoch in Bezug auf diese Agentur und auf geeignete Inspirationen aller Art im Tiefschlaf zu befinden. Es kam auf gut deutsch gar nichts dabei heraus, außer daß es uns viel Geld für Probeanzeigen kostete.

Die Zeitschrift indes war und ist etwas, das mit jeder Ausgabe das repräsentiert, was mich im Moment gerade wirklich ausmacht, was mir Spaß macht, was mir begegnet und was mich begeistert. Da wacht das Universum auf. Es schüttete die Wunderkiste im großen Stil aus und machte aus dem ursprünglichen *Copy me* (Kopieren und Weitergeben erlaubt) die recht erfolgreiche Zeitschrift *Sonnenwind* (die man auch noch kopieren darf, doch bei dem Titel *Copy me* hatte jeder gemeint, es handle sich um eine Copy-Shop-Zeitschrift), die mir immer Spaß macht und mir die tollsten Erlebnisse und Entdeckungen verschafft.

Der göttliche Wille ist also der, der will, daß ich aus meinem Leben ein Paradies auf Erden mache. Wenn ich das tue, werde ich laufend unterstützt, und hunderte, wenn nicht sogar tausende von kleineren und größeren Zufällen helfen mir dabei, daß jeder Tag noch besser wird als ich sowieso schon gehofft hatte. Wenn ich jedoch kraft meines freien Willens beschließe, ein Trauerkloß zu sein, und mir mein Leben entsprechend trist einrichte, mit lauter Dingen, die mir nicht wirklich Spaß machen, dann sind in dem Moment der göttliche Wille und meiner nicht eins, und ich werde nicht unterstützt.

Noch ein Beispiel von einer sehr lieben und sehr energiegeladenen Bekannten von mir. Anders als ich wußte sie schon mit 16 Jahren recht genau, was sie wollte. Sie ging damals aufs Gymnasium und sann darüber nach, ob sie nach dem Abitur studieren wollte. Sie kam zu dem Ergebnis, sie wollte nicht. Dann, so sagte sie sich, bräuchte sie ja eigentlich auch kein Abitur.

Nicht viel später trabte sie zu ihren Eltern und verkündete, sie wolle die Schule abbrechen und Sekretärin werden. Die Eltern hatten ein gut gehendes Geschäft und wünschten sich, daß aus dem Kind "etwas Richtiges" wird. Der Vater sagte daher, sie sei nicht mehr seine Tochter, wenn sie das tue. Die Mutter nahm den Wunsch ihrer Tochter freundlicher auf und meinte: „Nun gut, wenn es das ist, was du möchtest, dann such' dir eine Handelsschule, auf der du Tippen und Steno lernst."

Gesagt, getan. Mit 18 Jahren saß das Kind aus wohlhabendem Hause in einer minikleinen Ein-Zimmer-Wohnung, die es von seinem ersten Gehalt selbst finanzierte, und war stolz wie Oskar. Irgend etwas vom Geschäftssinn der Eltern muß allerdings doch abgefärbt haben. Denn nicht viel später düste sie als Chefsekretärin durch die Vorzimmer aller großen Konzerne, die ihr so einfielen. Und eines Tages landete sie doch noch als Juniorchefin im elterlichen Geschäft. Allerdings auf ihrem eigenen Weg und mit weit mehr Praxiserfahrung, als sie in einem Studium je hätte sammeln können. Ihr Leben ist reich und erfüllt, und sie genießt es in vollen Zügen.

Den Zustand, daß sich immer wieder im Leben Dinge perfekt für sie zusammenfügen, kennt sie bestens, denn der göttliche Wille und ihrer sind sich sehr nah. Sie läßt es sich gutgehen, und ihr göttlicher Anteil ist begeistert und leistet volle Unterstützung. Sie hat sich auf einen Weg begeben, auf dem sie versucht hat herauszufinden, wer sie wirklich ist und was ihr wirklich Spaß macht, unabhängig vom Wunsch der Eltern, dem sie – lustigerweise – am Schluß ja dann doch noch entsprochen hat. Allerdings freiwillig und von innen heraus. Und beruhigenderweise kommt in dieser Geschichte vom göttlichen Willen (dem wahren Selbst) sehr wenig "Bravsein" vor. Anders als in der nächsten Geschichte, in der scheinbar ganz viel "Bravsein" vorkommt, der Protagonist allerdings vom göttlichen Selbst weit abweicht.

Er ist der Mann einer Freundin von mir. Papa war reich und hatte ein sehr gutgehendes Geschäft. Sohni machte sich keineswegs die Mühe, darüber nachzudenken, wer er wirklich ist, was ihm beruflich liegen und worin seine Erfüllung liegen könnte. Denn all das hätte womöglich bedeutet, daß er weniger Geld verdient hätte als im elterlichen Geschäft. Also ging er doch lieber das studieren, was man in Papas Laden halt so brauchte, und setzte sich dann als Juniorchef neben seinen alten Herrn, so wie es alle von ihm erwarteten. Die ganze Familie war zufrieden, und alle fanden ihn "sehr brav".

Da er nie gelernt hatte, sich am freien Markt zu behaupten, lernte er auch niemals, was es wirklich heißt, eine Firma zu führen. Ergebnis: Kaum ging Papa in Rente, trieb er das ehemalige Supergeschäft innerhalb von wenigen Jahren in den Ruin. Und jetzt schiebt er Panik, denn allmählich dämmert ihm, daß die satten Zeiten vorbei sein könnten. Daß hier für ihn auch die Chance liegt, noch einmal neu mit der Suche nach seinem wahren Selbst, seinem Spaß und seiner Freude im Leben zu beginnen, ist ihm leider noch nicht aufgegangen. Und so hängt er lieber mit der Bierflasche vorm Fernseher rum, es kriselt wunderbar in der Ehe, und die Kinder, die nur die Atmosphäre im Haus widerspiegeln, plärren den ganzen Tag.

Bei diesem Mann sind der göttliche Wille und seiner definitiv nicht eins. Zur Zeit fürchtet er sich aber, genau wie ich früher, vor seiner inneren Stimme. Er hat Angst, sie könnte ihm irgend etwas einflüstern, das vielleicht anstrengend ist oder das bedeuten würde, seinen Lebensstandard für immer senken zu müssen. Wenn ihm ein hoher Lebensstandard wirklich wichtig ist, wird die innere Stimme zwar vermutlich nichts dergleichen tun, aber er will ja gerade gar nicht wissen, was und wer er wirklich ist, denn er weiß so wenig über sich, daß er das Schlimmste befürchtet.

Und er ist nicht bereit, das Risiko einzugehen, den Blick nach innen zu riskieren. So als wäre es ein Weg ohne Wiederkehr. Wir haben darüber gesprochen. Er befürchtet, er könnte herausfinden, daß er eigentlich Bildhauer sein will, und daß das eine brotlose Kunst ist, weiß ja jeder. Also will er zur Vorsicht doch lieber nichts herausfinden. Ich fand, er könnte doch mal in seinem Inneren nachschauen oder -fühlen und sich dann entscheiden, ob er aus seinen wahren Talenten nicht zumindest ein Hobby machen kann.

Er traut sich nicht. Er hat Angst vor dem Monster, das sich ihm in der eigenen Tiefe offenbaren könnte. Das alte Lied. Dabei ist es immer nur ein verschrecktes Hauskätzchen, das endlich ans Licht will. Der Himmel hinter den Wolken, die auf der Seele lasten, ist immer blau.

Ich wünsche ihm, daß er ebenfalls noch herausfindet, daß das Leben niemals anstrengender und unangenehmer oder gar braver wird, wenn man den Willen des niederen Egos (das mit den vielen Ängsten) mit dem sogenannten göttlichen Willen (dem des wahren Selbst ohne Ängste und mit mehr Spaß am Leben) etwas mehr in Einklang bringt. Erkenne dich selbst, und du wirst unterstützt werden! Man darf ja auch jederzeit mit nur mal fünf bis zehn Prozent mehr göttlichem Willen anfangen. Kurioserweise wird oft befürchtet, man müsse sofort von null auf hundert Prozent umsteigen. Keine Ahnung, wer diesen Irrglauben verbreitet hat.

Mittlerweile bin ich überzeugt, daß man auch ein Bordell eröffnen könnte. Wenn es das ist, was man in diesem Moment in diesem Leben wirklich leben will, warum auch immer, dann wird man vermutlich im Nu das bestgehende Bordell der ganzen Stadt haben. Man muß nicht brav sein, sondern das leben, was man wirklich leben möchte. Man muß derjenige sein, der man wirklich sein möchte, und schon fügen sich die Dinge mit magischer Leichtigkeit zusammen. Ist das anstrengend? Natürlich nicht.

Um noch einmal auf den heutigen Vortragsabend zurückzukommen. Ich fand den Vortrag wunderbar, denn die Referentin hat einige Dinge erzählt, die meine Bestellungen beim Universum zum einen aus einer etwas anderen Perspektive hervorragend ergänzen, und zum anderen liefert sie eigentlich gerade die besten Beweise für das reale Vorhandensein einer universellen Kraft, die all das umsetzt, was wir mit Leichtigkeit und kindlicher Selbstverständlichkeit von ihr fordern.

Ich wollte daher auch gerne sofort ein Kapitel darüber schreiben, aber es war schon kurz vor Mitternacht, als ich nach Hause kam, und ich wollte lieber schlafen gehen. Und hier setzt die Sache mit dem göttlichen Willen ein, der nicht immer der Erwartungshaltung des Tagesbewußtseins entspricht. Eigentlich wollte ich heute abend sowieso ganz woanders hingehen und nicht auf diesen Vortrag. Doch dann rief ein Bekannter aus dem tiefen Hinterwald des Allgäus an, erzählte, er wolle zu eben jenem Vortrag gehen, und fragte, ob er danach bei mir übernachten könne.

Sein Anruf inspirierte mich umzudisponieren, und ich ging mit. Nun gefiel es mir zum einen so gut, daß ich nächstes Wochenende gleich auf ein ganzes Seminar der Referentin gehe, zweitens hat sie mich zu diesem und auch zum nächsten Kapitel inspiriert.

Allerdings ist es nun weit nach Mitternacht, und ich schaue

104

lieber nicht auf die Uhr, sonst fühle ich mich wahrscheinlich sofort furchtbar müde. Solange ich allerdings gar nicht weiß, wie spät es ist (es sei denn, es wird gleich wieder hell – dann weiß ich es), bin ich fit und munter und in bester Schreiblaune.

Als ich aber vorhin ins Bett wollte, meldete die innere Stimme: „Paß auf Mädel, du kennst das doch. Jetzt bist du in diesem total inspirierten Zustand, in dem du noch alles, was du schreiben willst, im Kopf hast. Du brauchst dich bloß hinzusetzen, den Computer einzuschalten, und alle Müdigkeit ist wie weggeflogen. Du kannst zehn Seiten in einem Rutsch durchschreiben und hüpfst dabei wahrscheinlich noch wie meistens vor Vergnügen auf dem Stuhl.

Wenn du jedoch erstmal schlafen gehst und sollst dich dann morgen oder gar übermorgen an das, was du schreiben wolltest, erinnern, dann weißt du a) sowieso nichts mehr, und b) wird das Ganze furchtbar anstrengend und zäh. Dennoch hast du wie immer die freie Wahl: Der leichte, vergnügte Schreibrausch jetzt – Schau halt nicht auf die Uhr, dann wirst du auch nicht müde! – oder ein zäher Erinnerungsversuch in den nächsten Tagen oder die zwei Kapitel ganz vergessen und verwerfen."

O.k., o.k., ich habe meine Wahl getroffen, und ich wundere mich, daß der Seitenzähler schon wieder 8 Seiten anzeigt. Trotzdem frage ich mich manchmal, wer hier eigentlich entscheidet. Bin das noch ich? Ich wollte heute abend ganz woanders sein (der Bekannte aus dem Allgäu hat natürlich doch nicht hier übernachtet; seine Funktion bestand anscheinend nur darin, mich zu dem Vortrag zu locken), und ich wollte früh ins Bett gehen. Wo war ich real und was mache ich hier? Im Bett liegen und schlafen tue ich schon mal nicht. Aber wieso nicht? Ich hatte doch eine freie Wahl. Wieso habe ich mich für diese Version entschieden? Ganz einfach, weil sie sich nach mehr Spaß, mehr Erleben, mehr Energie, mehr Vergnügen und mehr Inspiration anfühlte und noch anfühlt.

Auf meinem Vorhaben um jeden Preis zu bestehen wäre weit weniger erfreulich gewesen, und vielleicht ist der ursprünglich geplante Abend sowieso ausgefallen, das werde ich morgen erfahren.

Ich sage es lieber gleich, es gibt auch hier wieder Menschen, die von einem Extrem ins andere fallen. Sie halten nämlich fast keine Verabredung mehr ein, weil sie jedesmal ungefähr fünf Minuten vorher "so ein unbestimmtes Gefühl haben", sie sollten doch lieber etwas anderes tun. Zehn Minuten später überlegen sie sich es dann wieder anders und wollen doch vorbeikommen, aber nach 30 Minuten ist ihnen wieder mehr danach, zu Hause zu bleiben. Solche Leute und solche Phasen gibt es. Na und? Das ist doch kein Grund, daß du auch so wirst. Du hast die freie Wahl und bleibst ganz einfach so kreativ und spontan, wie du es gerade noch angenehm findest, ohne dir selbst und anderen auf die Nerven zu gehen.

Das lebendige Leben ist immer eine Gratwanderung. Je fester die Regel, desto weniger lebendig ist das Leben. Wenn es jedoch völlig die Struktur verliert, dann verkehrt sich das, was man eigentlich erreichen wollte, ins Gegenteil, und das Leben wird anstrengender statt leichter. Man braucht nur das richtige Maß aller Dinge für sich selbst zu ergründen, es orientiert sich immer an einer Art Wohlgefühl.

Wenn ich eine Verabredung fünf Minuten vorher absage, aus einem Angstgefühl heraus, ich könnte irgendeine wahnsinnig wichtige Eingebung überhört haben und es könnte vielleicht irrsinnig wichtig sein, doch ganz woanders hinzugehen, dann liege ich von vornherein falsch, weil ich aus Angst handele. Viel geschickter ist es, davon auszugehen, daß egal, wofür ich mich entscheide, alles super wird und verläuft, allein schon deshalb, weil ich es jetzt so gewählt habe. Auf diese Weise kann man nie etwas falsch machen.

Man muß es nicht übertreiben mit dem spontanen Ändern von Plänen und Terminen. Sollte ich mich jedoch gerade in der Stadtmitte befinden, weil ich geplant hatte, Einkaufen zu gehen, und stelle dann fest, daß es ungemütlich voll ist und mir das Einkaufen überhaupt keinen Spaß macht, dann ist das vielleicht der Moment, nach Hause zu gehen und das Einkaufen zu verschieben. Möglicherweise komme ich dann auf dem Nachhauseweg an einem ruhiger gelegenen Geschäft vorbei, wo ich in der Auslage genau das sehe, was ich im hektischen Trubel der Innenstadt gesucht habe. In solchen Momenten spart man sich viel Zeit und Mühe, wenn man nach dem Wohlgefühl geht. Außerdem schadet man auch keinem anderen, weil an solchen Tagen jeder Mensch weniger in der Innenstadt die Durchschiebegeschwindigkeit der Massen fördert.

Der sogenannte "göttliche Wille" ist keine Behinderung, sondern ein Teil von ihm ist diese innere Stimme, die uns Hinweise gibt, wann wir was am besten und am erfolgreichsten umsetzen können. Sich dadurch eingeschränkt zu fühlen kann nur auf einem Mißverständnis beruhen. Das ist, als würde ich in einem Haus ohne Fenster sitzen und wüßte nie genau, ob ich einen Schirm oder mein Badezeug brauche, wenn ich das Haus verlasse. Die innere Stimme kann mir melden, was ich brauche, weil sie vors Haus sehen kann. Wenn ich nun diese innere Stimme als Diktat empfinde – „Frechheit, da flüstert es schon wieder, ich solle den Schirm nehmen, ich will aber nicht..." –, dann renne ich halt ohne Schirm raus und werde schön naß. Selber schuld! Wer schlau ist, versteht diese innere Stimme eher als eine Art "hellsichtiges Sekretariat", das einem das Leben vereinfacht.

Fazit: Das niedere Ego zu verabschieden und sich der göttlichen Kraft im Inneren anzuvertrauen bedeutet auf gut deutsch nichts anderes, als ein von unnötigen Ängsten freier und statt dessen vergnügter und selbstbewußter Mensch zu werden, der sich selbst in Gänze erkennt und das lebt, was ihm ganz persönlich am meisten Spaß macht. Durch das Leben des individuellen Paradieses auf Erden wird man zudem überhaupt erst in die Lage versetzt, sich effektiv an der Weltverbesserung zu beteiligen. Denn nur aus überströmender Freude und Liebe zum Leben heraus erhält man die passenden Eingebungen für wirklich Großes.

Es ist gut herauszufinden, wer man wirklich ist und was man wirklich will. Ferner sollte man den Zeitpunkt seiner Handlungen mit seiner Intuition und dem Wohlgefühl abstimmen. Flexibel sein und erspüren, wann für was die richtige Zeit ist, ist wichtig. Denn wenn ich zur falschen Zeit die falschen Dinge erzwingen will, verschwende ich viel Energie. Die richtige Zeit erkenne ich immer daran, daß die Dinge leicht und fließend funktionieren.

Wenn andere Menschen um uns herum das, was wir auf diesem Weg tun oder wie wir dabei leben, nicht nachvollziehen können und statt dessen finden, daß wir zu egoistisch sind, dann lassen wir ihnen ganz einfach ihre Meinung und denken uns im Stillen: Es ist nicht meine Aufgabe, den Lebensweg anderer Menschen zu kritisieren oder zu beurteilen. Meine Aufgabe ist es nur, meinen Weg zu erkennen, und der komme ich mit Freude nach.

15 Ein handfester Beweis für die universelle Kraft

Heute abend war ich auf einem Vortrag über "Lichtnahrung" von Jasmuheen. Sie lebt seit 1993 ohne zu essen und zeitweise auch gänzlich ohne zu trinken.

Wenn Menschen zum ersten Mal von so etwas hören, sind sie meistens geradezu empört und sagen, das sei ja völlig unmöglich. Wenn sie es dann von jemand anderem zum zweiten Mal hören, sagen sie: „Hhm, ja, habe ich schon mal gehört." Und wenn dann einige Monate später ein Dritter kommt und erzählt wieder von Lichtnahrung, dann sagen sie vermutlich: „Ach das, ja das ist mittlerweile recht verbreitet..."

Vor 500 Jahren waren alle empört, als Galileo Galilei anzweifelte, daß die Erde flach sei. Auch noch wesentlich später war man sich sicher, daß nie ein Mensch den Mond betreten werde, und heutzutage bezweifeln die Menschen im Westen, daß man ohne Nahrung und Flüssigkeit leben könne.

In Indien wundert sich Jasmuheen zufolge darüber kaum einer. Dort gibt es immer wieder Yogis, die das können und einfach tun, und kaum jemand hält es für ein großes Wunder. „Der lebt halt von Prana, von der Gotteskraft, na und?!"

Als Jasmuheen ihren Prozess des Lebens ohne Essen begann, hätte sie sich nie träumen lassen, daß dies einmal derartige weltweite Aufmerksamkeit erfahren würde. Ihre innere Stimme oder die aufgestiegenen Meister, die mit ihr kommunizieren (über innere Eingebungen), sagten ihr, sie würden gerne tiefergehendes spirituelles Wissen in der Welt und in den Medien verbreiten. Damit die Weltöffentlichkeit auch hinschaue und hinhorche, sei eine "ordentliche Sensation" nötig. Da käme Jasmuheen mit ihrer Lichtnahrung gerade recht.

Das Thema "Lichtnahrung" macht aber nur einen kleinen Teil ihrer Vorträge und Seminare aus. Eigentlich geht es ihr oder ihrer inneren Führung, für die sie sich als Botschafterin sieht, eher darum, möglichst viele Menschen zu inspirieren, sich ebenfalls mit ihrer göttlichen Schöpferkraft im Inneren vertraut zu machen, die alles vermag, woran der Menschen glauben kann.

Um wirklich viele Menschen anzusprechen und neugierig zu machen, melden die Stimmen aus dem Inneren aber seit einigen Monaten auch, die Zeit sei reif für eine Brücke zwischen den "Zweiflern" und den "spirituell Erwachteren". Und so werden in immer mehr Ländern wissenschaftliche Studien zur Lichtnahrung durchgeführt.

In England hat vor kurzem (1998) ein weiterer Anhänger der Lichtnahrung die Eingebung erhalten, sich sechs Wochen lang rund um die Uhr überwachen und Bluttests und dergleichen an sich vornehmen zu lassen. Während der sechs Wochen aß er weder, noch trank er einen einzigen Schluck. Es fanden sich schnell Wissenschaftler und Ärzte, die ihn in den sechs Wochen auf Schritt und Tritt überwachten. (Anschriften und Adressen zu solchen Tests sowie Ende 1999 auch ein Buch mit Statistiken und wissenschaftlichen Untersuchungsergebnisse siehe Anhang.)

Jasmuheen organisiert gerade eine Studiengruppe für 1999. Es wird ein Team von Ärzten, Wissenschaftlern und Heilpraktikern geben, Vertreter der Medien und eine Gruppe von Versuchskaninchen, die drei Wochen lang nichts essen werden. Die ersten sieben Tage lang werden sie auch nichts trinken. Statt dessen werden sie sich durch Meditation oder einfach durch ihre klare Absicht der universellen Energie, dem Prana oder ihrer göttlichen Kraft öffnen und sich von dieser Energie mit allen Nährstoffen versorgen lassen. Das Ganze wird medizinisch überwacht und geprüft.

Jasmuheen selbst sagt, ihr sei es völlig egal, ob jemand von Prana leben möchte oder nicht. Was ihr wichtig sei, sei der Kontakt mit der eigenen göttlichen Quelle im Inneren.

Denn je mehr Menschen Gott im eigenen Inneren fänden, desto sicherer würden wir bald Frieden auf dem ganzen Planeten haben.

Prana- oder Lichtnahrung ist für sie ein Weg von vielen möglichen, die Existenz der Gotteskraft zu beweisen. Denn wenn sie und viele andere – wissenschaftlich dokumentiert – seit Jahren ohne Essen und bei Bedarf auch ohne Trinken überleben können, ohne zu sterben und ohne abzunehmen, dann ist die Existenz dieser Kraft damit bewiesen. Aber jeder Mensch, der versucht, ohne Essen und Trinken zu leben, obwohl das überhaupt nicht seinem persönlichen Lebensweg entspricht (und das trifft im Moment auf über 99 Prozent aller Menschen zu), der schadet sich nur und erreicht gar nichts. Es gibt tausende von Wegen, sich selbst zu beweisen, daß es diese nicht meßbare Kraft wirklich gibt. Man sollte schon den richtigen Weg für sich selbst finden, sonst kommt man nicht weit.

Wie man das macht? Ganz einfach: Alles nicht so wichtig und so tragisch nehmen und einfach mit allem, was einem Spaß macht, herumspielen, bis man das Richtige und den richtigen Weg gefunden hat.

Wenn diese Kraft zum Beispiel physische Nahrung ersetzen kann, dann vermag sie auch alles andere, woran der Mensch glauben kann. Die einzige Grenze besteht in unserem Glauben oder darin, daß wir unsere Möglichkeiten nicht nutzen, z.B. die Möglichkeit, Bestellungen beim Universum aufzugeben. Jasmuheen tut genau das auch, allerdings in leicht modifizierter Weise. Sie glaubt an Engel. Die Energien, die wir als Engel bezeichnen, haben keinen freien Willen. Sie müssen dem göttlichen Willen dienen und damit auch uns, wenn wir von unserem, nennen wir es mal "Gottselbst" aus sprechen, und sie dürfen uns nicht dienen, wenn wir von unserem niederen Ego aus kommandieren wollen.

Nochmal zur Klarstellung: Das niedere Ego wäre beispielsweise das, das etwas haben möchte, um wichtiger als andere zu erscheinen, um andere zu unterdrücken, um Minder-

111

wertigkeitskomplexe zu befriedigen oder um Macht auszu-
üben, etc. pp. Dieser Teil des Egos handelt und sucht nach
diesen Dingen letztlich aus Angst und Selbstzweifel. Engel
dürfen der Angst nicht dienen. Sie dienen der Liebe. Das
heißt, alles, was du aus Liebe zum Leben und aus kindlicher
Freude wünschst und anforderst, ist dein.

Ein konkretes Beispiel: Du bestellst dir eine größere Wohnung, weil dein Bruder auch eine größere Wohnung hat, und
du möchtest ihm demonstrieren, daß du das, was er kann,
schon lange kannst. Letztlich entspringt dieser Wunsch der
Angst, sonst nicht anerkannt zu werden. Das ist o.k., aber
du wirst die Wohnung alleine suchen müssen.

Fall 2: Du bestellst dir eine größere Wohnung, aus Freude
an Raum und Platz, weil du Spaß daran hast, dich auszudehnen, weil du Besuch und Freunde empfangen und mit ihnen
deinen Spaß am Leben teilen möchtest. In dem Fall müssen
die Engelenergien dir helfen, denn du wünschst etwas aus
Liebe und nicht aus Angst heraus. Am besten machst du dir
in diesem Fall eine Liste, was du in deiner Wohnung gerne
alles haben möchtest, und beauftragst die Engel, dir "alles
das, was du aufgeschrieben hast, oder etwas Besseres" zu
besorgen.

Genau das hat Jasmuheen zusammen mit ihrem Partner
getan, mit dem sie in Australien lebt. Sie hatten beide keine
Zeit, selbst eine neue Wohnung zu suchen, und riefen den
"Wohnungssuche-Engel" herbei (in Gedanken und mit der
Vorstellungskraft). Sie sagten ihm genau, was sie haben
wollten, und sandten ihn dann los mit den Worten: „Geh'
und bring' uns genau dies oder etwas Besseres!"

Dann taten sie gar nichts mehr, sondern gingen ihren Tages-
geschäften nach. Kurz darauf wurde ihnen aus heiterem Himmel ein Haus angeboten, ohne daß sie je in der Öffentlich-
keit eins gesucht hätten. Es war genau das, was sie sich vorgestellt hatten. Sogar die Farbe an den Wänden paßte. Sie
waren begeistert und dankten dem Wohnungssuche-Engel.

Alles, was du aus Liebe zum Leben und ohne Angst bestellst, wird kommen müssen. Und wenn es nicht kommt, suche den Grund in deinem Inneren. „Achte auf deine Gedanken, sie könnten dein Schicksal werden!" lautet eine alte Weisheit. Konzentriere dich auf die Liebe und Freude am Leben, und lade dein Gottselbst oder den Gedankenaufräum-Engel ein, deine Gedanken zu entrümpeln und zu ordnen. Wahrscheinlich begegnet dir kurz darauf die optimale Meditationstechnik, ein neues, entspannendes Hobby oder irgend etwas, das dir mit Leichtigkeit und von ganz allein dazu verhilft, deine Gedanken mehr zu strukturieren.

Jasmuheen zufolge nutzt es nicht viel, wenn du denkst, „Ich bin dankbar für die Fülle, die jetzt in mein Leben tritt", um damit Fülle zu erzeugen, wenn gleichzeitig deine Körperenergie im Chaos daniederliegt und jede Zelle das Gegenteil sendet: „Armut, Begrenzung, Mühsal."

Ein möglicher Trick von Jasmuheen, die Körperenergie zu ordnen, besteht darin, die Sexualenergie zu nutzen. Setz' dich fünf Minuten täglich hin und stell' dir vor, wie du deine Sexualkraft die Wirbelsäule entlang nach oben schickst. Du kannst das physisch unterstützen, indem du beim Einatmen die Muskeln zwischen Anus und Genitalien anspannst und dabei die Energie die Wirbelsäule entlang nach oben schickst. Beim Ausatmen schickst du sie die Vorderseite entlang wieder nach unten. Die Zunge sollte dabei immer am Gaumen sein. Du kannst dabei im Geist immer „Sex, Geist, Herz, Balance" denken.

Diese Übung ist sehr schlicht, ordnet aber die Körperenergie. Als nächstes öffne dein Herz und stell' dir eine kosmische Dauertelefonleitung zu deinem höheren Selbst vor (du bist der Tropfen aus dem Ozean und stellst wieder eine Verbindung zum Ozean her, nicht um deine Individualität zu verlieren, sondern um sie freier und besser nutzen zu können).

Noch ein abschließender Tip von Jasmuheen: „Es gibt Menschen, die Botschafter des Paradieses auf Erden sind. Man erkennt sie an folgenden Merkmalen: Sie sind immer

113

gesund, weil sie im Inneren und in Zusammenarbeit mit ihrer inneren Stimme und der göttlichen Kraft erkannt haben, daß Leiden überflüssig ist. Diese Menschen meditieren täglich. (Eine Stunde oder zwei- bis dreimal 20 Minuten reichen. Die Technik ist auch völlig egal, jeder nimmt, was ihm am besten gefällt. Ein alternativer Vorschlag von mir für bequeme Menschen oder solche mit wenig Zeit folgt im nächsten Kapitel.) Sie haben ein positives Verhältnis zu ihrer Familie und zu Freunden. Sie sehen einen persönlichen Sinn im Leben und kosten es mit leidenschaftlicher Freude aus.

Du kannst diese Realitätsebene hier auch verlassen, einfach dadurch, daß du nicht länger hiersein möchtest. Erst wenn du vollkommen glücklich mit allem hier bist, hältst du die Freiheit der Wahl zu gehen oder zu bleiben in den Händen.

Und wer versteht, WER er ist, versteht, daß er ALLES kann."

16 Meditation für Faule

"Ernsthaft" Meditierende würden das, was ich gleich vorschlage, wohl nicht als Meditation bezeichnen, aber das macht ja nichts. Du kannst dieses Etwas, die "Medi-Spielation" oder wie du es nennen willst, einfach mal ausprobieren, und entweder sie ist der totale Erfolgsschlager für dich oder nicht.

Wenn du dir einen Spaß erlauben willst, kannst du auch all meine Regeln, die ich gleich vorschlagen werde, hernehmen, von jeder Regel das Gegenteil tun und schauen, wie das für dich wirkt. Vielleicht besser oder genauso gut oder gar nicht. Alles, alles ist o.k. Finde nur heraus, was für dich paßt. Nur so kommst du weiter.

Hier nun kommt die genial einfache Medi-Spielation, die meist sehr wirkungsvolle Allround-Meditation für Faule.

Regel 1: Setz dich bequem hin. Egal wie. Der Rücken muß nicht gerade sein, gar nichts muß irgendwas. Sitzen ist für diese Technik dennoch besser als liegen, weil man im Liegen die Konzentration schneller verliert und leichter einschläft.

Regel 2: Du darfst die Sitzposition jederzeit wechseln, wenn es dich irgendwo drückt. Auch Kratzen und Naserümpfen ist erlaubt.

Regel 3: Wir wollen nach innen gehen, also sind Ablenkungen von außen in diesem Fall ein wenig kontraproduktiv. D.h. also, keine Musik abspielen, weil wir dann nach außen statt nach innen lauschen. Natürlich sollten auch keine anderen Menschen, Kinder, Tiere oder Pflanzen im Raum sein, sonst geht zumindest unbewußt immer ein Teil der Aufmerksamkeit zu diesem anderen Lebenwesen (es sei denn, der andere meditiert mit, das ist o.k.).

Regel 4: Gedanken müssen NICHT verscheucht und weggedrängt werden.

Regel 5: Wir affirmieren (gedanklich verstärken) auch keine Dinge, von denen wir noch nicht so ganz überzeugt sind. Wir versuchen überhaupt nicht, uns von irgend etwas zu überzeugen. Sondern – und jetzt kommt der große Trick der Medi-Spielation für Faule: Wir denken positive Dinge, die wir schon wissen, oder noch schlichter, wir denken einfach nur Begriffe, die wir als konstruktiv empfinden.

Wir wissen oder vermuten, daß unsere Gedanken letztlich zu unserem Schicksal werden. Wir wollen also positiv, lebensfroh und konstruktiv denken. Wenn ich aber denke, „Ich bin gesund, glücklich, harmonisch, zufrieden, stark, etc pp.", und fühle dabei das Gegenteil, dann ist das überwiegende Gedankenmuster ein Mangelgefühl, weil ich meinen Affirmationssatz mit dem vergleiche, was ich meine, wirklich zu sein und zu haben. Ich habe das Gefühl, mich mühsam von etwas überzeugen zu müssen. Dazu sind wir natürlich viel zu faul. Das machen wir anders.

Denk' doch einfach nur den Begriff "Gesundheit". Gesundheit und Punkt. Was soll dein Unterbewußtsein daran zu meckern haben? Es gibt nichts zu meckern und nichts zu bezweifeln. Du hast nur „Gesundheit" gedacht.

„Ja und weiter?" wird das Unterbewußtsein fragen. „Nichts weiter", antwortest du gelassen. „Du mußt nichts tun da drinnen. Ich denke nur gerade das Wort 'Gesundheit', sonst nichts."

Ich sage die Wahrheit: Es ist ein genialer Trick, um das Unterbewußtsein, alle Zweifel und alle Ängste zu umgehen. Denn solange du nur das Wort "Gesundheit" denkst ohne irgendeinen Zusatz wie „Ich bin...", „Ich will sein...", „Ich habe...", „Ich muß...", „Ich brauche...", solange gibt es nichts zu meckern. Du denkst ja nur ein Wort. Und trotzdem wirkt dieses Wort anders auf dein Inneres, als wenn du "Krankheit und Zerstörung" denken würdest. Das sind auch nur Wörter, doch sie wirken anders.

Nur Wörter zu denken, die du magst und als positiv empfindest, ist der beste Trick, dein Unterbewußtsein langfristig umzuprogrammieren. Wenn es nichts tun soll und keine Zweifel aktiviert werden, dann entspannt sich nämlich auch das Unterbewußtsein. Es tut gar nichts, sondern hört nur gelassen zu – und nimmt auf und setzt um.

Jahrelang hast du vielleicht gedacht, „Ich bin gesund, ich bin gesund", und immer lag der Gedanke darunter, „Stimmt doch gar nicht, ich war noch nie ganz gesund, und bestimmt funktioniert diese Technik sowieso nicht", etc. pp. (Bei manchen Leuten klappt sie umso besser – bei solchen Dingen ist nichts allgemeingültig.) Nun sitzt du bloß bequem da und denkst nur in Begriffen, die dir gefallen: „Schöne Blumenwiese, Berge, Sonne, Freude, Urlaub, Gesundheit, Liebe, Spaß, viele Freunde, liebevoller Umgang..."

Solche Begriffe kannst du stundenlang denken, und niemals wird dein Unterbewußtsein Einwände haben, denn du denkst ja nur Begriffe und stellst sie dir vor. Du denkst nicht, „Unterbewußtsein, tu dies oder jenes." Du denkst nur die Begriffe ohne irgendeinen Zusatz. Und das Gute daran ist, daß sie immer tiefer sickern und sich immer mehr verwirklichen, denn das, was du in deinen Computer (dein Hirn) hineinspeicherst, ist das, was auch wieder herauskommt.

Nach einer Weile kannst du, falls du dich dabei genauso wohlfühlst, auch ganze Sätze denken. Bei den Sätzen besteht allerdings der Trick darin, nur solche Dinge zu denken, von denen du schon hundertprozentig überzeugt bist. Wenn du weniger als 10 Millionen Mark auf dem Konto hast, solltest du niemals denken, „Ich bin reich" oder gar „Ich werde reich." Doch die Sätze, „Ich mag Reichtum. Fülle finde ich Klasse. Ich liebe es, in Fülle zu leben", sind wunderbar. Denn daran gibt es nichts zu bezweifeln. Es sei denn, du entdeckst, daß du Reichtum doch nicht magst. Dann ist das die Gelegenheit herauszufinden, was du statt dessen magst.

Einen Satz anzufangen mit „Ich liebe..." ist immer gut. Bei „..." kommt dann das, was du haben möchtest. Wenn du dir beispielsweise innerlich vorsagst, „Ich liebe einen großen Garten", dann wird dein Unterbewußtsein daran nichts auszusetzen haben, sondern sich denken: „Ganz klar, das habe ich verstanden. Mein Boss (= dein Ich-Bewußtsein, also DU) liebt einen großen Garten. Schön für ihn oder für sie. Ich sehe den Garten genau vor mir. Fein." Das Unterbewußtsein bleibt bei dieser Technik ganz arglos und setzt ganz geruhsam in seinem eigenen Tempo das um, was du da denkst.

Im Gegensatz dazu verursacht der Satz, „Ich habe einen schönen großen Garten" (wenn man ihn eben noch nicht hat), Stress im System. Es sei denn, du gehörst zu den glücklichen Leuten, die diesen Satz in kindlicher Arglosigkeit, ohne das bekannte Mangelgefühl („Hab' ich ja doch noch nicht") darunter denken können.

„Ich bekomme ganz bald einen schönen großen Garten" ist ein Satz, der auf den ersten Blick harmloser wirkt, aber ebenfalls angezweifelt werden kann („Ach, das passiert ja doch nie"). Nur die Fassung, „Ich liebe einen schönen großen Garten", enthält nichts, was es anzuzweifeln gibt, und hat daher die größten Chancen, sich in Realität umzusetzen.

„Das Wunder des Lebens überall sehen" ist auch ein toller Satz. Er besagt nicht: „Los, sieh endlich die Wunder des Lebens", er befiehlt nichts, er drängelt nicht, er IST einfach nur. So wie das erleuchtete Sein auch einfach nur IST.

Solche Sätze und Wörter kann man beliebig oft wiederholen. Sie programmieren ganz sachte und langsam das ganze System um, ohne daß man Druck auf sich selbst ausübt und dem Unterbewußtsein irgendwelche stressigen Befehle erteilt.

Wenn ich beim Universum bestelle, tue ich das Gegenteil. Ich bestelle und befehle einmal etwas. Aber ich muß die Bestellung danach loslassen und vergessen, und ich muß es mit dem Gefühl kindlicher und vertrauensvoller Selbstverständlichkeit tun, sonst wirkt es selten.

Für diejenigen, denen das bisher noch nicht so ganz gelungen ist, ist das die perfekte Alternative. Diese Sätze kannst du denken so oft du willst. Du mußt keinen Trick anwenden, um sie möglichst bald wieder zu vergessen, und Zweifel können gar nicht aufkommen.

Der einzige Haken ist, du mußt abwarten und dich überraschen lassen, wann die Veränderungen in deinem Leben eintreten. Es ist meist eine schleichende, versteckte Umwälzung, wie viele kleine Sonnenstrahlen, die ganz langsam durch die Hintertür krabbeln und immer mehr werden.

Diese Medi-Spielation ist auch kreativ. Natürlich wirken am besten solche Wörter und Sätze, mit denen du momentan ein positives Gefühl verbindest. Du solltest also jedesmal, wenn du so eine Medi-Spielation machst (20 Minuten pro Sitzung sind ein guter Schnitt) von neuem nach den Wörtern und Sätzen des Tages suchen. Dadurch bleibt dieses Spiel immer lebendig und somit höchst wirkungsvoll.

Jeden Tag passieren andere Dinge, und jeden Tag gibt es neue Begriffe, die dir gerade gefallen. Nach einem stressigen Tag im Büro könnte es beispielsweise sein: „Entspannung, Ruhe, viel Zeit, weite Landschaft, Hawaii, Baden am Strand, fröhliche, unbeschwerte Menschen, Sonnenschein, ich liebe fröhliche Menschen in Urlaubsstimmung, mit denen man offen und entspannt über alles reden kann..." usw. usf.

Du merkst, wo der Trick liegt: Du gibst dir auf diese Weise alles, was dir am Tag gefehlt hat, doch ohne dich selbst unter den Druck zu setzen, irgend etwas erreichen zu müssen. Eigentlich ist diese Technik das Gegenteil einer Bestellung beim Universum, und trotzdem steht sie im selben Buch.

Mach' es in deinem Leben genauso: Sammle alles, was dir guttut, und es wird sich automatisch immer weiter vermehren.

Regel 6: Das Innere beobachten. Es ist etwa so, wie dem Pendel einer alten Standuhr mit dem Blick zu folgen. Du kannst immer einmal dein Wort und deinen Satz denken und dann kurz nach innen schauen und den Körper beobachten. Wie fühlt sich der Satz an? Gibt es irgendwelche Reaktionen im Bauch, im Brustkorb, im Solarplexus, im großen Zeh, in den Ohren? Wandere beobachtend in deinem Körper umher. Das Pendel geht in die eine Richtung, und du denkst, „Das Wunder des Lebens überall sehen", das Pendel geht in die andere Richtung, und du schaust irgendwo in dich und deinen Körper hinein, ganz nebenbei und entspannt. Dann denkst du wieder denselben Satz oder ein anderes Wort, was immer sich gerade gut und intensiv anfühlt. Das ist die ganze Technik. Du kannst nichts falsch machen.

Wenn du, wie eingangs vorgeschlagen, mit dem Gegenteil ebenfalls experimentieren möchtest, dann kommen hier die Antiregeln. Es kann durchaus eine gute Idee sein, ab und zu nach den Antiregeln zu meditieren. Möglicherweise erlebst du dabei irgendwelche Überraschungen, oder, falls du dies als anstrengend und furchtbar erleben solltest, dann schätzt du am nächsten Tag die Medi-Spielation wieder umso mehr. Und durch deine höhere Wertschätzung wird sie auch wertvoller für dich und wirkt stärker.

Die Anti-Regeln:
  Regel 1: Aufrecht sitzen mit schnurgeradem Rücken.
  Regel 2: Während der Dauer der Meditation auf keinen Fall
    bewegen.
  Regel 3: Meditative Musik oder Klänge auflegen.
  Regel 4: Nichts denken.

Zusammenfassung der Medi-Spielation:
  Regel 1: Bequem sitzen.
  Regel 2: Bewegen ist erlaubt.
  Regel 3: Äußere Stille soweit es geht. Keine Musik.
  Regel 4: Gedanken sind erlaubt.
  Regel 5: Wörter und Sätze denken, die man in dem Moment als maximal positiv und konstruktiv empfindet. Die Sätze dürfen nichts enthalten, was erst noch erreicht werden muß, sondern sollen nur positive Feststellungen sein, die als hundertprozentig klar und selbstverständlich empfunden werden: „Ich mag und liebe dies

und jenes. Ich finde das und das toll. X und Y sind schön."

Wir bekämpfen nicht das Negative, sondern stärken das sowieso schon vorhandene Positive – egal wie wenig es gerade sein sollte –, bis es riesengroß wird.

Regel 6: Den Satz oder das Wort nachwirken lassen und im Körper nachspüren, wie es sich anfühlt.

Eine leichte Modifikation dieser Methode ist die Dankbarkeitstechnik. Dazu überlegt man jeden Morgen, wofür man alles dankbar ist oder sein könnte. Wenn man gerade sehr schlecht drauf ist, fällt einem zu Beginn nicht viel ein. Das macht aber nichts. Es wird automatisch jeden Morgen mehr werden. Am ersten Morgen im seelischen Tief könnte die Dankbarkeitstechnik so aussehen:

Ich bin dankbar, daß noch Zahnpasta da ist und ich keine kaufen gehen muß.

Ich bin dankbar, daß ich ein Dach über dem Kopf habe.

Ich bin dankbar, daß ich nicht in der Wüste geboren bin.

Ich bin dankbar, daß ich keine grünen Locken habe.

Das klingt alles im ersten Moment nach ein bißchen wenig Dankbarkeit. Aber Dankbarkeit zieht von selbst weitere Dinge an, für die man dankbar sein könnte. So kommt jeden Tag etwas mehr dazu, und eines Tages könnte die Fülle so groß geworden sein, daß man sich auf pauschale Dankbarkeiten wie „Ich bin dankbar für alles, es geht mir einfach supergut" verlegen muß, weil sonst der Tag um wäre, wenn man für alles einzeln danken wollte.

Ein wichtiger Hinweis noch zum Schluß: Diese Techniken werden weder schlecht noch verrotten sie, wenn man sie nicht "brav" regelmäßig anwendet. Selbst wenn man nur einmal im Monat dran denkt oder nur dann, wenn man gerade wirklich schlecht drauf ist, kann man die Dankbarkeitstechnik oder die Medi-Spielation immer noch anwenden. Sie wirken auch bei seltener Einzelanwendung wunderbar.

Es kann schon sein, daß die Dauerwirkung besser ist, wenn

man die Technik zweimal täglich für 20 Minuten anwendet. Aber nur, wenn man es dann auch gerne macht. Mein Vorschlag ist: Unterwirf dich der Disziplin nur dann, wenn du ein positives Ergebnis für dich darin siehst und dir dieses es dann wirklich wert ist, zweimal täglich solche Übungen zu machen. Folge deinem persönlichen Wohlgefühl.

17 Haß und Liebe sind dasselbe

Kannst du dir vorstellen, daß du alle Leute, die du haßt (falls du welche haßt), eigentlich liebst? Schaurige Vorstellung, oder? Dennoch scheint mir ganz stark, daß wir Menschen, die uns wirklich nichts bedeuten oder die wir nicht mögen, ganz einfach übersehen. Sie fallen uns gar nicht auf. Wann auch immer uns irgend etwas oder irgend jemand ins Auge sticht, egal ob positiv oder negativ, dann bedeutet dieses Etwas oder dieser Mensch uns etwas. Hinter allen Dingen, die irgendwie unsere besondere Aufmerksamkeit erregen, verbirgt sich ein Geschenk. Wir müssen es nur abholen.

Mit dem nachfolgenden Bericht von der "Familienaufstellung" (einer Form von Kurztherapie) erhoffe ich mir, ein wenig lebendiges Verständnis für diese Erkenntnis zu wekken und dazu zu inspirieren, sich unter diesem Gesichtspunkt mal im eigenen Leben umzusehen: Wer oder was fällt mir im Leben besonders auf? Habe ich schon das Geschenk dahinter gefunden?

Ich habe diesen Bericht, den ich ursprünglich als Reportage für meine Zeitschrift *Sonnenwind* geschrieben habe, ausgewählt, weil ich selten irgendwo so deutlich gespürt habe, wie nah Haß und Liebe einander sind und daß es wirklich eine Instanz, unsere Seele, zu geben scheint, die nur absolute Werte und keine positiven oder negativen Vorzeichen kennt. Und sie scheint über eine höhere Weisheit und Kraft zu verfügen, die vermeintlich Unmögliches möglich machen kann. Wer weiß, vielleicht sind wir am Ende selbst das Universum?

Das therapeutische Wunder: Familienaufstellungen

Mit dem weltweit zunehmenden Bedürfnis nach Persönlichkeitsentwicklung ändern sich auch die Therapieformen. Sie werden schlichter, genialer, effektiver und finden auf einer

Ebene statt, auf der sich Esoteriker und Nichtesoteriker in Übereinstimmung treffen. Man muß nur nahe genug an die Essenz des Lebens herankommen, und es zeigt sich, daß letztlich alle dieselbe Sprache sprechen. Das für mich Faszinierendste an Familienaufstellungen ist jedoch, wie sie ohne jede Einschränkung die hellsichtigen Fähigkeiten absolut aller Menschen freilegen. Man kommt gar nicht darum herum hellzusehen – und siehe da, es klappt bei ALLEN!"

Wir müssen auf unsere Seele hören,
wenn wir gesund werden wollen!
Letztlich sind wir hier,
weil es kein Entrinnen vor uns selbst gibt.
Solange der Mensch sich nicht selbst
in den Augen und im Herzen
seiner Mitmenschen begegnet,
ist er auf der Flucht.
Solange er nicht zuläßt, daß seine
Mitmenschen an seinem Innersten
teilhaben, gibt es keine Geborgenheit.
Solange er sich fürchtet,
durchschaut zu werden, kann er
weder sich selbst noch andere
erkennen – er wird allein sein."
(Hildegard von Bingen)

Der Begriff "Familienaufstellung" war bereits seit längerem immer wieder in meinem Umfeld aufgetaucht. Jeder zweite schien hinzugehen, und alle waren begeistert. Allein mich interessierte es nicht. Es war eine Therapieform, und auch wenn sie nur aus vier Tagen Gruppenarbeit bestand, war es prinzipiell eine Therapie – und Therapien interessierten mich nun mal nicht.

Gleichzeitig sagten mir immer wieder Heiler und Hellsichtige, ich hätte noch "Familienkarma" in meinem Zellgedächtnis gespeichert. Dieses müßte ich erlösen, um vollkommen

124

frei sein zu können. "Unchained from destiny" (befreit von den Ketten des Schicksals) heißt zwar auch eines meiner Lieblingslieder, aber ich fand, man brauche dazu keine Therapie. Alles Unsinn.

Dann geschahen allerdings ein paar Dinge in meinem Leben, die mich an einen Witz erinnerten, der angeblich aus der Bibel stammen soll (die Bibelkundigen würden wahrscheinlich eher Gleichnis als Witz dazu sagen):

Es herrscht eine Überschwemmung, und ein Mann sitzt auf dem Dach seines Hauses, da der Rest schon unter Wasser steht, und betet zu Gott, er möge etwas unternehmen und ihn retten. Kurz darauf kommt ein Boot vorbei und will den Mann mitnehmen. Der will aber nicht. Er sagt, er sei sich sicher, daß Gott ihn retten werde, und er bleibe. Der Mann betet weiter, und es kommen noch zwei weitere Boote vorbei. Der Mann aber bleibt auf seinem Dach und betet weiter.

Die Flut schwillt an, und schließlich ertrinkt der Mann. Im Himmel angekommen, begibt er sich schnurstracks zu Gott und beschwert sich: „Also hör' mal, ich habe doch die ganze Zeit gebetet, daß du mich rettest. Wieso hast du nichts getan?" „Wieso?" wundert sich Gott, „ich habe dir doch drei Boote vorbeigeschickt!"

Ich kam mir bezüglich eines Bereiches in meinem eigenen Leben plötzlich so vor, als wollte ich ebenfalls etwas haben, würde aber stur an einer bestimmten Vorstellung festhalten, wie das zu funktionieren habe. Während dessen fahren in fast schon penetranter Offensichtlichkeit die Boote vor meiner Nase vorbei (= Hinweise auf Familienaufstellungen), doch ich will kein Boot, weil ich an irgendeiner fixen Vorstellung festhalte.

Dann fiel mir noch ein, wie oft sich die größten Geschenke des Lebens hinter den Dingen verbergen, die man am allerwenigsten zu brauchen meint. Neugierig machte mich letztlich der Gedanke: „Stimmt, das hast du schon so oft erlebt, daß du zuerst etwas total "out" findest, und kaum probierst du es aus, findest du es unvergleichlich schön und erfül-

125

lend. Wer weiß, was sich Tolles hinter den Familienaufstellungen verbirgt, die ich so "mega-uninteressant" finde?? Das muß ich sofort wissen, nichts wie hin!!"

Wenn etwas nämlich wirklich nichts für mich ist, dann wird meine Aufmerksamkeit einfach gar nicht davon angezogen. Positive wie negative Reaktionen deuten beide auf eine vorhandene Resonanz hin. Keine Resonanz zeigt sich darin, daß etwas gar nicht in meinem Leben auftaucht.

Ich sah, erkannte und setzte sofort um. Ich hatte Anschriften von verschiedenen Therapeuten, fühlte mich von zweien davon angezogen und meldete mich schließlich bei dem an, der den nächsten Termin frei hatte. Tja, und jetzt weiß ich eigentlich gar nicht so recht, wie ich diese vier Tage in Worte fassen soll. Das kann man eigentlich gar nicht so richtig. Man muß es erleben, sonst erfaßt man höchstens einen winzigen Bruchteil dessen, was dort geschieht.

Vielleicht ein paar rein "technische Daten" vorweg. Wir waren 25 Menschen im Alter von 22 bis 70 Jahren. Es gab ein paar spirituell Interessierte, doch die meisten schienen ganz normale "Durchschnittsmenschen" zu sein, die vorher noch keinerlei Kontakte zu irgendeiner spirituellen Richtung gehabt hatten.

Wir legten fast sofort los. Es gab eine kleine Vorstellungsrunde, in der alle ganz kurz ihren Vornamen, Beruf und ihr Anliegen nannten. Dann begann bereits die erste Aufstellung. Es meldete sich immer einer freiwillig. Man kam nur dann dran, wenn man das Gefühl hatte, man sei jetzt bereit. Man mußte auch nicht, doch bis auf einen haben alle eine Aufstellung gemacht.

Die Aufstellung selbst funktioniert so, daß man sich auf den "heißen Stuhl" neben den Therapeuten setzt und noch einmal kurz sein Anliegen wiederholt. Beispielsweise ein gespanntes Verhältnis zur Ursprungsfamilie (die Eltern, Geschwister etc.), Probleme in der aktuellen Familie, Beziehung etc. Man zählt dann alle involvierten Personen auf. Interpretationen oder wer was warum macht und wieso man meint, daß dieses oder jenes nicht so klappt, sind unwichtig. Wichtig sind nur die "harten Fakten": Wer ist da und in welcher Form? Auch verstorbene nahe Verwandte oder abgetriebene Kinder können eine Rolle spielen.

Der Therapeut fühlt sich in die Energie der Person ein und entscheidet dann, mit wem angefangen wird. Nun steht man auf und sucht sich eine Person, die den Vater spielt, eine für die Mutter, Personen stellvertretend für die Geschwister und eine Person für sich selbst.

Man berührt die Stellvertreter für die Aufstellung an den Schultern und stellt sie ganz nach momentanem Gefühl im Raum auf. Dadurch ergeben sich völlig unterschiedliche Konstellationen. Manchmal schauen die aufgestellten Familienmitglieder einander an, manchmal stehen sie mit dem Rücken zueinander, manchmal extrem nah beieinander, manchmal extrem weit voneinander entfernt.

Dann setzt sich der oder die Aufsteller/in, und die Aufgestellten fühlen sich in ihre Position ein, schauen sich die anderen Familienmitglieder an und nehmen wahr, wie sie sich dabei fühlen. Der Therapeut fragt die einzelnen Personen, wie es ihnen an dem Platz, an dem sie gerade stehen, geht. Sonst nichts.

Hier kommt der Punkt, an dem ich die Befürchtung hatte, ich könnte vielleicht gar nichts fühlen oder nicht wissen, wie es mir geht. Denn ich bin ja schließlich keine Hellseherin – dachte ich. Was an dieser Stelle geschieht, ist jedoch schlichtweg genial und beweist ein weiteres Mal die unvorstellbare Größe und Einmaligkeit der Schöpfung und Natur, in der zu jeder Zeit alles enthalten ist.

Man steht zum allerersten Mal im Leben in so einer Aufstellung und weiß so gut wie nichts über die fremde Familie, um die es geht. Aber weil es so wenig Umwelteinflüsse gibt, weil man eigentlich gar nichts weiß, weil Nachdenken keinen Sinn hat und weil man einfach nur irgendwo steht und ein paar andere Personen stehen irgendwo anders, genau deshalb gibt es so minimal wenig wahrzunehmen, daß man genau dieses Wenige – das letztlich aufs Wesentliche Reduzierte, wie man hinterher erkennt – doch wahrnimmt.

Beispielsweise könnte ich weit weg von allen mit dem Rükken zu ihnen stehen und werde in dieser Position gefragt, wie es mir geht. Das Seltsame ist, ich weiß einfach, wie es mir geht. Entweder schlecht oder gut. Manchmal stehe ich da und fühle mich ganz stabil, manchmal stehe ich da und habe Atemnot. Manchmal schwanke ich beim Stehen, manchmal stehe ich fest. Manche Personen der Aufstellung interessieren mich beim Hinschauen, andere sagen mir gar nichts. Es greift ein höherer Mechanismus, der einen in die Rolle der aufgestellten Person schlüpfen läßt, und man wird ganz einfach zu dieser Person und nimmt deren Gefühle wahr. Man *ist* einfach in der Rolle, man muß sie nicht spielen.

Man muß dort gewesen sein, um es zu verstehen, sonst glaubt man es wahrscheinlich nie. Ich wurde gleich in der allerersten Runde aufgestellt und wurde plötzlich so traurig, daß mir die Tränen kamen. Mein Kopf wollte sich gleich genieren und mir irgendwas erzählen, daß ich nicht ganz normal sein könne, ich müsse doch wirklich therapiebedürftig sein, wieso ich denn inmitten irgendeiner scheinbar fremden Szene plötzlich losheule, usw. usf.

Es stellte sich aber heraus, daß die Person, für die ich stand, sich wirklich völlig allein, vernachlässigt und einfach übersehen fühlte und darüber sehr traurig war. Als mein Gegenüber plötzlich Notiz von mir nahm und mich völlig erstaunt von oben bis unten musterte, geschah wieder etwas Seltsames. So plötzlich, wie die Traurigkeit über mich gekommen war, so plötzlich fühlte ich mich nun beruhigt und getröstet. Endlich wurde ich überhaupt zur Kenntnis genommen. Je länger mein Gegenüber mich ansah und je offener und intensiver es schaute, desto wohliger fühlte ich mich. Endlich wurde ich nicht mehr übersehen! Endlich wurde meine Existenz anerkannt! Genauso fühlte ich mich, und es gab keinen Zweifel über dieses Gefühl.

Im nachhinein kann ich sagen, daß meine eigene Aufstellung nur ein Teil des ganzen Erlebnisses war. Ich habe genauso viel aus jeder einzelnen Aufstellung der anderen mitgenommen. Man findet sich an der Wurzel der Gefühle in jedem anderen genauso wieder. Und das geht jedem so. Die 70jährige spielte ihre Rollen genauso gut wie der 22jährige als Großvater oder als abgetriebenes Kind. Diese Aufstellungen reduzieren das Leben so auf seine Basis, daß keiner sie verpassen kann. Hilfreich ist natürlich auch das Flair von Selbstverständlichkeit, das unser Therapeut verbreitete, so als wäre da gar nichts Merkwürdiges dabei. Das färbte auf alle ab, und es gab einfach keine Ausnahme – alle konnten es!

Einmal wurde ich als 18jährige Tochter aus erster Ehe aufgestellt. Diese Tochter lebte mit ihrem Vater bei der zweiten Frau und ihrem vierjährigen Halbbruder. Ich fühlte mich in dieser Rolle motzig und hatte gar keine Lust, mich irgendeinem Gefühl wirklich zu öffnen. Meinen kleinen Bruder haßte ich, und die neue Frau meines Vater sah ich zwar, doch ich konnte sie überhaupt nicht spüren. Sie interessierte mich nicht.

Im zweiten Schritt bei den Aufstellungen werden die Bilder verändert. Man schaut, wer wo stehen möchte, so daß er sich wohlfühlt, und erkennt, was in den Beziehungen untereinander geändert und geklärt werden muß. Durch "heilende Worte", die der Therapeut vorspricht und die man nachspricht, und durch neue heilende Bilder wird die Situation in meinem Inneren geändert. Und nur darauf kommt es an. Die äußere Situation kann sein, wie sie will. Mein inneres Gefühl dazu ist das, was wirklich zählt.

In dem Fall mit der Tochter aus erster Ehe klärte der Vater seine Beziehung zu seiner Frau aus erster Ehe. Wir spielten die Situation einfach. Das "Drehbuch" ergab sich aus der aufgestellten Situation, und der Therapeut soufflierte nach seinem Gefühl, so wie er es gemeinsam mit dem Aufsteller als richtig erspürte. Und wieder war ich völlig fasziniert, wie sehr ich die Rolle der Tochter verkörperte. Als "meine Eltern" Frieden schlossen, fing ich auf einmal an, meinen Halbbruder doch zu mögen, und ich wurde neugierig auf meine Stiefmutter und empfand ein regelrechtes Gefühl von Freude darüber, sie überhaupt erstmals richtig kennenzulernen. Das Bild des Friedens zwischen meinen Eltern machte es möglich.

Die Frau aus zweiter Ehe des betreffenden Mannes (der die Situation aufgestellt hatte) war auch real anwesend und spielte sich selbst. Ich hatte das Gefühl, auch sie war erleichtert, daß die Situation mit der ersten Frau geklärt wurde, und sie spürte, wie gut das der Tochter aus erster Ehe tat.

Jetzt wird der kritische Geist einwenden: „Ja aber in der Realität ist es doch dann trotzdem nicht so. Die aufgestellten Personen sind in der Realität höchstwahrscheinlich nach wie vor unfreundlich und unausgeglichen wie immer. Was nutzt mir da so eine Phantasie-Aufstellung?"

Das ist wieder ein Punkt, den man erlebt haben muß, um ein wirklich tiefes Verständnis dafür zu entwickeln. Worte sind hier völlig unzureichend. Dreierlei kann ich dazu anmerken, aber nichts wird der Wirklichkeit nahe kommen:

Zum einen ist für mein Leben alles Äußere weit, weit unwichtiger, als ich denke. Meine inneren Bilder und Gefühle dazu sind wichtig. Diese kann ich korrigieren und in heilende Bilder umwandeln, selbst wenn alle Beteiligten tot oder weit weg sind. Eine Frau hatten wir dabei, deren Mutter ermordet wurde, als sie zwei Jahre alt war. Zu dem Zeitpunkt, als der Mord geschah, war sie zudem auf dem Arm der Mutter gewesen. Selbst zu so einer extremen Situation entsteht bei der Aufstellung das richtige Bild, das das Innere heilen kann.

Zweitens sind wir alle energetisch miteinander verbunden. Die Seele des anderen spürt, wenn ich mein inneres Bild zu ihr verändere. Eine alleinerziehende Mutter erlebte nach ihrer Aufstellung, in der sie sich, ihren Expartner und das gemeinsame Kind aufgestellt hatte, daß der Vater plötzlich den Wunsch verspürte, mehr Verantwortung zu übernehmen und sich mehr um das Kind zu kümmern, ohne daß sie ihm etwas gesagt hätte. Wie sie außerdem erkannte, wächst das Kind schon in dem Moment nicht mehr ohne Vater auf, wenn sie ihre Einstellung zu diesem ändert. Immer, wenn sie das Kind anschaut, sieht sie in ihm zumindest unbewußt auch seinen Vater. Denn energetisch und genetisch besteht das Kind zu 50 Prozent aus ihm. Betrachtet die Mutter diesen Mann aber mit Verachtung und Wut, dann fühlt sich das Kind teilweise abgelehnt.

Durch die Aufstellung kann sie neu erleben, wie es ist, diesen Menschen als Vater ihres Kindes zu achten, egal was auch immer sonst ist oder war. Wenn sie mit diesem Gefühl der Achtung vor diesem Mann diese Anteile in ihrem Kind anschaut, dann ist das Kind energetisch in Liebe mit seinem Vater verbunden und wächst nicht wirklich ohne ihn auf, auch wenn er physisch abwesend ist. Man muß den Unterschied fühlen. Man muß bei so einer Aufstellung dabei sein. Man kann sie nicht im Kopf lösen, es geht nur im Herzen.

Drittens bekommt man bei solch einem Vier-Tage-Erlebnis ein neues Gefühl für Realität und für das, was wirklich wichtig ist. Auf der Ebene des Verstandes wußte ich zwar schon vorher, daß die Leute, die sich am meisten hassen, sich auf Seelenebene auch am meisten lieben, doch auf der Ebene des Gefühls weiß ich es erst jetzt. Weil ich dabei war und mehrfach erlebt habe, wie schnell das Gefühl sich ändert, wenn man in einer aufgestellten Situation steht und die Problemstellung aufgelöst wird.

Die Seele nimmt nur das Ausmaß der Zuwendung wahr, ohne sich für das Vorzeichen "plus" oder "minus" zu interessieren. Menschen, die die Seele nicht liebt, die sieht sie nicht. Sie übersieht sie und ist leidenschaftslos. Das Gefühl kennt sicher jeder. Es gibt Leute, "die führen sich auf", und ich reagiere unheimlich verärgert und wütend darauf. Dann gibt es andere Menschen, die machen letztlich genau dasselbe, doch sie sind mir so egal, daß ich sie kaum zur Kenntnis nehme und mich einfach nur von ihnen entferne, ohne weitere Emotionen zu entwickeln.

In solchen Momenten hat meine Seele mir quasi mitgeteilt, daß sie den einen Menschen mag und zu dem anderen wenig Resonanz hat. Wenn Menschen, die ich liebe, nicht in Harmonie sind, dann tut mir das weh. Und genau dann, wenn mir der Schmerz zu groß ist, nehme ich statt dessen Ärger wahr. Das ist leichter!

Der langen Rede kurzer Sinn: Was die Seele wichtig findet, ist beispielsweise, ob mir jemand mein Leben geschenkt hat (die Eltern) oder nicht. Nicht, wie die Eltern leben und warum sie etwas tun oder lassen. Und so hassen wir genau die Menschen am meisten, bei denen das Gefühl der Liebe zu schmerzhaft wäre, weil wir mit dem Betreffenden nicht in Harmonie sein können (weil der andere beispielsweise ein aggressiver Alkoholiker oder mindestens einer der Eltern nicht in seiner Mitte ist).

Was wir bei den Aufstellungen tun, ist, der Seele ein Stück näherrücken und erspüren, was das wirkliche Gefühl ist. Wenn jemand mich täglich anschreit und traktiert, ist das vielleicht ein guter Grund, mich von ihm fernzuhalten. Aber ich kann in einer Aufstellung die hinter der Wut versteckte Liebe wieder spüren. Ich kann meine inneren Bilder heilen und spüren und fühlen, was diese extreme Zuwendung des anderen, auch wenn sie sich als Wut äußert, letztlich bedeutet. Dadurch, daß ich die Essenz dahinter erlebe und fühle, heile ich mich. Und ich mache damit den ersten Schritt, auch im Außen etwas zu verändern. Solange ich niemals hinter die alten Bilder schaue, trage ich selbst dazu bei, daß sich nichts ändern kann. Ich kann immer nur mich selbst ändern.

Ein Beispiel aus der Praxis: Ich hatte mich nach meinem Aufstellungswochenende (Donnerstagabend bis Sonntag) gestern mit einer Frau unterhalten, die vor einem Jahr bei einem anderen Therapeuten ebenfalls eine Aufstellung gemacht hatte. Ihr Anliegen war ihr Exmann gewesen. Sie war geschieden, und ihr Mann hatte wieder geheiratet. Sie spürte jedoch immer noch eine sehr starke Verbindung zu ihm und hatte das Gefühl, nach wie vor seine eigentliche "große

Liebe" zu sein. Das ließ sie nicht zur Ruhe kommen.

Bei der Aufstellung wurden zuerst einmal sie und ihr Exmann aufgestellt. Beide spürten dabei ein starkes sehnsuchtsvolles Verlangen nacheinander, das nicht erfüllt wurde. Dann nahm der Therapeut die Eltern des Mannes dazu und klärte das Verhältnis und die Energien zwischen Eltern und Kind. Als die Frau danach ihren Exmann wieder ansah, fühlte sie sich überwältigt von der Stärke und Kraft, die er auf einmal hatte. Gleichzeitig fühlte sie einen Schwall bedingungsloser (nichtsexueller) Liebe von ihm ausgehen, den sie kaum aushalten konnte.

Als nächstes stellte der Therapeut ihre Eltern mit auf und klärte diese Situation. Und als sie danach ihren Exmann wieder anschaute, fühlte sie sich erstmals wie ein erwachsener Mensch, der den anderen in Liebe ansieht. Vorher, das empfand sie nun, waren sie beide nur zwei verlorene Kinder gewesen, die ihre Defizite bei ihrem Partner aufholen wollten. Sie hatten beide beim anderen etwas gesucht, was dort niemals zu finden war. Diese gleiche Situation hatte sie verbunden.

Die Frau empfand zwar immer noch Liebe, doch das Gefühl, ihren Exmann zu brauchen, hatte sich völlig aufgelöst. Es war nun eine reifere Form der Liebe, und dennoch war ihr Verlangen. bei ihm zu sein, fast verschwunden.

Der Therapeut folgte seinem Gefühl und stellte nun die neue Ehefrau des Exmannes auf. Die Frau (die Exfrau, die die Situation aufgestellt hatte) war fast erschrocken, als sie die beiden zusammen ansah, weil sie das Gefühl hatte, die Entscheidung ihres Exmannes bisher nie akzeptiert und keinerlei Achtung vor seiner neuen Ehe gehabt zu haben. Jetzt aber, da sie sich beide ganz in ihrer Kraft als Mann und Frau und nicht als hilflose Kinder gegenüberstanden, jetzt verspürte sie den dringenden Wunsch, sich zu entschuldigen und ab sofort die zweite Ehe ihres Mannes zu achten. Plötzlich konnte sie das Gefühl nicht mehr ertragen, seine zweite Ehe mit ihrer Energie zu stören und zum Unglück dieser beiden Menschen statt zu ihrem Glück beizutragen. So konnte

133

sie sich ganz überraschend in Frieden verabschieden und ihren Exmann innerlich loslassen.

Der Therapeut fühlte die Echtheit dieses Gefühls und hatte noch einen Einfall: Er stellte die neue Beziehung der Frau auf. Eine Beziehung, die zukünftig kommen könnte oder würde. Seit ihrer Scheidung hatte sie keine mehr gehabt. Er stellte die Frau mit ihren Eltern im Rücken dem neuen Mann mit seinen Eltern im Rücken gegenüber. Diese Situation sollte zwei Menschen symbolisieren, die beide ein harmonisches Bild ihrer Herkunftsfamilie haben und ganz in ihrer Kraft als Mann oder Frau sind.

Das sei mit das Beste an der ganzen Aufstellung gewesen, erzählte mir die Frau. Sie habe erstmals das Gefühl gehabt, spüren zu können, wie schön, gesund und kraftvoll Beziehungen auch sein können. Es war ein Gefühl, das sie bisher noch nie gelebt hatte. Doch nun wußte sie, was es war, was sie in einer Partnerschaft wirklich suchte. Mit diesem neuen, heilen Bild begegnete sie offen dem Leben und einige Monate später auch einem Mann, der sich so anfühlte, wie jener "neue" Mann in der Aufstellung. Tja, und was soll man sagen – Ende gut, alles gut. Vorhang!!

Ein letztes Anliegen habe ich persönlich noch. Kaum etwas im Leben hat mir je mehr als dieses Wochenende gezeigt, wie sehr alle Menschen letztlich miteinander verbunden sind und wie nah wir uns sind, wenn wir unsere Fassaden und Rüstungen fallenlassen. So wie wir in der Gruppe miteinander verbunden waren, so ist letztlich die ganze Welt miteinander verbunden. Das, was wir in so einer Gruppe tun und erleben, wirkt sich auf unsere Familien aus, auf die Personen, die wir aufgestellt haben, und auf die, die uns begegnen. Darüber hinaus wirkt das Zusammenwirken und Einssein so vieler, zu Beginn völlig fremder Menschen auch hinaus in die Welt und stellt eine Erfahrung dar, die den Wunsch nach Frieden in der ganzen Welt verstärken kann.

(Anschriften für Familienaufstellungen siehe Anhang)

Die Fortsetzung...

Hier kommt noch ein kleiner Nachtrag von Reaktionen auf Familienaufstellungen, die sich seitdem ergeben haben und die ich zu spannend finde, um sie einfach wegzulassen:

Den Familienaufstellungstherapeuten zufolge neigen Kinder dazu, unbewußt und aus Liebe zu den Eltern deren Lasten zu übernehmen, weil sie meinen, ihnen damit etwas abnehmen zu können. Die Varianten, wie Kinder das umsetzen, sind so verschieden wie die Menschen selbst. Dadurch, daß das Kind das tut oder seine Eltern bemitleidet, kann es die Achtung vor ihnen verlieren oder Energie und Zuwendung nicht in dem Maße annehmen, in dem es sie als Kind annehmen sollte. Daraus ergeben sich die kunterbuntesten Verstrickungen: Erwachsene Kinder leben aus Loyalität zu alleinerziehenden Elternteilen ebenfalls allein, sind beruflich erfolglos, weil sie den Vater nicht übertrumpfen wollen, oder arten als Workoholic ins Gegenteil aus, um nur ja nicht so zu werden wie der Vater, etc. pp. Die Varianten sind so vielfältig und die Ergebnisse oft so überraschend, daß man sie mit dem Verstand nie herausgefunden hätte. Durch das Ändern der inneren Bilder läßt sich rapide ein neues Programm aktivieren.

Auch allgemeine Probleme aus Beruf und anderen zwischenmenschlichen Beziehungen lassen sich aufstellen. Hier noch zwei besonders schöne Beispiele (Übrigens: Wie meistens im Leben gibt es keine Therapie und kein Mittel, das für alle Menschen gleichermaßen gut wäre. Es gibt nämlich auch Leute, die sich bei Familienaufstellungen langweilen – das nur nebenbei. Man kommt nie um die Verantwortung herum, das Richtige für sich selbst zu finden):

Fall 1:

Eine Frau hatte ihre Familie aufgestellt, und wie sich dann zeigte, spielte energetisch ein kurz nach der Geburt gestorbenes Geschwisterkind noch eine Rolle in der Familie (weil

135

ünverarbeitet von den Eltern). In der Aufstellung wurde das Bild dahingehend verändert, daß das verstorbene Kind vor den Eltern saß, und diese sollten es segnen und ihm einen Platz in ihrem Herzen zusichern, an dem es in Ruhe sein konnte. Die Mutter tat das auch, und es war wunderbar, doch der Vater weigerte sich. Er setzte mehrmals an, brachte den Satz jedoch einfach nicht heraus. Der Darsteller des Vaters sagte, er wisse nicht, was los sei, aber er brächte diese Worte einfach nicht über die Lippen. Alles in ihm sträube sich dagegen. Da fiel der Tochter, die die Aufstellung gemacht hatte, ein: „Du lieber Himmel, ja, jetzt weiß ich es wieder – mein Vater hatte immer Zweifel, ob dieses Kind wirklich von ihm war..."

Der eigentlich wildfremde Mensch, der in der Rolle des Vaters steckte, hatte diese Energie gespürt, ohne zu wissen, was los war.

Fall 2:

Herr X, beruflich seit fünf Jahren in einem Dauerloch, stellte ebenfalls seine Herkunftsfamilie auf (im Gegensatz zur Gegenwartsfamilie, falls man verheiratet ist oder Kinder hat).

Beide Elternteile waren vor dieser Ehe schon einmal verheiratet gewesen. Die Mutter hatte aus erster Ehe eine Tochter und einen Sohn, der im Alter von vier Jahren starb. Kurz nach dem Tod dieses Kindes trennte sie sich von ihrem ersten Mann und heiratete einige Jahre später den Vater von X. Sie projizierte all ihre Ängste auf den neuen Sohn, den sie zusammen zeugten, eben Herrn X. Herr X nahm an, diese Projektion der Ängste habe bei ihm zu Blockaden geführt, die sich jetzt beruflich auswirkten.

Die Aufstellung erbrachte jedoch ein völlig unerwartetes und ganz anderes Ergebnis. Es ging in Wahrheit viel mehr um die erste Ehe des Vaters. Der nämlich hatte seine erste Frau abgöttisch geliebt. Sie starb jedoch kurz nach der Geburt des ersten Kindes im Wochenbett.

Der Vater heiratete kurz danach die Mutter von X und brachte diese Tochter mit in die Ehe. Er hörte nie auf, seiner über alles geliebten ersten Frau nachzutrauern, und es gelang ihm nie, sich seiner zweiten Frau wirklich ganz zu öffnen. Er litt den Rest seines Lebens stumm vor sich hin. Das hatte X als Kind gespürt (es sind immer eher die unausgesprochenen Dinge, die Kinder übernehmen, als die ausgesprochenen). X wollte dem Vater sein Leid abnehmen und übernahm dessen Lebensgefühl: Aussichtslosigkeit, ein ständig unerfülltes Sehnen nach der großen Liebe seines Lebens (die X wie sein Vater nie fand, denn sie war ja gestorben...) und ein Gefühl von „Was soll dieses Leben eigentlich noch." Damit fehlte es ihm natürlich auch an der Motivation, sich beruflich zu engagieren.

Bei dieser Aufstellung heulte nicht nur X Rotz und Wasser, sondern mit ihm die ganze Gruppe (immerhin 25 Leute). X gab seinem Vater sämtliche über die Jahre hinweg mitgetragenen Lasten in Form eines schweren Steins zurück: „Jetzt gebe ich dir deine Last zurück. Ich kann sie nicht für dich tragen. Ich gebe sie dir, denn sie gehört zu dir. Ich bin dein Sohn und nehme mir nun die Energie, die mir als Sohn zusteht. Ich höre auf, auf dich aufpassen zu wollen." So oder ähnlich lauteten die Sätze, die X dazu laut aussprach.

Die Personen, die die Eltern spielen, fühlen sich, wenn sie solche Sätze hören, IMMER total erleichtert (auch wenn sie in Wirklichkeit schon lange tot sind – völlig egal), denn es gibt nicht Schlimmeres für die Eltern, als ihre Kinder leiden zu sehen. Sie nehmen die Last gern zurück, denn das Übernehmen der Last durch die Kinder stellt nur eine Illusion dar und erzeugt das sogenannte "Familienkarma", nämlich die Wiederholung eines Problems von Generation zu Generation. Durch das Zurückgeben der Last lösen sich die ungewollten Verstrickungen auf, und sowohl Kinder als auch Eltern sind auf einmal frei, ihr Leben neu zu gestalten.

Es ist ein weiteres Mysterium der Familienaufstellungen, daß die physisch Abwesenden, aber in der Aufstellung vorkommenden Personen oft immense Veränderungen durchmachen und sich seltsamerweise genau ab dem Zeitpunkt der Aufstellung ändern und innerlich freier werden. Beobachtende Teilnehmer, die aus reinem "Genuß des Dabeiseins" wiederkommen, berichten davon immer wieder.

Ein zusätzlicher, fast unglaublicher "Zufall" war noch, daß diese Aufstellung von Herrn X, geleitet von dem Münchner Therapeuten R. Langlotz, in den (sehr schönen) Gemeinderäumen der Theresienkirche standfand. Der Vater von X hatte seine so geliebte erste Frau in genau dieser Theresienkirche geheiratet, und sie war vor 57 Jahren nur 500 Meter von diesem Gemeinderaum entfernt im Wochenbett gestorben. Man könnte meinen, diese uralte Energie sei somit auch genau am Ort ihres Entstehens aufgelöst worden.

18

Zufall oder Fügung?
– Drei unglaubliche Geschichten

Wer sich länger mit geistigen Gesetzen befaßt und mit seinen Gedanken, seinen geistigen Einstellungen sich selbst und anderen gegenüber experimentiert, stellt früher oder später fest, daß die seltsamen Zufälle und unwahrscheinlichen Fügungen sich häufen.

Wenn man mit Menschen über solche ganz besonderen Verkettungen von Zufällen spricht, dann gibt es vor allem zwei Standardantworten. Die eine lautet: „Nee, sowas habe ich noch nie erlebt. Das gibt es doch nicht wirklich. So ein Unsinn!"

Standardantwort Nummer zwei: „Ach ja, wissen Sie, mein Leben besteht eigentlich nur noch aus solchen Zufällen." Manche fügen noch hinzu: „Ich betrachte diese Zufälle mittlerweile als Zeichen, ob etwas in Harmonie mit dem Ganzen ist oder nicht. Ich mache fast gar nichts mehr ohne solche Zufälle. Das Leben ist sonst viel zu anstrengend."

Zu welchen Verkettungen von Zufällen das Leben fähig ist, möchte ich an drei wahren Begebenheiten zeigen – einem ganz handfesten physischen, einem stark spirituellen und einem historischen Zufall.

Wer "erst" an dem Punkt ist, daß rein zufällig die beste Freundin oder der beste Freund immer dann anruft, wenn man gerade zum Hörer greifen will, um selbigen oder selbige anzurufen, der kann vielleicht an diesen Beispielen sehen, daß damit die Möglichkeiten des Universums noch lange nicht ausgeschöpft sind.

Andererseits erhöhen gigantische und möglichst unglaubliche Zufälle auch nicht automatisch die Lebensqualität. Die Frage ist vielmehr, ob man die Chancen im Leben ergreift, es zu genießen oder nicht. Das kann man sicherlich auch ganz ohne solche Zufälle. Dennoch haben sie die Tendenz, sich ganz von selbst zu häufen, wenn man sich innerlich verstärkt vom natürlichen Fluß des Lebens tragen läßt, der einen eigentlich immer mit allem versorgen möchte, was man braucht (wenn da nicht wieder mal ein störrischer Mensch unheimlich viel Energie aufwendet, um dies zu verhindern).

Hier die Zufallserlebnisse (erzählt von Manfred, Franz und von Pierre Bellemare), die zeigen, zu was das Universum unter anderem imstande ist. Vielleicht kann der eine oder andere daran ermessen, ob er die Fähigkeiten des Universums schon voll ausschöpft oder nicht.

Fall Nummer 1: Manfred, 60 Jahre alt, Mikrofotograf, ist per Zufall zum Schloßbesitzer geworden

Das Ganze fing an mit zwei Musikern, die viel mit Synthesizern spielten und übten. Sie sahen etwas abgerissen aus, aber ich bewunderte sie damals. Ich habe erst viel später gemerkt, daß die Jungs auch mit Haschisch gehandelt haben. Im Grunde haben sie von dem Geld ihre Musik finanziert. Damals jedenfalls war mir das nicht klar. Obwohl einer aus der Band bereits damals in Untersuchungshaft saß. Er war ein etwas verrückter, aber durchaus bekannter Künstler. Er hatte zum Beispiel die irre Idee, die Luft von Berlin in Blechdosen zu verpacken und echte "Berliner Luft" zu verkaufen. Er hat die Dosen auch wirklich in Berlin aufgemacht, Berliner Luft reingelassen, die Dosen verschlossen und dann überall verkauft.

Jedenfalls suchte er zusammen mit seinem Freund einen Raum, wo sie ungestört musizieren konnten. Sie waren auf die Idee gekommen, ein Schloß zu mieten. Sie hatten auch schon erste Verhandlungen mit dem Grafen Rechberg beziehungsweise mit dessen Architekten geführt. Jetzt saß aber der potentielle Schloßmieter in Untersuchungshaft. Das ging natürlich nicht. Also schickten sie mich vor.

Ich tat ihnen den Gefallen und traf mich mal ganz locker

mit dem zuständigen Architekten, um mich als neuer Interessent vorzustellen. Dieser Architekt fragte mich natürlich gleich tausend Dinge. Was ich jetzt mache, wieso ich denn ein Schloß möchte, was genau ich mir vorstelle, wie das Schloß aussehen solle, wie groß, etc. pp. Ich erschrak erst einmal gehörig. So weit hatte ich nicht gedacht. Auf keine der Fragen war ich vorbereitet. Also stellte ich mir vor, wie es wäre wenn, und erfand aus dem Stegreif eine neue Situation, warum ich ein Schloß suchte, wenn ich eins suchen würde. Ich schilderte ihm die Gründe in den leuchtendsten Farben und erfand auch gleich eine passende Schloßgröße für meine Situation und mein Institut, das ich ja in Wirklichkeit auch hatte. Ich ging von meiner wirklichen Situation aus und spann um sie herum eine Phantasiegeschichte, warum, weshalb, wieso ich ein Schloß suchen würde.

Offensichtlich muß ich glaubhaft genug geklungen haben, denn ich bekam die Schlüssel für das Schloß, das ich mir ab sofort jederzeit ansehen konnte. Nicht viel später habe ich es mir denn auch tatsächlich gemeinsam mit meiner Frau angeschaut. Es kam nicht in Frage, weder für meine erfundene Situation noch meiner Meinung nach für die Musiker, die die eigentlichen Interessenten waren. Es bestand aus fünf einzelnen Gebäuden, was sehr unpraktisch war. Außerdem waren die Gebäude auch zu sehr heruntergekommen. Kuhställe und Pferdeställe waren ebenfalls dabei, und die brauchte sowieso keiner.

Wir kehrten also zu dem Architekten zurück und meldeten Desinteresse. Darauf sagte er "gut", gab uns noch einen zweiten Schlüssel und meinte: „Dann schauen Sie sich doch den Weißenstein auch noch an..." Meine Frau und ich hatten nichts dagegen und sahen uns dieses Schloß ebenfalls an. Meine Frau war gleich Feuer und Flamme. Sie wußte sofort, wo man was einrichten könnte. Wo die Küche, meine Laborräume, die Schlafzimmer etc. sein könnten. Sie teilte in ihrer Phantasie Raum für Raum optimal für die verschiedenen Zwecke ein. Ich spielte natürlich auch gerne mit diesen Gedanken – ähnlich wie bei einer Phantasiereise, bei der man ein neues imaginäres Land betritt. Und so zogen wir gemeinsam durch alle 63 Räume und befanden das Schloß trotz des etwas heruntergekommenen Zustands für doch immerhin erwägenswert.

Dann fuhren wir zum Architekten zurück. „Nun, was meinen Sie?" fragte er uns. Ich hielt mich mit meinen Aussagen noch etwas zurück, doch meine Frau war völlig fasziniert und begann zu schwärmen. Das Schloß sei genau richtig, die Größe stimme, einfach alles! Im Gegensatz zu dem ersten Schloß sei es zusammenhängend gebaut – und überhaupt. Genauso hätten wir uns das vorgestellt. Sie mußte sich kein bißchen verstellen – der Gedanke, sie könne in so ein Schloß ziehen, begeisterte sie restlos. Ich gab mich dann auch nachgiebiger und meinte, es sei zu erwägen. Das Dach sei allerdings reichlich verfallen und müsse vollständig erneuert werden. Ein paar wenige weitere Bedenken hatte ich außerdem anzumelden. Aber das wußte der Architekt, der Zustand des Schlosses war ihm bekannt. Der Besitzer wollte diese Dinge allerdings nicht richten lassen, solange nicht jemand ernsthaftes Interesse an dem Schloß zeigte. Daher lieferte ich brav meine Papiere ab, einschließlich einiger Zeitschriftenartikel, die gerade über mich erschienen waren und quasi zu meinem Renommee beitrugen. Damit hatte ich alles getan, was ich tun konnte, um das Anmieten eines Schlosses für meine Musikerfreunde einzuleiten.

Doch dann passierte es. Eine Woche später wurde urplötzlich unser zweites Haus, in dem sich mein Institut befand, gekündigt. Unser Wohnhaus, das meiner Frau gehörte, bot nur begrenzt Platz. Das zweite Haus hatte 16 große Räume, die genügend Platz für mein gesamtes Institut boten. Es war im Grunde ein Abbruchhaus und gehörte der Post. Die nun hatte es kurzfristig verkauft, und ich mußte raus. Das Haus hatte sehr günstig ganz in der Nähe unseres Wohngebäudes gelegen. Ich brauchte nur über den Hof zu gehen.

Nun fing ich an, überall nach einem Ersatzobjekt für mein

Institut zu suchen. Denn zu dem Zeitpunkt kam ich noch nicht auf die wahnwitzige Idee, das Schloß selbst anzumieten oder gar zu kaufen. Ich suchte also ein Haus, das möglichst wieder in der Nähe unserer Wohnung gelegen war. Es folgte eine längere fruchtlose Suche. Bei mir herrschte große Verzweiflung. Was sollte ich tun?

Eine weitere Woche später rief der Architekt an. Er hatte Graf Rechberg, dem Schloßbesitzer, meine Unterlagen gezeigt, und dieser war einverstanden. Ich konnte Weißenstein haben. Ich war nun erstmal sprachlos und kam aus dem Staunen nicht mehr heraus. An das Schloß hatte ich über unseren ganzen Problemen überhaupt nicht mehr gedacht.

Trotzdem fuhr ich wieder hin und traf mich zu einem weiteren Gespräch mit dem Architekten. „Was können Sie denn zahlen?" wollte er nun wissen. Dabei dachte er, wie besprochen, an mieten und stellte sich eine Größenordnung von 2.500 Mark im Monat vor. „Ganz ausgeschlossen", sagte ich. „Ich zahle jetzt für unser zweites Haus 400 Mark IM JAHR (das war eben jene Abbruchbude von der Post)". Außerdem war ich mit meiner wirtschaftlichen Lage nicht darauf eingerichtet, sehr viel mehr als 500 bis 600 Mark im Monat zu zahlen, für was auch immer ich mietete. „Kann man vergessen", war dazu natürlich die Antwort.

„Aber", meinte der Architekt dann, „kaufen kann man es auch!" Und: „Unter uns katholischen Pfarrerskindern verrate ich ihnen folgendes: Der Graf Rechberg möchte an sich 250.000 Mark für das Schloß haben. Er weiß, daß es in einem desolaten Zustand ist. Doch um es überhaupt verkaufen zu können, müßte er sofort 150.000 Mark reinstecken, sonst kann er es vermutlich gar nicht verkaufen." Der Graf suchte bereits seit vier Jahren nach Abnehmern für das Schloß und hatte seine Vorstellungen schon weit heruntergeschraubt. Doch nun verfiel ihm das Anwesen natürlich mit jedem Jahr mehr. Und 150.000 Mark war das Minimum, was an Dachreparaturen und einigen anderen Dingen wirklich nötig war. Bis zur Erledigung dieser Reparaturen wäre dann noch ein halbes bis dreiviertel Jahr vergangen, ehe man hätte einziehen können.

Und jetzt machte mir der Architekt einen tollen Vorschlag: Er zog von den 250.000 Mark, die der Graf als unterstes Minimum haben wollte, die 150.000 Mark Reparaturkosten ab und bot mir das Schloß per sofort für 100.000 Mark an. Ich solle doch mal schauen, ob ich diese 100.000 nicht irgendwie auftreiben könne. Das war natürlich ein Angebot.

Damit ging ich dann zu meinen Musikerfreunden. Und was das Tollste war: Sie wollten plötzlich nichts mehr davon wissen. Das sei mal so eine Schnapsidee gewesen, sagten sie. Und das hätten sie gar nicht so ganz ernst gemeint. Sie hätten halt nur was zum ungestörten Üben gesucht, und mehr als 400 Mark Miete im Monat könnten sie sowieso nicht zahlen. Kaufen käme gar nicht in Frage.

Damit kam ich heim zu meiner Frau. Jetzt machte sich zum ersten Mal die Idee in unseren Köpfen breit, dieses Schloß doch tatsächlich für uns zu kaufen. Und sogleich dachten wir uns: „Also ein Schloß können wir schon mal haben. Mal sehen, was es in Baden-Württemberg sonst noch so gibt. Das erstbeste Schloß will man ja schließlich auch nicht einfach so nehmen..."

Und so verbrachten wir die nächsten zwei Wochen mit Schloßbesichtigungen. Es gab alles – von 10.000 Mark Miete im Monat für einen Palast mit goldenen Wasserhähnen bis hin zu Ruinen für gar keine Miete und für eine Mark käuflich zu erwerben, allerdings mit Renovierungsverpflichtung. Jede denkbare Variante war vertreten. Wir wußten nach zwei Wochen, daß Weißenstein nach wie vor unser Lieblingsschloß war und sich am besten dafür eignete, dort Wohnung und Institut gleichzeitig unterzubringen. Unklar war allerdings zu dem Zeitpunkt noch, ob Graf Rechberg mit der 100.000 Mark-Variante einverstanden wäre. Nach weiteren zwei Wochen meldete sich der Architekt wieder. Graf Rechberg war einverstanden. Unglaublich!

Nun begann die Geldsuche. Ich suchte und kratze in allen

Ecken zusammen. Glücklicherweise kam in genau diesem Moment schon das erste Drittel aus einem Großauftrag. Dann hatte ich von Aufträgen aus Amerika noch Gelder auf amerikanischen Konten liegen, die ich noch nicht zurücktransferiert hatte. So kam tröpfchenweise von überall Geld zusammen. Ganz zum Schluß fehlten aber immer noch 30.000 Mark. Da fielen meiner Frau die Sparbücher ihrer verstorbenen Mutter ein. Diese hatte sie bisher aus Pietätsgründen noch nicht angetastet. Und was war? Genau die noch fehlenden 30.000 Mark lagen dort auf den Konten. Somit hatten wir die 100.000 zusammen.

Ich nahm einen 1000-Mark-Schein, kopierte ihn groß, malte noch zwei Nullen dran und überreichte dem Grafen Rechberg diesen Schein zusammen mit einem Scheck. In einer Stunde hatten wir alles erledigt, und das Schloß gehörte uns. Als nächstes ging ich zur Bank, denn ich mußte ja nun Geld für die Reparaturen aufnehmen. Die 100.000 Mark für den Kauf hatte ich nicht bekommen, da ich keine Sicherheiten nachzuweisen hatte. Aber nun besaß ich ja ein Schloß. „Geld brauchen Sie? – Gar kein Problem. Wie viel darf es denn sein?"

Meine Frau übernahm die Bauleitung, und zwei Monate später begann der Umzug. Das ist jetzt 25 Jahre her. Seitdem bin ich Schloßbesitzer. Das Ganze war letztlich durch die Erfindung dieser Geschichte entstanden, daß ich ein Schloß bräuchte und welche Voraussetzungen es erfüllen müßte, falls ich eins suchen würde. Es war so, als wäre ich auf einen Zug aufgesprungen, von dem ich nicht mehr herunterkam. Die Geschichte nahm ihren Lauf. Die Energie dieses einen Anfangsgedankens hat meiner Meinung nach alle nachfolgenden Ereignisse angezogen und zur Vollendung gebracht.

Anfangs saß ich nur da und erzählte dem Architekten präzise erfunden, warum ich ein Schloß suchte. Dabei spielte ich gedanklich durch, wie es wäre, wenn mein zweites Haus für das Institut nicht mehr da wäre. Acht Tage später war es tatsächlich weg bzw. von der Post gekündigt. Als ob ich es geahnt hätte. Das ist doch kein Zufall mehr! Meine Frau und ich wären nie im Leben auf die Idee gekommen, ersatzweise ein Schloß mit 63 Zimmern zu mieten oder gar zu kaufen, falls das zweite Haus mal wegfiele. Geradezu lachhaft. Aber nun besitze ich seit Jahren dieses Schloß, und es paßt perfekt. Es mußte einfach so sein!

Fall Nummer 2: Franz, Anfang 40, Elektroingenieur, hatte Schlüsselerlebnisse in Caracas

Ich war Anfang 40, Elektroingenieur und arbeitete bereits seit einem Jahr in Caracas. Gerade war ich dabei, einen Brief an meine von mir getrennt lebende Frau zu schreiben. Eigentlich hatte ich gehofft, unsere Ehe würde sich irgendwie und irgendwann wieder einrenken. Aber nun waren Inge und meine Tochter Linda bei mir in Caracas in Urlaub gewesen, und meine Frau hatte mir mitgeteilt, sie wolle sich scheiden lassen und einen anderen Mann heiraten.

„Liebe Inge", stand nun auf meinem Zettel. Schon bei dem Versuch, den ersten Satz zu formulieren, packte mich die Verzweifelung. Die Erkenntnis, daß es keinen Satz gab, der irgend etwas geändert hätte, machte mir meine Hilflosigkeit deutlich und ließ mich wie gelähmt vor dem begonnen Brief sitzen. Ich glaubte an Gott und betete oder besser gesagt bettelte, er möge etwas tun.

Zufälligerweise ging genau in diesem Moment die Lampe sanft aus und wieder an. Ich erschrak, weil meine Gedanken und der kleine Stromausfall so gut zusammenpaßten. Die Lampe ging nochmals aus und wieder an. Ein seltsames Gefühl überkam mich. In dem Zustand, in dem ich mich befand, war ich äußerst willig, ein Wunder zu erleben. Aber dies war ja nur ein ganz normaler Stromausfall! Es lag sicher nur an meiner Stimmung, daß ich mir gerne etwas einbilden wollte, vermutete ich. Oder doch nicht? War es doch ein Zeichen?

Kaum hatte ich mir die letzte Frage gestellt, ging die Lampe dreimal aus und wieder an. Das reichte, noch mehr Zeichen konnte ich doch eigentlich gar nicht erwarten, dachte ich. Eine Gänsehaut überlief meinen Körper von oben bis unten. Ich entschied mich, es zuzulassen, was auch immer dieses "Es" sein sollte. Wenn ein Wunder kommen wollte, dann sollte es nur kommen. Doch es geschah nichts weiter. Was sollte ich jetzt tun? Was macht man, wenn man soeben ein Zeichen von oben erhalten hat? Ich hatte keine Ahnung. Schließlich knipste ich die Lampe aus und legte mich aufs Bett. Ich konzentrierte mich und versuchte etwas zu empfangen – von irgendwoher.

Langsam verstärkte sich in mir das Gefühl, beobachtet zu werden, ich konnte sogar feststellen, von wo aus. Ein Wesen befand sich im Türbogen zur Küche. Nicht sichtbar, aber eindeutig vorhanden. Meine Körperhaare stellten sich auf. „Stopp", dachte ich, „das ist doch Unfug. Drei mal sieben ist einundzwanzig. Was kam gestern im Fernsehen? Was ist morgen bei der Arbeit zu tun? Ich laß die Jungs mal einen Transistorverstärker bauen, Emitterschaltung, zweistufig. Die haben bestimmt Spaß dabei..."

„Oh nein, das Ding ist immer noch in der Tür!" Das Gefühl war zu stark, um es zu ignorieren. Okay, da war also ein unsichtbares Wesen im Türbogen, das mich beobachtete, und es war nicht wegzubekommen. Warum sollte ich es nicht akzeptieren? Ich mochte doch ungewöhnliche Dinge. „Also gut", dachte ich, „ich akzeptiere, daß ein Wesen hier ist. Und du bist hier, weil du etwas willst. Logisch! Also komm her! Ich bin bereit." Und es kam. Es kam langsam auf mich zu. Mir liefen Schauer über den Rücken. Abstand zwei Meter, jetzt höchstens noch ein Meter. Ich hatte wahnsinnige Angst, aber ich blieb liegen. Es kam noch näher, und es berührte mich. Die Angst war schlagartig weg. Mit geschlossenen Augen sah ich ins Gesicht eines Mannes: circa 35 Jahre alt, kurze Locken, blond, freundlich.

Es war angenehm. Ich entspannte mich. „Wer bist du? Ich

kenne dich nicht", fragte ich, doch ich bekam keine Antwort. Der Mann entfernte sich, sein Gesicht mir zugewandt. Sein Abstand zu mir vergrößerte sich, wodurch ich immer mehr von seiner Gestalt zu sehen bekam. Er trug einen weißen Umhang. Der Mann verschwand langsam in der Ferne.

Was bedeutete das? Ein Wesen erscheint und verschwindet. Ein so außergewöhnlicher Auftritt ohne jeden Sinn?? „Komm zurück und sag' mir, was du willst!" rief ich in Gedanken. Es funktionierte. Es ging wieder genauso los wie zuvor. Er war wieder im Türbogen. Ich hatte keine Ahnung, wie ich das feststellte, doch die Empfindung war ganz deutlich.

Diesmal hatte ich keine Angst, im Gegenteil. Mit Freude sandte ich den Gedanken aus, daß ich empfangsbereit sei. Und prompt kam wieder etwas auf mich zu. Sekunden, die mir nun doch eine Gänsehaut bereiteten. Bei der Berührung erwartete ich wieder das Gesicht, das ich beim ersten Mal gesehen hatte, aber es kam ganz anders. Es gab nichts zu sehen, statt dessen fühlte ich meine Tochter Linda.

Am erstaunlichsten war, *wie* ich sie fühlte: Ich konnte sie nicht spüren oder hören oder irgendwie wahrnehmen, ich *war* sie. Einige Sekunden lang war ich Linda und lag zu Hause in Deutschland im Bett. Dann war ich wieder ich selbst und lag im Bett in Caracas. Es gab einige Hin und Hers, denen mein Geist nicht lange gewachsen war. Jedesmal, wenn ich spürte, daß ich Linda war, beschwerte sich mein logisches Denken und holte mich wieder zurück.

Dann entspannte ich mich, und Linda nahm wieder überhand. Mein Gleichgewichtssinn war überlastet, den dauernden Ortswechsel ausgleichen zu müssen, und mir wurde schlecht. Ich brauchte Hilfe, dachte es, und sie kam. Mein Geist oder meine Seele oder irgend etwas, das mich repräsentiert, wurde hochgehoben. Ich stieg immer höher und kam erst zum Stillstand, als die Erde schon deutlich als Kugel zu erkennen war. Es war über dem Atlantik, in der Mitte zwischen Europa und Südamerika. Venezuela und Deutschland waren gerade noch zu sehen. Linda war neben mir. Ich

148

konnte ihre Gedanken nicht mehr spüren, doch ich sah sie jetzt. Es war schön hier oben. Mit ausgestrecktem Arm zeigte ich Linda zuerst Deutschland, wo ihr Körper jetzt sein mußte, und dann Venezuela. Ich wußte jetzt nicht mehr weiter. Ich redete auf sie ein, daß es mir gut gehe usw., doch die Vision verlor an Stärke, und schließlich fand ich mich allein in meinem Bett wieder.

Das war's. Was sollte ich davon halten? Mit jeder Minute, die mich vom gerade Erlebten entfernte, wurde mir klarer, daß ich anfing durchzudrehen. Ganz ehrlich! Ich glaubte es einfach nicht. Es war alles nur Phantasie. Bis auf den Stromausfall hatte sich ja alles nur in meinem Kopf abgespielt. Ich legte mich schlafen.

Es vergingen einige Tage, und der Vorfall mit Linda verlor an Wichtigkeit. Doch irgendwie ging es mir seitdem besser. Ich verzehrte mich nicht mehr vor Selbstmitleid. Eines Abends führte ich ein langes Telefongespräch mit Inge. Dabei berichtete sie mir folgende Geschichte: Als Inge und Linda nach dem Urlaub wieder nach Deutschland zurückkehrten, wurde Linda krank. Sie hatte Fieber und war sehr schwach. Zwei Ärzte konnten nicht herausfinden, was ihr fehlte. Der dritte vermutete, Linda erwarte nach dem Urlaub offensichtlich, daß ihr Vater wieder mit nach Hause kommen würde. Die Nichterfüllung dieser Erwartung könne solch undefinierbaren Krankheiten hervorrufen. Dann, eines Nachts, hatte Linda eine Vision. Keinen Traum, sondern sie sah alles im Wachzustand. Der wesentliche Bestandteil der Vision war: Sie befand sich hoch über dem Wasser. Sie empfand es wie auf einem Schiff oder auf einer Brücke. Ich war neben ihr und zeigte ihr Deutschland und Venezuela. Linda wurde am gleichen Tag wieder gesund.

Ich war überglücklich. Ich hatte etwas Übernatürliches erlebt, und es war Wirklichkeit! Es war Telepathie, und sie wurde von der Gegenseite bestätigt und hatte sogar Auswirkungen auf Lindas Gesundheit. Das Wesen, das mir zuerst erschienen war, hatte wohl eine vermittelnde Aufgabe, es machte die geistige Verbindung möglich. Ob es auch für den Stromausfall verantwortlich war?

Der Vorfall hatte mir eine neue Welt eröffnet, vor allem durch die Erscheinung des Wesens, das alles verursachte. Es gab also eindeutig etwas außerhalb unserer Wahrnehmungsmöglichkeiten – geistige Wesen mit unvorstellbaren Fähigkeiten. Die christlichen Religionen bezeichnen so etwas als Engel. Es war toll, und ich wollte so etwas wieder erleben.

Einige Tage später fiel mir ein Plakat auf: "Erster internationaler Kongreß der Parapsychologie in Caracas". Ich nahm mir die nötigen Tage frei und besuchte den Kongreß. Es gab viele interessante Berichte, aber die Vorführungen waren enttäuschend. Weder Wunderheiler noch Gedankenleser hatten Erfolg. Und der erfolgreiche Gedächtniskünstler konnte die Veranstaltung auch nicht mehr retten. Organisiert hatte sie das venezolanische Institut für Parapsychologie. Es bot auch Seminare für Parapsychologie an, und ich schrieb mich ein.

Das Seminar kam mir vor wie eine Gruppe von Menschen mit der Hoffnung auf ein bißchen überirdische Macht. Es war enttäuschend. Nichts funktionierte. Kein Pendel bewegte sich, kein Geistschreiber stellte sich ein, kein noch so starrer Blick brachte ein Streichholz ins Rollen, und beim Kartenraten entstanden nur ganz normale statistische Verteilungen. Nach einigen Monaten Seminar bekamen wir dann ein Diplom, daß wir "transformierte Bürger des Universums" waren!

Aber es gab doch eine kleine Veränderung. Für die Menschen um mich herum, privat und bei der Arbeit, war ich von nun an zuständig für Parapsychologie. So traf ich zum Beispiel meinen Freund Luis. Wir hatten in Abendstunden zusammen eine Alarmanlage für Autos entwickelt und produzierten eine erste Kleinserie. Ich mochte Luis sehr. Ich bewunderte ihn, wie er mit Frau und Kind und Schwiegereltern zurechtkam, wie er seinen Job als Lehrer erfüllte, wie er seine Autos reparierte und nebenbei immer wieder seine

Elektronikkenntnisse dazu nutzte, noch etwas nebenher zu verdienen.

Luis lief an diesem Tag seltsam gebückt durchs Labor und klagte mir auch gleich sein Leid: Er hatte am Morgen versucht, einen schweren Elektromotor anzuheben, dabei einen starken Schmerz verspürt, und seitdem konnte er nicht mehr gerade gehen. Wir gingen erst mal zum Kaffeetrinken hinunter zum Kiosk. Bei Kaffee und Zigarette sprachen wir über die Parapsychologie. Ich müßte doch in meinem Seminar etwas über Handauflegen gelernt haben, meinte Luis. Dann könnte ich doch auch seinen Rücken wieder in Ordnung bringen?! Wir meinten das beide nicht sehr ernst, und rein zum Spaß fuhr ich ihm mit der rechten Hand samt Zigarette über den Rücken.

„Luis, ob du es glaubst oder nicht, ich spüre genau, wo es dir weh tut", sagte ich. Ich warf die Zigarette weg, stellte den Kaffee ab und untersuchte Luis' Rücken. Ich bewegte meine rechte Hand in einem kleinen Abstand seinen Rücken hinunter und spürte etwas. Es war wie ein kleines abstoßendes Magnetfeld. Ich spürte es ganz deutlich in meiner Hand. Ich brauchte mich überhaupt nicht anzustrengen. „Und ich spüre genau, wo deine Hand ist", sagte Luis. „Mach' weiter, das tut gut!" Nach 30 Sekunden streckte sich Luis und strahlte. Er war schmerzfrei und konnte wieder gerade gehen, und dabei blieb es auch.

Der Vorfall mit Linda und die Heilung von Luis waren der Anfang einer ganzen Reihe von Heilungen sowie anderer ungewöhnlicher Ereignisse. Vielleicht hatte das Geistwesen mir durch die Berührung besondere Fähigkeiten übertragen? Ich wußte es nicht.

Ich führte außerdem immer wieder eine ganze Reihe von Experimenten durch. Manche klappten, manche gar nicht und manche ein bißchen. Besonders über das Handauflegen machte ich mir viele Gedanken. Es funktionierte manchmal so wunderbar, in anderen Fällen blieb ich erfolglos, und das war mir dann immer sehr unangenehm. Eindeutig klar

151

dabei war mir nur, daß es eine Art Steuerung außerhalb des menschlichen Einflusses gab. Klar war mir auch, daß ich ab und zu zum Steuern benutzt wurde. Warum konnte ich dann nicht einfach ein Zeichen empfangen, um die Person zu finden, um die es ging? Mein Hintergedanke war der, die Mißerfolgsquote beim Handauflegen zu reduzieren.

Ich sollte meine Zeichen bekommen. Ich saß mittags bei einem Plastikbecher voll Kaffee in der Kantine. Einer der Techniker, die im Schichtdienst die Funkgeräte bedienten, kam herein. Genau in diesem Augenblick stieß ich meinen Kaffee um. Dabei fiel mir etwas auf: Es war, als hätte mich eine Sekunde lang etwas Fremdes beeinflußt. Ich selbst hätte den Kaffee nie umgestoßen. Ich spürte, daß da etwas nicht stimmte. Der Techniker kam zu mir und half mir, den Tisch abzuwischen. Später, kurz bevor ich Feierabend hatte, trat er seinen Dienst an. Ein anderer Techniker, mit dem ich besser befreundet war, kam plötzlich zu mir, deutete auf ihn und sagte: „Er hat Zahnschmerzen und muß jetzt noch die ganze Nacht hier arbeiten. Ich habe ihm schon von dir erzählt. Geh' doch bitte zu ihm und hilf ihm."

Ich nahm ihn mit in ein kleines Nebenzimmer, konnte den wehen Zahn sofort lokalisieren und die Schmerzen durch Handauflegen beseitigen. Es gab noch zwei oder drei identische Fälle. Immer stieß ich meinen Kaffee um, wenn eine bestimmte Person in meine Nähe kam. Jedesmal kam es mir vor, als hätte ich für eine Sekunde die Kontrolle über meinen Körper abgegeben. Und in jedem dieser Fälle war das Handauflegen erfolgreich.

Das mit dem Kaffee hörte wieder auf. Ich paßte mittlerweile bei jedem Becher auf, daß ich ihn nicht verschüttete. Jetzt kam eine andere Phase auf mich zu, eine ganz andere Art von Erlebnissen. Was jedoch geblieben war, war die Sekunde, in der irgend etwas Fremdes auf mich einwirkte.

Schon seit einem Jahr benötigte meine Firma einen bestimmten Schaltplan. Der Plan war an einen Kunden ausgeliehen worden, und meine Firma hatte schon zweimal angemahnt, man möge doch den Plan zurückgeben. Da ich beim Kunden beschäftigt war, bekam ich die Auswirkungen dieser zweiten Mahnung mit. Einer der Chefs sagte zu einem Techniker: „Sie haben den Plan gehabt. Finden sie ihn bis heute abend. Wenn nicht, dann suchen sie morgen, am Samstag, weiter."

Ich wußte, der Techniker war gerade Vater geworden und wohnte sehr weit weg. Er konnte nur übers Wochenende nach Hause fahren, und wenn er Samstag hier bleiben mußte, kam er überhaupt nicht heim. Die Aussicht, den Plan zu finden, war gering. Wir befanden uns in der Zentrale von sieben Funkstationen. Es gab hier allein 150 Ordner mit den technischen Beschreibungen der 150 Gerätetypen, die zum Einsatz kamen. Dazu die Bedienungsanleitungen in Englisch oder Deutsch, die Übersetzungen ins Spanische und die Unmengen von Betriebsunterlagen des Kunden selbst. Wir waren also umgeben von ungefähr 500 Ordnern und stapelweise ungeordnetem Papier.

Ich wollte ihm helfen, weil er mir leid tat. In Gedanken bat ich kurz um Hilfe, konzentrierte mich, und schon passierte der Trick mit der Sekunde wieder. Noch etwas benommen von diesem Moment fremden Eingriffs in mein Bewußtsein stand ich auf, griff nach einem Ordner, schlug ihn auf und hatte den Plan in der Hand. Der Techniker, der meine Fähigkeiten schon kannte, kam aus dem Staunen nicht mehr heraus.

Wie sich herausstellte, hatten der Ordner und der Plan nichts miteinander zu tun. Jemand hatte den Plan auf den offenen Ordner gelegt, und ein anderer hatte den Ordner geschlossen, ohne den Plan gesehen zu haben.

Das zuverlässige Auffinden verlorener oder schwer zu findender Dinge wiederholte sich. So verlor Carmen Rosa, meine Freundin, am Strand einen Ring. Er hatte ihr viel bedeutet, schon aus dem Grund, weil sie nicht viel Geld hatte. Ich lief am Strand entlang. Dann kam wieder die berühmte Sekunde, und leicht benommen bückte ich mich und fuhr mit der Hand über den Sand. Der schon vergrabene Ring purzelte nach oben.

Dann kam der Fall mit den Keilriemchen. Die Keilriemen der Fernschreiber waren verschlissen. Wir hatten schon die Keilriemen der weniger wichtigen Fernschreiber in die wichtigeren Fernschreiber eingebaut. Der Kunde reklamierte, und meine Firma konnte sie nicht finden, weil sie keinen Platz hatte, die letzte Schiffsladung auszupacken. Mit der Gewißheit, alles zu finden, bot ich meinem Chef an, die Keilriemen zu holen. Er lehnte ab, da er es für unmöglich hielt und das Lager außerdem zwei Autostunden von Caracas entfernt war. Reine Zeitverschwendung! Als der Kunde wieder reklamierte, konnte ich dann doch fahren.

Das Lager befand sich in einer Stadt namens Maracay. Dort angekommen fiel mir ein, daß ich den Weg zum Lager nicht kannte. Ich fuhr auf eine Kreuzung zu, bei der ich nicht weiterwußte. Es bedurfte eines gedanklichen Hilferufs, dann bog vor mir ein Jeep nach rechts ab, und am Wagen davor entdeckte ich einen deutschen Aufkleber. „Danke", dachte ich und folgte dem Fahrzeug. Es brachte mich tatsächlich bis ans Lager, an dem das Auto aber vorbeifuhr.

Die Schiffsladung war in einem Drahtverhau eingesperrt, und der Schüssel war nicht aufzutreiben. Aber das war das geringste Problem. Die Kisten, die innerhalb und außerhalb des Drahtes standen, luden fast zum Drüberklettern ein. Das größere Problem waren die Unmengen von Kisten – Riesenkisten, drei Meter lang, einsfünfzig hoch, voll mit kleinen Kisten, in Füllmaterial versenkt. Hier brauchte ich wirklich nicht anzufangen. Hier bedurfte es Hilfe. Ich konzentrierte mich, und wieder hatte ich die blitzschnelle Eingebung, wo ich suchen mußte. Ich ging auf eine große Kiste zu, nahm eine kleine Kiste heraus und öffnete sie. Sie war voll mit kleinen Tütchen. In dem Tütchen, das ich ergriff, waren die Keilriemchen!

Eines Nachts war ich im Traum im Hause meiner Großmutter und ging ins Zimmer meiner Schwester Karin. Sie schimpfte, weil sie keine Musik hören konnte; ihre Stereoanlage war kaputt. Als Fastfachmann fing ich an, den Plattenspieler zu zerlegen. Ich konnte aber nichts bewirken. Ich war froh, als es mir gelang, alles wieder zusammenzubauen. Karin sagte: „Laß es sein, dein Bruder Theo hat es auch schon versucht." Kurz darauf wurde ich wach.

Meine Schwester war psychisch krank. Ich wollte ihr unbedingt helfen, sobald ich wieder nach Deutschland käme. Dieser Traum hielt mich davon ab. Ich habe ihn so verstanden, daß ich ihr nicht helfen kann, daß mir spezielle Kenntnisse fehlen und ich darum lieber die Finger davon lassen solle.

Am nächsten Tag schon träumte ich wieder von ihr. Wir waren im Haus meiner Großmutter. Karin hatte ihre Koffer gepackt und war fertig zur Abreise. Ich trug ihr die Koffer ins Auto und fuhr mit ihr zu einem großen Haus mit vielen fremden Menschen. Dort zog sie ein und verabschiedete sich freudestrahlend. Ich fragte sie, wann sie wieder zurückkommen würde. Darauf antwortete sie: „Ich bleibe hier." Dann wurde ich wach.

Dieser Traum ist erst zu verstehen, wenn man weiß, was zwei Monate später geschah. Ich flog auf einen Kurzurlaub nach Deutschland. Ich besuchte meine Mutter, bei der Karin zu dieser Zeit wohnte. Es ging ihr nicht sehr gut, aber ein Arzt hatte einen Platz in einem Heim für sie gefunden. Es ergab sich auch, daß niemand außer mir Zeit hatte, sie dorthin zu fahren. Karin ist nun schon zehn Jahre dort, und es geht ihr ausgezeichnet. Sie will auch da bleiben, denn wenn sie eine Weile nicht dort ist, verschlechtert sich ihr Zustand.

Schluß mit den Träumen, der nächste Vorfall geschah, als ich mich abends hinlegte und noch wach war. Das Licht hatte ich schon ausgemacht, als ich spürte, daß etwas auf mich zukam. Neugierig sendete ich meine Einladungsgedanken an das fremde Wesen. Was auf mich zukam, war erschreckend. Jemand hatte Angst. Sehen konnte ich nichts, außer, daß durch diesen Kontakt alles viel dunkler geworden war. Hätte ich noch keine Erfahrung mit Telepathie gehabt, hätte

155

ich versucht, die Verbindung abzubrechen. Es war alles so schwarz, und in dieser Schwärze lag eine Angst. Ich spürte, daß die Angst zu einer Person gehörte, die Hilfe brauchte. Doch die Person blieb in der Schwärze. Ich konnte nicht mehr herausfinden. Also entspannte ich mich und versuchte einfach, der Angst beizustehen. Es dauerte lange, circa zehn Minuten, dann hatte der Spuk ein Ende.

Erst viele Wochen später fand ich heraus, was geschehen war. Karin war zu Hause gewesen, und es ging ihr nicht gut. Sie war zusammengebrochen und circa zehn Minuten ohnmächtig auf dem Boden liegen geblieben. Es war ein äußerst kritischer Zustand. Sie erzählte mir später, daß um sie herum alles schwarz war und sie Angst hatte. Dann sei ich in der Schwärze aufgetaucht und die ganze Zeit bei ihr geblieben.

Die Geschehnisse dieser Zeit beeinflußten natürlich mein Weltbild. Ich fühlte eine neue Art von Geborgenheit. Das Universum wurde zu einem Heim, in dem ich mich wohlfühlen konnte. Ich hatte erfahren, daß etwas oder jemand Großartiges sich um mich und andere sehr sorgsam kümmert. Beten, so wenig ich das Wort mag, hatte für mich eine völlig neue Bedeutung bekommen. Ich sprach etwas aus, und die Antwort kam manchmal spontan, manchmal erst in ein paar Tagen.

Ich wußte nicht, wer mein Ansprechpartner war. Vorgestellt hatte sich bisher nur dieser Mann, der mir vor dem Telepathie-Erlebnis mit Linda erschienen war. Aber wer war das? Ein Mensch, der zur Zeit lebt? Oder jemand, der sich in einem anderen Bewußtseinsstadium befindet? Als ich das Heilen entdeckt hatte, war mein Wunschpartner Jesus. Aber wie gesagt, ich hatte keine Ahnung. Die Antworten kamen trotzdem.

Einmal stellte ich mir vor, daß alle verstorbenen Menschen ein gemeinsames Wesen bildeten. Man könne dieses Wesen aber nicht als Ganzes ansprechen, sondern nur einzelne Personen daraus. Diese Personen könnten dann im Gesamtwesen Übereinstimmung über einen bestimmten Wunsch herstellen. Somit realisiert sich dieser Wunsch dann. Das war eines von vielen Modellen, die ich mir machte, doch mit diesem führte ich ein Experiment durch.

Ich hatte es bisher noch nicht geschafft, mit dem Rauchen aufzuhören. Ich wollte aufhören, weil ich wußte, daß es mir auf die Dauer schaden würde. Immerhin rauchte ich mittlerweile ganz leichte Zigaretten und nicht mehr als eine Schachtel am Tag. Früher hatte ich zwei Schachteln geraucht, Zigaretten ohne Filter. Da die Zigaretten in Venezuela sehr billig waren, konnte man leicht "schnorren", und so gab es Tage, an denen ich mir selbst keine kaufte. Das war mein nächstes Ziel, keine Zigaretten mehr selbst zu kaufen und etwas später dann ganz aufzuhören.

Ich wählte mir eine Person aus dem oben erklärten Modell, die mir helfen sollte, das Rauchen aufzugeben: John Lennon, einfach so. Ich verehrte ihn, und er erschien mir erleuchtet genug für diese Aufgabe. Ich bat ihn also, mir zu helfen, und versprach damals, nicht mehr zu rauchen. Es dauerte ein paar Tage, dann nahm ich schlechten Gewissens wieder eine Zigarette in den Mund. Es dauerte weitere zehn Minuten, und ich hatte Halsschmerzen. „John Lennon!" dachte ich, „diese Methode gefällt mir überhaupt nicht. Ich brauche Hilfe, aber nicht Strafe!" Es half nichts, ich bekam eine Erkältung.

Während ich diese Erkältung hatte, ließ ich von dem obigen Modell wieder ab und änderte auch mein Versprechen. Mein neues Versprechen lautete nun, daß ich mir keine Zigaretten mehr selbst kaufe, und wenn ich das Versprechen nicht halten könnte, dürfe das nicht auf Kosten meiner Gesundheit gehen. Es könnte mich ja finanziell treffen. Mein Auto, das war die Lösung. Es brauchte ja nicht gleich ganz so teuer zu werden. Hauptsache, ich bemerkte die Antwort "von oben"! Ich sollte die Antwort bemerken. Daß sie so deutlich sein würde, hätte ich allerdings nicht zu träumen erhofft.

Ich hatte erstaunlich lange durchgehalten. In den letzten

157

drei Wochen hatte ich immer wieder Freunde und Kollegen um mich, so daß ich sechs bis acht Zigaretten am Tag rauchen konnte. An diesem Tag war es anders. Ich mußte allein zu einer Funkstation fahren, die etwa zwei Autostunden von Caracas entfernt liegt. Ich arbeitete dort ganz allein und fuhr nachmittags wieder zurück. Ich hatte seit dem Vorabend nichts mehr zu rauchen und würde an diesem Tag auch niemanden mehr treffen. Allein dieser Gedanke war unerträglich.

Hin und wieder gab es Kioske am Straßenrand. Die Zigarettenreklame dort schaffte mich. An einem Kiosk hielt ich an. Ich war hin- und hergerissen. Was ist mit meinem Versprechen? Nur eine Schachtel? Das Versprechen war nicht gut überlegt. Solche Tage kann man doch gar nicht überstehen!

Ich ging zum Kiosk, kaufte eine Schachtel "Belmont suave" und rauchte gleich eine Zigarette. Danach ging ich wieder zum Auto und startete den Motor, oder besser, ich versuchte es...

Eine Werkstatt war gleich nebenan, und die Reparatur kostete ungefähr 100 Mark. Ich kaufte in den nächsten Monaten noch dreimal Zigaretten, und jedesmal kam die Antwort prompt. Jede Reparatur wurde etwas teurer. Wenn ich Zigaretten kaufte, dann in der Nähe einer Werkstatt, denn es war mir klar, was kommen würde. Ich nahm es in Kauf; ich schaffte es nicht aufzuhören. Ich mußte meine Schwäche einsehen und dieses Versprechen zurücknehmen. Ich rauchte noch ungefähr ein halbes Jahr lang und hörte dann, mittlerweile wieder in Deutschland, auf.

Was sollte ich nun also aus all diesen Erlebnissen schließen? Als ich aus Venezuela zurückkam, ließ ich die Parapsychologie erstmal links liegen und befaßte mich nicht mehr mir ihr. Erst ein paar Jahre später wurde ich durch zwei Unfälle wieder daran erinnert, daß es auch noch andere Dinge als nur den reinen Materialismus und die Elektronik gibt.

So begann ich erneut, mit meinen Fähigkeiten herumzuexperimentieren. Die Krönung meiner Karriere als Wunderheiler war Marisol. Ich konnte sie innerhalb einer Sitzung von Nierensteinen befreien. Eine andere spektakuläre Heilung ereignete sich bei der Haushälterin meiner Vermieter. Sie hatte eine seltsame, dicke Beule in der Handfläche. Die Beule verschwand innerhalb von zwei Minuten vollständig.

Besonders diese beiden Erlebnisse gaben mir damals zu denken, wohin sollte das noch führen? Das waren Wunder erster Klasse. Wenn sich das herumspräche, was würden die Menschen nicht alles von mir erwarten? Würde ich Lahme gehend machen können? Könnte ich Blinde heilen? Würde man erwarten, daß ich etwas verkünde? Oh ich armes Schwein, ich hatte doch überhaupt keine Ahnung! Was ich durch das Handauflegen gelernt hatte, war, alles zu lieben, was lebt, vom Einzeller bis zum Menschen. Das war meine ganze Lehre. Außerdem konnte ich kein Heiliger sein. Ich liebte Frauen, Gruppensex und Pornohefte. Mutig war ich auch nicht besonders. Dafür aber geltungssüchtig, rechthaberisch und so weiter.

Heute denke ich, daß sogenannte PSI-Fähigkeiten in jedem stecken. Was glaubst du, welche PSI-Fähigkeiten in dir stecken? Ich behaupte, alle, die du dir ausdenken kannst. Außerdem benutzt du sie täglich, ohne daß es dir bewußt wird. Dein Unterbewußtsein hat Zugang zu enormen Kräften, angesichts deren es klug wäre, eine gewisse Harmonie zu ihm herzustellen. Manchmal sieht es aus, als wäre dein Unterbewußtsein dein Feind. Aber das kann nie sein, denn es ist ein Teil von dir. Es versucht lediglich, dich auf deine eigentlichen Energien aufmerksam zu machen. Dazu ist es manchmal notwenig, dich von dem Weg, den du bewußt gewählt hast, mit etwas Gewalt abzubringen. Wenn dir diese Aussage logisch erscheint, möchtest du vielleicht einen besseren Kontakt zu deinem Unterbewußtsein herstellen. Wie könnte das funktionieren?

Wenn du davon ausgehst, daß dein Unterbewußtsein dauernd in Aktion ist und mit unbegrenzten Kräften hantiert, so ist die logische Folge, daß alles, was dir geschieht, kein Zufall sein kann. Jedes Ereignis, daß dich betrifft und an dem du nicht bewußt beteiligt warst, wurde durch dein Unterbewußtsein in Übereinstimmung mit dem Unterbewußtsein anderer verursacht. Wenn du also verstehen willst, was tiefer in dir vorgeht, dann schau dir an, was dir zustößt. Zwinge dich nicht dazu, sofort alles zu deuten. Oft fügen sich die Ereignisse wie ein Puzzle zusammen, und manche kann man erst nach einem Schlüsselereignis verstehen. Wenn du davon ausgehst, daß es keine Zufälle gibt, daß alles durch dein Unterbewußtsein verursacht wird, dann hat es praktisch einen neuen Kommunikationskanal zu dir gefunden. Und das wird es dir danken.

Dies ist ein möglicher Weg. Er kann dein Bewußtsein und dein Unterbewußtsein zusammenbringen und deine Ganzheit wiederherstellen. Auf diesem Weg kannst du erleben, welche Fähigkeiten dir wirklich zugedacht wurden, und du wirst anfangen, dich zu lieben. Mit dieser Basis, dich selbst zu lieben, bist du in der Lage, jeden Menschen zu lieben, da du in jedem das sehen kannst, das du in dir selbst siehst.

– Soweit die Geschichte von Franz. Wer ihn gerne persönlich kennenlernen möchte, kann das auf einem seiner Seminare oder Abende tun. Adresse siehe Anhang.

Fall Nummer 3: Ein historischer Zufall

Die nachfolgende Begebenheit stammt aus einem der Bücher von Pierre Bellemare mit dem Titel *Unglaubliche Geschichten*, zuletzt erschienen bei Langen-Müller. Bellemare hat über 20 Bände mit wirklich unglaublichen Geschichten veröffentlicht, die er allesamt aus Polizeiberichten recherchiert hat. Er hatte Zugang zu einem 50 Jahre umfassenden Polizeiarchiv, und er hat die spannendsten Geschichten in Erzählform in seinen Büchern veröffentlicht.

All seine Geschichten erheben somit Anspruch auf Wahrheit. Wenn du dich daher das nächste Mal in einer Situation befinden solltest, aus der du im Moment keinen Ausweg weißt, kann diese Geschichte dir vielleicht helfen, daran zu denken, daß unglaubliche Überraschungen jederzeit möglich sind. Wer sagt, daß nicht auch eine zu dir unterwegs ist?!

Zudem ist die Geschichte auch sehr bewegend geschrieben, und es ist immer gut, wenn man seine Seele positiv bewegen kann, denn bewegt will sie werden, so oder so. Wer nicht clever genug ist, sie ausreichend positiv zu bewegen, der wird dann eben unfreiwillig negativ bewegt. Der Seele ist das Vorzeichen (positiv oder negativ) egal, aber sie beharrt auf Bewegung und verschafft sie sich, wenn du nicht von allein dafür sorgst. Zum Glück haben wir jedoch immer die Wahl, wenn wir dies einmal erkannt haben.

Die Depesche aus dem Jenseits

Hauptmann Marchall teilt die letzte Munition an seine 35 Männer aus. Wortlos wie immer. Aber heute abend tut er es mit so ernster Miene, als spende er ihnen mit den letzten Patronen zugleich die letzten Sakramente. Die Soldaten wissen längst, woran sie sind. Ihnen ist klar: Mit diesen Patronen werden sie morgen früh ganz bestimmt nicht Salut schießen!

Sie sitzen alle im Kreis wie die Pfadfinder um ihr Lagerfeuer – aber es brennt kein Feuer. Keiner redet mit dem anderen. Jeder hängt seinen eigenen Gedanken nach, kämpft allein gegen die Angst.

20 Kugeln pro Mann – und eine einzige für den Hauptmann!

Bevor er sich zu seinen Männern auf den Boden setzt – was er sonst nie tut –, zeigt er ihnen die tödliche kleine Kugel, die er in seiner Hand hin und her rollen läßt. Er lächelt dabei, als hätte er Spaß an dem Spiel, und sagt: „Meine letzte Murmel – die darf ich nicht verlieren!"

Das ist deutlich. Mehr braucht er nicht zu sagen. Alle wissen, was diese Worte bedeuten: „Lieber sterben als in die Hände des Feindes fallen!" Seit einer Woche haben jeden

Tag zwei Kameraden versucht, bis zu den alliierten Einheiten durchzukommen und Verstärkung zu holen. Ohne Erfolg. Sie wurden alle aufgespürt, gefoltert und auf grausamste Weise verstümmelt. Der Belagerer warf ihre entstellten Leichen vor die Tore der Festung, zur Warnung: „Wehe, wenn ihr aus eurem Loch herauskriecht!"

Sie sitzen in der Falle. Dürfen auch sie – wie ihr Hauptmann – eine erlösende Kugel für sich behalten? Wer im Krieg dabei erwischt wird, hat mit den härtesten Konsequenzen zu rechnen! Aber was spielt das jetzt noch für eine Rolle?

Ein paar Soldaten verstecken eine solche "Reservepatrone" in ihrer Uniform, so unauffällig wie möglich. Hauptmann Marchall blickt unentwegt zu Boden und legt sogar seinen Kopf auf die Knie, womit er sagen will: „Macht nur, Jungs! Eine Kugel mehr oder weniger, darauf kommt es hier nicht an!"

Nach einer Weile steht er wieder auf und reibt sich die Augen, als hätte er nur so vor sich hingeträumt und gar nichts bemerkt. Jetzt aber muß er sich wieder zur Ordnung rufen und seine Pflicht tun. Er muß seine Männer vor der letzten Schlacht aufmuntern.

Wir schreiben das Jahr 1915, und der Erste Weltkrieg durchbricht alle Dämme – er wütet sogar in der Wüste, nahe der ägyptischen Grenze. Hauptmann Marchall, der dort dieses Häuflein Soldaten befehligt, weiß definitiv, daß die Lage nicht nur "verzweifelt ist, sondern hoffnungslos". Es kann sich nur noch um Stunden handeln. In der Morgendämmerung kommt der letzte Angriff, und sie werden die Festung nicht mehr halten können – es wird ihr allerletzter Kampf sein. Es ist sinnlos, jetzt noch auf Hilfe, auf Verstärkung zu hoffen. Alle Unternehmungen in dieser Richtung sind bisher fehlgeschlagen.

Hauptmann Marchall hat sich etwas von seinen Männern entfernt. Er sitzt abseits und betrachtet die kleine Kugel in seiner Hand – sie hat sich allmählich erwärmt und fühlt sich nun ausgesprochen angenehm an – nicht mehr so eisern-eisig kalt wie vorhin. Beide haben sich aneinander gewöhnt, und je näher der Tod heranrückt, desto fester klammert sich der Hauptmann an diese Begleiterin seiner letzten Stunden – sie wird ihm helfen, Haltung zu bewahren, den anderen beizustehen und dem Ende mutig entgegenzugehen.

Die Nacht geht so schleichend vorüber, als wolle sie für diese Männer ewig dauern. Was mag in diesem Augenblick in jedem einzelnen vorgehen? Hauptmann Marchall denkt über das seltsame Schicksal nach, das ihn hierher verschlagen hat, genau dahin, wo sein Urgroßvater vor über einem Jahrhundert im Dienste des Vaterlandes sein Leben gelassen hat. Vielleicht nicht gerade in dieser gottverlassenen Wüstenfestung aus Sand und bröckelndem Gestein mitten im Sinai – aber doch irgendwo hier in der Nähe.

Er war auch Hauptmann, genau wie er selbst! Er nahm 1798 unter General Bonaparte an dem berühmten Ägyptenfeldzug teil.

Der damals noch nicht dreißig Jahre alte zukünftige Kaiser wollte am Nil seine prachtvollen Strategien erproben, die er auf der Militärakademie erdacht hatte. Auf Generalstabskarten war das alles nur ein leichtes, faszinierendes Spiel, da konnte man ganz nach Belieben die Zinnsoldaten hin und her rücken. Die umgekippten Figürchen brauchte man nur wieder einzusammeln und neu aufzustellen; frisch und unversehrt standen sie dann da, bereit zu erneutem Angriff!

Krieg ist aber keine Spielerei – in Ägypten erfuhr Bonaparte das zum ersten Mal. Dort, im Sinai, blieben die erschossenen Soldaten mausetot im Sand liegen – die konnte man nicht einfach wieder aufbauen! So endete Hauptmann Marchall 1798 unter der machtvollen ägyptischen Sonne – gefallen auf dem Felde der Ehre...

117 Jahre danach wartet nun sein Urenkel in derselben Gegend auf den gleichen "Heldentod" – nach einem erbitterten Feldzug gegen die gleichen Feinde wie damals. Ironie des Schicksals oder gerechte Vergeltung?

Hinter den Dünen am Horizont verblassen die Sterne. In zwei Stunden spätestens werden die Türken das kleine Fort stürmen. Hauptmann Marchall verteilt die letzten Tropfen Trinkwasser an seine 35 Männer – einen halben Becher für jeden. Und zum Essen – nichts! Seit zwei Tagen schon nicht mehr. Das ist aber nicht das Schlimmste. Wenn es nur Munition gäbe! Ja, dann hätten sie vielleicht eine Chance, die Türken noch einmal abzuwehren. Aber mit 19 Patronen pro Mann können sie genausogut in die Luft schießen!

Verzweifelt sucht Marchall nach irgendeiner Idee, wie er seine Soldaten wenigstens verstecken könnte. Das wäre vielleicht eine letzte Anstrengung wert: Nicht gleich auf die Türken schießen, sondern ruhig abwarten, bis sie alle über die Mauern in das Fort eingedrungen sind, und dann erst schießen. Die altbewährte Überrumpelungstaktik!

Da zuckt der Hauptmann erschrocken zusammen – sein Leutnant hat ihm auf die Schulter getippt:

„Wir haben Besuch!" „Jetzt schon?"

„Nein, nein … noch nicht! Nur dieser Mann hier … Er behauptet, er käme in dem Auftrag, Ihnen einen wichtigen Brief höchstpersönlich zu übergeben!"

Neben dem Leutnant steht eine unheimliche Gestalt, eingehüllt in einen weiten Burnus, die Kapuze tief über das Gesicht gezogen. Marchall mustert ihn mißtrauisch und reißt ihm mit einem Ruck die Kapuze vom Kopf:

„Wer bist du?" Erst da bemerkt er, daß er einen Greis vor sich hat, einen uralten, verhutzelten Araber, der verängstigt ist – und sichtlich am Ende seiner Kräfte. Nein, dieser Mann ist kein feindlicher Spion! Er ist erschöpft, als wäre er schon seit einer Ewigkeit auf dem Weg zu ihm – zu Fuß durch die Wüste. Noch einmal fragt Marchall, jetzt allerdings viel ruhiger:

„Wer bist du? Du hast einen Brief für mich?!" Der Alte kommt näher, zögernd. Auch er ist mißtrauisch und schaut dem Hauptmann direkt in die Augen. Er sagt aber immer noch kein Wort. Zweifel quälen ihn – das sieht man ihm an!

„Du bist sehr müde, komm, setz dich."

Der Alte setzt sich und kramt in seinem Gewand. Er holt

tatsächlich einen Brief hervor, preßt ihn aber mit beiden Händen ganz fest an seine Brust. Dann, endlich, spricht er:

„Bist du der Hauptmann Marchall?" „Ja, der bin ich."

Nach einer kleinen Pause wiederholt der Mann seine Frage, und jetzt zittert seine Stimme:

„Bist du wirklich der Hauptmann Marchall? Wirklich?" „Ja doch! Was willst du von mir? Wer bist du? Wie heißt du? Wer schickt dich?"

Der alte Araber wirft sich Marchall vor die Füße, dann wendet er sich gegen Mekka, verbeugt sich wieder, küßt den Boden und stammelt lange Gebete, in denen „Allah kerim", Gott ist gnädig, immer wiederkehrt. Und er lächelt selig über sein ganzes gutes zerfurchtes Gesicht.

Die beiden französischen Offiziere verstehen zwar kein Wort – aber ganz offenkundig bedankt sich der Greis bei Allah – „Allah ákbar", Gott ist groß!

Hauptmann Marchall kann sich beim besten Willen nicht vorstellen, was für eine wichtige Nachricht der alte Mann für ihn haben könnte, aber die Freude des Mannes, ihn endlich gefunden zu haben, rührt ihn doch. Er beugt sich nieder und hilft dem Boten auf die Füße. Nun endlich bekommt er den geheimnisvollen Brief!

Es ist nur ein einziges Blatt, ohne Kuvert, und so oft gefaltet, daß es klein wie ein Kärtchen aussieht. Ganz oben ist ein Name hingekritzelt. Mit Tinte, die sehr verblaßt ist – man kann die Schrift kaum noch entziffern! Aber bei genauerem Hinsehen kann man doch lesen: Hauptmann Marchall. Keine Frage, diese Nachricht ist an ihn gerichtet. Behutsam faltet Marchall das vergilbte Papier auseinander, und im flackernden Licht einer Petroleumlampe beginnt er, sich den Brief Wort für Wort zusammenzubuchstabieren.

Da sagt der alte Araber auf einmal: „Mein Vater hätte dir den Brief so gern selber gegeben, aber Allah hat es anders gewollt ..., er hat bestimmt, daß ich es an seiner Stelle tun darf."

„Dein Vater? Was willst du damit sagen?"

165

„Lies den Brief, 'er ist sehr wichtig', hat mein Vater gesagt, als er starb. Ich weiß nicht, was darin steht, ich kann nicht lesen! Mein Vater konnte es auch nicht, aber er wußte, wie wichtig diese Botschaft ist. Er hat dich so lange gesucht!"

Hauptmann und Leutnant wechseln vielsagende Blicke: „Der Alte ist wirklich sehr verwirrt" – so etwa, milde ausgedrückt. Je nun – ob klar im Kopf oder nicht, seine Mission hat er jedenfalls erfüllt. Er hat den Brief DEM übergeben, an den er gerichtet war!

Der Hauptmann hat jetzt die Anrede entziffert: „Mein lieber Marchall" – also kennt ihn der Absender persönlich und wahrscheinlich sogar sehr gut... „Mein lieber Marchall!" Weiter... „Unverzüglich nach Empfang dieses Befehls..." – also stammt der Brief von einem Vorgesetzten... „nach Empfang dieses Befehls, den ich Ihnen durch... diesen jungen Eingeborenen übermittle..."

Den jungen Eingeborenen? Was wird hier gespielt? Dieser Greis mit seinen Gebeten und dem ganzen Getue hat ihn also doch hereingelegt! Wie konnte er nur so gutgläubig sein! Niemand in einem Umkreis von mindestens 50 Kilometern weiß, daß er mit seinen 35 Kameraden hier in dieser Festung von den Türken belagert wird – nur der Feind weiß es!

Marchall liest den Brief erst einmal nicht weiter – er sucht sofort nach der Unterschrift und traut seinen eigenen Augen nicht! Da steht BONAPARTE! Das ist ein Ding der Unmöglichkeit! Napoleon Bonaparte, Komma, den ... soundsovielten ... das ist kaum noch zu lesen ... 1798! 1, 7, 9, 8, ja! 1798, das Jahr der Ägypten-Expedition von Bonaparte!

„Wer hat dir diesen Brief gegeben?"

Ganz ruhig, als wäre es das Selbstverständlichste von der Welt, sagt der alte Wüstensohn:

„Der General Bonaparte hat ihn meinem Vater gegeben, und mein Vater hat ihn dann mir gegeben, kurz bevor er gestorben ist ... und er sagte mir – du mußt den Hauptmann Marchall finden!"

Und der Araber erzählt die schier unvorstellbare Geschichte dieses Briefes, der 117 Jahre lang in der Wüste unterwegs war:

1798 steht Napoleon Bonaparte kurz vor seiner ersten Niederlage am Nil. Er ist noch nicht Kaiser der Franzosen – nur ein junger, karrieresüchtiger General, der gerade im Begriff ist, restlos zu versagen und alle Hoffnungen, die in ihn gesetzt wurden, schändlich zu enttäuschen. Aber vor dem endgültigen Rückzug muß er wenigstens seine Truppen zusammentrommeln. Den Hauptmann Marchall, einen seiner fähigsten und ergebensten Offiziere, hatte er mit der heikelsten Mission betraut: Er sollte mit seinem Regiment so weit wie möglich in die Wüste vordringen und die Stammesoberhäupter, die Scheichs, dazu überreden, doch noch Pakte mit Frankreich abzuschließen. General Bonaparte schreibt also seinem Offizier, jenem Hauptmann Marchall, und vertraut die Botschaft einem 22jährigen Araber namens Malúk an. Denn nur Eingeborene haben jetzt noch eine Chance, bis zu den Truppen in der Wüste durchzukommen.

Malúk, stolz auf den Auftrag, macht sich mit dem Brief des Generals auf den Weg. Und er findet auch das französische Lager – doch er kommt zu spät. Hauptmann Marchall und seine Soldaten haben das kleine Fort schon verlassen. Anstatt zum Hauptquartier am Nil zurückzukehren, streift Malúk wochenlang, monatelang, jahrelang durch die Wüste und sucht den Hauptmann.

Bonaparte hat sich schon längst, 1804, zum Kaiser gekrönt, da sucht Malúk, allein in der Unendlichkeit von Sand und Dünen, fernab jeglicher Zivilisation immer noch nach Hauptmann Marchall!

Er stirbt 1874 im Alter von 98 Jahren. Sein Sohn, der damals schon 48 Jahre alt war, soll nun den Auftrag übernehmen ...

Malúks Sohn verspricht seinem sterbenden Vater, weiter nach Hauptmann Marchall zu suchen und ihm – Inschallah! So Gott will! – den Brief persönlich zu übergeben.

In diesen Zeiten, in diesem Wüstenland, bei diesen Men-

167

schen, die ihre eigenen Jahre nicht zählen, da fragt man nicht nach dem Sinn. Man stellt überhaupt keine Fragen. Nur der Glaube zählt – allein die Ergebenheit in den Willen Allahs und das Vertrauen darauf: Was er bestimmt hat, das wird geschehen.

41 Jahre lang folgt der Sohn den Spuren des toten Vaters und kommt eines Tages – eben 1915 – wieder einmal an der kleinen Festung vorbei. Er hatte sie früher schon zwischen den Dünen entdeckt – verlassen von allen Menschen. Und immer dann, wenn er sich eine Weile ausruhen wollte oder wenn Sandstürme drohten, hatte er dort Zuflucht gefunden.

Heute abend ist er erschöpft, am Ende seiner Kräfte. Er ist 89 Jahre alt, und er hat sein Lebensziel, das Ziel seines Vaters, immer noch nicht erreicht. Er hat es nur bis zu seiner Festung geschafft!

„WER DA?"

Zu Tode erschrocken, so plötzlich fremde Menschen in Uniform, überhaupt Menschen aus dem Nichts auftauchen zu sehen, stammelt der Greis nur: „Ich suche – Hauptmann Marchall..." Auftrag ausgeführt – Mission erfüllt – nach 117 Jahren!

Hauptmann Marchall, Urenkel von Hauptmann Marchall, liest nun den Brief weiter: „Unverzüglich nach Empfang dieses Befehls, den ich Ihnen durch diesen jungen Eingeborenen übermittle, holen Sie die eisernen Kisten heraus, die unter dem linken Tor der Festung in drei Meter Tiefe vergraben sind. In den Kisten befinden sich Waffen und Munition, außerdem finden Sie Kanonen und Schießpulver. Verlassen Sie sofort mit dem Regiment das Lager, und ziehen Sie sich in Richtung ägyptische Grenze zurück. Drei Pisten führen zur Küste, denen weichen Sie aus! Halten Sie sich strikt an meine Zeichnung. Sie gibt den einzig sicheren Weg an. Die fünf Wasserstellen sind genau markiert. Ich erwarte Sie! Gezeichnet: Napoleon BONAPARTE."

NAPOLEON! Der Hauptmann zittert am ganzen Leib vor Aufregung und Erschütterung. Denn dieser Brief ist echt –

168

ganz eindeutig. Und vielleicht bringt er die Rettung! Die 35 Männer graben fieberhaft unter dem linken Tor, und tatsächlich – in drei Meter Tiefe finden sie die eisernen Kisten. Mit Waffen aus dem 18. Jahrhundert halten sie die Türken eine Stunde später in Schach und verlassen unmittelbar darauf die Festung, wie es Bonaparte dem Urgroßvater Marchalls befohlen hatte.

Ob 1798 oder im Jahre 1915 – der Krieg in der Wüste ist immer gleich. Nur wer genug Munition und Trinkwasser hat, kann gewinnen oder sich wenigstens aus diesem Inferno retten! Der eigentliche Feind ist jetzt nicht mehr der Türke. Der Feind, den es zu bezwingen gilt, ist die Wüste mit ihren erbarmungslosen Fallen, die sie allen in gleicher Weise stellt: die Sonne, die Hitze, der Durst und vor allem die Aussichtslosigkeit in der unendlichen Weite, die sich ohne das kleinste Gebüsch bis zum Horizont von Düne zu Düne dehnt.

Das weiß Hauptmann Marchall. Ist es nicht ein Wahnsinn, daß er seine Männer in dieses Abenteuer schickt, nur weil Napoleon vor 117 Jahren diesen Weg – und nur diesen Weg gewiesen hat?! Hätten sie nicht doch besser im Fort warten sollen, bis ... ja, bis wann? Bis die vom Himmel gesandte, ausgebuddelte Munition gänzlich verschossen ist? Oder bis sie verdursten?

Napoleon hat auf seiner Zeichnung fünf Wasserstellen markiert. Was ist, wenn sie heute ausgetrocknet sind? Sie waren nicht ausgetrocknet. Nach fünf Tagen erreichte Hauptmann Marchall das Lager der alliierten Truppen. Mit 36 Männern – seinen 35 Soldaten und einem uralten, gewissenhaften Briefboten. Keiner war auf dem Felde der Ehre gefallen. Das verdankten sie nur der einmaligen Verbindung von Napoleons strategischem Genie mit dem unerschütterlichen Glauben an Allah!

19 Tricks zur Reaktivierung von Wundern

In diesem Kapitel wird erklärt, warum du dich freuen solltest, wenn du "esoterisch" völlig unbeleckt bist, und wie du, wenn du schon "zu tief eingestiegen" sein solltest, einen sinnvollen Ausgleich schaffen kannst, indem du dich zumindest zeitweise mit "esoterisch Unbedarften" umgibst, die einen entscheidenden Vorteil gegenüber den "alten Hasen" haben.

Wie schon oft erwähnt, ist die beste innere Haltung beim erfolgreichen Bestellen beim Universum die eines unschuldigen Kindes, das ohne jede Erwartung einfach tut und dann wieder vergißt. Das Kind (das innere) sollte aber auch dankbar staunen können, denn damit motiviert es den kosmischen Bestellservice ganz ungemein. Man könnte auch sagen, die innere Offenheit für weitere Wunder wächst.

Und genau jene freudvolle innere Offenheit für Wunder ist bei den Esoterikern manchmal ein Problem, das die Nichtesoteriker nicht haben. Dazu ein erheiterndes Beispiel aus dem Leben:

Ich war durch einen meiner Lieblingsfreunde an die Adresse einer sehr hellsichtigen Frau geraten. Sie ist so gut, daß sie über Jahre hinweg ausgebucht ist. Auch Skeptiker allerersten Grades kann man zu ihr schicken. Man setzt sich bei ihr auf einen Stuhl, spricht keinen Ton, während diese Frau den Klienten analysiert, ohne eine einzige Frage zu stellen. Ihre Ausführungen sind derart treffend und genial strukturiert, daß man sich hinterher fühlt, als wären zum erstenmal alle Puzzlestücke des eigenen Lebens richtig geordnet worden. So als wisse man endlich wirklich, warum was wie ist und wie es nur so und so weitergehen kann (falls man nicht zu den Glückspilzen gehört, die schon auf anderen Wegen so weit gekommen sind).

Ich dachte jedenfalls damals sofort, ich sollte unbedingt auch meine Tante Maryta zu dieser Hellseherin schicken. Egal, wie lange sie auf den Termin warten müßte, er würde schon irgendwie für ihre dann aktuelle Lebenssituation passend sein, aber hin müßte sie auf jeden Fall.

Von dem, was ich ihr damals alles berichtete, war sie sofort sehr angetan und rief umgehend bei der Hellseherin an, um sich einen Termin reservieren zu lassen. Den bekam sie auch – wie gesagt Jahre später.

Diese Jahre waren nun vor genau drei Wochen um, und der Termin stand kurz bevor. Leider war ihre aktuelle Situation aber so, daß ihre beste Mitarbeiterin in genau jener Woche in Urlaub war. Außerdem standen in genau jener Woche mehrere Sonderveranstaltungen in ihrem Geschäft an. Folglich hatte sie, auch ohne diesen Tag freizunehmen und zu der Hellseherin zu fahren, eigentlich keine Sekunde Zeit.

Doch wenn man so lange auf einen Termin wartet, der einem außerdem so viel bedeutet, dann gibt man ihn nicht einfach so auf. Sie wollte auf jeden Fall hinfahren. Aber die anderen Termine wurden immer enger, der Tag rückte näher, und nichts in ihrem Laden war fertig. Ihr wurde schon ganz schwummrig, und sie rannte nur noch völlig hibbelig durch die Gegend, weil sie keine Ahnung hatte, wie sie das bloß alles schaffen sollte. Am Wochenende war verkaufsoffener Sonntag, dazu noch Herbstmarkt und eine Modenschau – alles auf einmal. Selbst wenn sie den Termin ausfallen ließ, konnte sie es eigentlich nicht mehr schaffen, mit allen Vorbereitungen rechtzeitig fertig zu werden.

Was tun? Sie konnte sich immer noch nicht entschließen, die Sache abzublasen. Einen Tag vor besagtem Termin bei der Hellseherin klingelte in ihrem Laden das Telefon, und besagte Dame war am Apparat. Es täte ihr furchtbar leid, aber sie könne den bestellten Termin leider nicht einhalten und müsse ihn um eine oder zwei Wochen verschieben.

Tante Maryta hielt schweigend und fassungslos den Hörer in der Hand und konnte es nicht glauben. Etwas Besseres

171

hätte ihr überhaupt nicht passieren können! Sie war völlig aufgelöst, und nachdem sie sich von der ersten Verblüffung erholt hatte, erzählte sie der Dame, was für ein Wunder und für eine unglaubliche Erleichterung das für sie sei.

Dieses Erlebnis beruhigte sie außerdem dermaßen, daß sie von Stund an allen Veranstaltungen völlig gelassen entgegensah und sich dachte: „Na wenn sogar DAS sich ganz von selbst geregelt hat, dann kann alles andere auch nur noch klappen!" Und genauso war es. Auf einmal lief alles wie geschmiert, und sie bekam Zeit und Arbeit wunderbar in den Griff.

Nun kommen wir zu den sogenannten Esoterikern und Nichtesoterikern bei der Geschichte. Meine Tante (die ansatzweise in esoterische Grundlagen eingeweiht ist, aber alles anzweifelt und mit dem Verstand zerpflückt) hatte nämlich mit diesem für sie so unglaublichen Wunder nicht an sich halten können und mich sofort angerufen, um mir zu erzählen, daß doch tatsächlich Frau Soundso selbst angerufen habe, um den Termin zu verschieben. Wie phantastisch, daß sich das so ergeben habe, etc. pp.

Nichte Bärbel, die ihren ehemals ebenfalls alles anzweifelnden Verstand schon lange mit mittlerweile Dutzenden von viel deftigeren, zum Teil die Naturwissenschaften völlig aus den Angeln hebenden Wundern frappiert hat, hört sich die Geschichte an, unterdrückt ein leichtes Gähnen und verkündet nüchtern: „Schön, schön. Das zeigt offensichtlich, daß du zu der Arbeit dieser Frau stark in Resonanz stehst und der Termin in zwei Wochen sehr lohnend sein wird."

Schnitt. Andere Szene, zwei Wochen später. Tante Maryta war inzwischen bei dem Termin (ist ganz aus dem Häuschen vor Begeisterung, was sonst?), und die beste Mitarbeiterin war gerade wieder aus dem Urlaub zurückgekommen. Meine Tante outete sich quasi selbst und gab zu, sie sei jüngst bei einer Hellseherin gewesen. Die Mitarbeiterin glaubt eigentlich nicht an derlei Dinge, ist aber eine aben-

172

teuerlustige Person und sagte, sie fände das auf jeden Fall sehr interessant und wäre sogar gerne mitgekommen.

Tante Maryta erzählte ihr daraufhin die ganze Geschichte. Sie war gerade an der Stelle, wo es besonders dramatisch wurde. Als sie nämlich schon völlig verzweifelt war, weil all ihre Vorbereitungen und Erledigungen so zäh vorangingen, nichts klappte und sie trotzdem diesen wertvollen Termin nicht sausen lassen wollte.

Plötzlich brach die Mitarbeiterin in schallendes Gelächter aus und rief: „Ich weiß, was jetzt kommt! Als nächstes erzählen Sie mir, daß die Hellseherin angerufen und den Termin selber abgesagt hat. Hahahahaha, guter Gag! Eine super Geschichte! Die Hellseherin sieht hell, daß Sie keine Zeit haben! Hahahahaha, kicher, kreisch, prust..."

Sie bekam einen Lachanfall, weil sie kein Wort glaubte. Tante Maryta kann nämlich manchmal auch in völlig ernstem Tonfall wundervolle Scherze machen, bei denen man nicht gleich merkt, daß es ein Scherz ist.

Der zweite Grund aber, warum die Mitarbeiterin die Geschichte nicht glaubte, war der, daß sie ihr viel zu unwahrscheinlich erschien. So etwas lag für sie außerhalb des Denkbaren und Möglichen.

Und da sind wir genau beim springenden Punkt. Für die völlig Unbedarften im Bereich der Macht des Geistes sind solche Ereignisse noch handfeste Wunder. Da kann man noch staunen, da kann man in solchen relativen Kleinigkeiten die Welt noch als Wunder erleben. Da ist es noch neu, fast als wäre man ein Kind und erlebte etwas ganz Neues, etwas Großes und Unglaubliches.

Für die Abgebrühten und angeblich so Eingeweihten sind solch mysteriöse Fügungen unwahrscheinlicher Ereignisse fast schon zur Gewohnheit geworden. Man findet sie nett, aber das war es auch schon.

Wer von beiden, der Staunende oder der daran längst Gewöhnte, ist mehr Kind? Bei wem könnten unter Umständen die Bestellungen beim Universum besser klappen?

Es ist ganz ähnlich wie in der Liebe. Die erste Phase der Verliebtheit wird einem geschenkt und ist das größte Wunder des Lebens überhaupt. Dann tritt allmählich die Phase der Gewöhnung ein, und der Zauber geht mehr und mehr verloren. Schließlich ist man an dem Punkt, an dem man sich mit Bewußtsein und klarer Absicht die Beziehung jeden Tag neu erschaffen muß. Auf einmal muß man für die kurzen Momente des wirklichen Glücks täglich an der Beziehung arbeiten, obwohl einem doch vorher alles geschenkt wurde.

Leider ist es in anderen Lebensbereichen auch ein bißchen so. Solange etwas neu ist, kann es wie ein Wunder und berauschend sein. Doch sobald man es näher kennt, stellt sich der Rausch nicht mehr von selbst ein. Man muß sich im Regen unter die Bäume stellen, nach oben in die Baumkrone schauen und sich ganz bewußt dafür entscheiden, in den herabfallenden, verschieden großen einzelnen Tropfen ein Wunder, nämlich das Wunder das Lebens überhaupt zu sehen.

Man kann darin ein berauschendes und meditatives Erlebnis zugleich sehen, oder man kann hochschauen und denken: „Ihhh, wie naß! Hoffentlich hört das bald auf." Der kindliche Geist denkt automatisch ersteres, und der erwachsene Mensch muß sich bewußt dafür entscheiden, das Wunder des Lebens täglich neu zu entdecken. So wie man auch seine Beziehungen täglich neu entdecken und würdigen muß, damit sie nicht erstarren oder ganz einschlafen.

Wer in einem Gefühl des Erfülltseins und des Berauschtseins vom Wunder der Schöpfung seine Bestellungen beim Universum tätigt oder empfängt, hat die besten Chancen auf Erfolg. Wer hingegen in einer gelangweilten Stimmung von Alltagstrott seine Bestellung ans Universum "ausfüllt" (denkt, betet, aufschreibt, wie auch immer), als würde er gerade seine Steuererklärung machen, der hat – vorsichtig ausgedrückt – deutlich schlechtere Karten.

Wie holen wir nun die Wunder und die Bestellkraft für

Wunder in unser Leben zurück, wenn wir schon so abgestumpft und an alles gewöhnt sind, daß uns nichts mehr beeindrucken kann?

Es gibt kleine Tricks, mit denen man sich behelfen kann. Der beste ist immer der, den man sich selbst ausdenkt. Wem das rechte Vertrauen fehlt, die Hinweise der inneren Stimme ins Bewußtsein zu holen, dem sei hier ein möglicher Trick zur Reaktivierung von Wundern angeboten:

Phase 1: Setz' dich hin, atme entspannt, und spüre zwei Minuten lang einfach nur, wie sich dein Solarplexus anfühlt. Dann denk' an eine Situation, die besonders angenehm für dich war. Erinnere dich an alle Einzelheiten wie Stimmung, Geruch, Geräusche, Gedanken und Gefühle etc. in dieser Situation. Wie fühlt sich dein Solarplexus jetzt an?

Als nächstes erinnere dich an eine der unangenehmsten Situationen deines Lebens. Ruf' dir wieder alle Details ins Gedächtnis, und laß die Situation in deinem Inneren lebendig werden. Wie fühlt sich dein Solarplexus jetzt an?

Kehre in deiner Erinnerung zurück zu dem positiven Gefühl, und präge es dir gut ein. Nimm dir vor, dich bei der nächsten unangenehmen Situation, die du erlebst, sofort daran zu erinnern.

Wenn diese Übung neu für dich ist, wirst du eine spannende Entdeckung dabei machen: Angenommen, es tritt eine Situation ein, die du als unangenehm bewertest. Du erinnerst dich dann an das Gefühl im Solarplexus bei besonders angenehmen Situationen und richtest deine Wahrnehmung darauf aus. Wahrscheinlich wird sich dein Solarplexus weit, offen, warm, empfänglich und weich anfühlen.

Eigentlich spannst du deine Energie und den Solarplexus nur an, um dich vor unangenehmen Eindrücken zu schützen. Überraschenderweise wirst du jedoch jetzt feststellen, daß dir die unangenehme Situation viel weniger ausmacht, wenn du dich dabei öffnest. Die unangenehme Energie bleibt nicht an dir haften und kann dir viel weniger anhaben. Denn du spannst dich nur an, um dich zu schützen.

Doch in dem Punkt trügt uns unsere automatische Reaktion. Durch die Anspannung werden wir überhaupt erst richtig angreifbar. Wer weich und nachgiebig ist, fühlt sich viel wohler und nimmt weit weniger Schaden. Auch die Intuition wirkt besser und freier, und wir können die unangenehme Situation leichter umgestalten.

Weitere Übungen im Alltag können sein, den Brustkorb, den Atem, den Kiefer und die Schultern zu beobachten und dann bewußt zu entscheiden, wie man dem Leben begegnen will, anstatt automatisch nach alten Mustern darauf zu reagieren. In der Ruhe liegt die Kraft.

Phase 2: Möglichst erst damit beginnen, nachdem du mit Phase 1 schon ein paar Tage lang experimentiert hast. Jetzt machst du fast das Gleiche nochmal mit nur zwei kleinen Unterschieden: Du achtest diesmal möglichst auf den ganzen Körper und denkst außerdem diesmal an nichts Negatives zum Vergleichen, sondern konzentrierst dich nur auf das größte Wunder, das dir deiner momentanen Erinnerung zufolge in deinem Leben je begegnet ist.

Atme dieses Gefühl in jede Zelle ein und speichere es dort ab. Wann immer es dir einfällt, kannst du nun im Alltag dieses Gefühl reaktivieren. Wenn du es beispielsweise unter Bäumen im Regen tust, dann wird dieses positive Gefühl in deinem Körper immer mehr wachsen, beziehungsweise es werden neue Facetten und Details in der Wahrnehmung dazukommen. Denn nun beobachtest du deinen Körper in einer gegenwärtigen wundervollen Situation und erinnerst dich nicht nur an eine. Mit ein bißchen Übung können die Glücksgefühle im Körper dabei allmählich immer stärker werden.

Nun bist du wieder offen für Wunder.

Ich war bei meinem ersten "großen Wunder", das ich für diese Übung verwendet habe, cirka 16 Jahre alt und auf dem Weg zum Klavierunterricht. Ich stand im Bus und gab mich zufälligen Tagträumen hin, wie ich meinte. Plötzlich stellte ich mir vor, wie ich nach dem Klavierunterricht wieder nach Hause ging. Ich kam an eine bestimmte Straßenkreuzung und sah die Situation genau vor mir. Es war nichts besonderes. Ich sah nur einen Bekannten auf dem Mofa um die Ecke biegen und an der Fußgängerampel halten. Ich sah auch, was er anhatte, und nahm außerdem mehrere andere Passanten wahr, die mir entgegenkamen.

Der Bus hielt an, und ich schüttelte die Gedanken ab, wunderte mich nur ein wenig, wie diese banale Situation in meinen Kopf geraten war. Ich ging zum Klavierunterricht, kam wieder raus aus der Musikschule, ging die Straße entlang und kam auf jene Kreuzung zu. Nach dem Vorspann wird es sich jeder denken können. Die Situation trat genauso ein, wie ich sie zuvor gesehen hatte: Der Bekannte auf dem Mofa kam vorbei und trug genau die Kleidung, die ich an ihm gesehen hatte. Auch genau die Passanten, die ich gesehen hatte, waren da.

Heute rede ich kaum noch über solche Ereignisse. Oder wenn, dann jammere ich wahrscheinlich gerade ein bißchen bei einem Freund oder einer Freundin, warum ich eigentlich nie etwas mit Absicht hellsehen kann. Warum ich immer warten muß, bis sich solche Wahrnehmungen einfach einstellen. Man kann auf diese Weise gar nichts "Richtiges" damit anfangen. Sie sind nur ein wenig unterhaltend, ab und zu ganz nett und ganz überraschend, und das war's. Allmählich könnte ich doch auch mal "richtig" hellsichtig werden, so wie die Frau, bei der meine Tante und ich waren.

Mecker, moser, schimpf. Nach einer Weile bin ich dann allerdings fertig mit dem Gejammere, freue mich an dem, was ich habe, und denke mir, daß Überraschungen ja etwas Schönes sind. Und wenn als Hellseherin zu arbeiten ein Job wäre, der mir wirklich Spaß machen würde, dann könnte ich es vermutlich auch richtig. Doch ich bin halt auch nicht den ganzen Tag nur einsichtig und "erleuchtet". Ab und zu ein wenig Mosern und Granteln macht mir durchaus noch Spaß.

Damals aber, als ich noch 16 Jahre alt war, war alles ganz anders. Damals war das heute schon fast normal Gewordene ein Wunder von einem Ausmaß, das mir einen regelrechten Schock versetzte. In dem Moment, als ich dort auf der Straße die Situation aus meinen Gedanken wiedererkannte, mußte ich mich fast auf die Straße setzten, solch wackelige Knie hatte ich auf einmal vor Schreck.

Ich erinnere mich noch genau daran, daß ich zwei Tage lang wie in einer Art Rauschzustand umherwandelte – vor lauter Nichtglaubenkönnen und unter dem Eindruck, daß mir ein unbeschreibliches, riesengroßes Wunder zuteil geworden war. Ich fühlte mich kaum noch physisch. Der Himmel schien sich mir aufzutun, und ich hatte das Gefühl, einen Blick in ganz andere Welten getan zu haben. Toll, wenn man sich so fühlen kann, oder?

Wenn ich morgen höchstpersönlich lernen würde, wie man sich mit geistiger Kraft teleportiert, dann würde mich das wahrscheinlich kaum so berauschen wie damals dieser erste Kontakt mit einer eindeutig nichtlinearen Wahrnehmung.

Ich gewöhnte mich dann bedauerlich schnell an solche Ereignisse, obwohl nur etwa einmal im Jahr etwas Vergleichbares geschah. Trotzdem kehrt auch heute noch ein Teil des damaligen Wunderrausches zurück, wenn ich an besonders schönen Plätzen in der Natur bin und dort dieses Gefühl von "der Himmel tut sich über mir auf" in meinem Körper reaktiviere.

Es würde mir – momentan zumindest – nicht einfallen, meine Wahrnehmung auf dieses Gefühl auszurichten, wenn ich am Computer sitze oder ähnliches. Es käme mir wie eine Mißachtung vor diesem Gefühl vor. Aber eigentlich müßte man eines Tages so weit sein können, sich dauernd so zu fühlen. Wie ein Eingeborener aus dem heißesten Teil Afrikas, der zum erstenmal in seinem Leben Schnee sieht. Oder wie ein ehrgeiziger junger Architekt des 18. Jahrhunderts, dem man die aktuellsten 3-D-Computergrafikprogramme von heute vorführt.

Ergo: Beneidet die noch Uneingeweihten und Anfänger im Beobachten der kosmischen Kräfte nicht zu sehr (sie zu belächeln wäre sowieso völlig verfehlt, aber das wissen wir ja eh schon alle...), auch wenn ihnen das Anfängerglück noch hold sein könnte. Entdeckt lieber das Wunder des Lebens neu, und seid jeden Tag wie ein Anfänger, dann könnt ihr auch wieder jeden Tag Anfängerglück haben.

(– Nun seht euch doch bloß diese Bärbel an! Noch nicht einmal vor der Einmaligkeit des Anfängerglücks hat sie Respekt, nun will sie es täglich! Kennt diese Frau denn gar keine Grenzen...? – Nein, warum auch?!)

20 Der kosmische Bestellservice und das Karma

Widersprechen Bestellungen beim Universum eigentlich dem Karmagesetz? Na ja, mich dürft ihr das eigentlich nicht fragen, denn ich bin natürlich keineswegs dieser Meinung. Auf die Idee, über diese Frage überhaupt nachzudenken, bin ich gekommen, weil sie mir jemand nach einem Vortrag von mir gestellt hat.

Ein paar Tage nach meinem Vortrag war ich selbst auf einem Vortrag von Dr. Varda Hasselmann und Frank Schmolke (den Autoren von *Welten der Seele*). Die beiden lieferten mir ein paar sehr interessante Denkansätze zu dieser Frage.

Ich möchte nun dazu ein paar Ideen meinerseits, zum Teil gefärbt vom Hasselmannschen Vortrag, in den Raum (bzw. ins Buch) stellen, und ihr, die ihr bis zu dieser Seite durchgehalten habt, dürft entscheiden, welche Gedanken davon ihr als Inspiration aufgreifen und welche ihr vielleicht als hanebüchenen Unsinn verwerfen wollt.

Kommen wir zum Karma. Für diejenigen unter euch, die den Begriff noch nie gehört haben (die esoterisch völlig Unbedarften, die ich ja mit diesem Buch auch ansprechen will): Karma stammt aus der indischen Wiedergeburtslehre und steht für die Summe aller guten und schlechten Taten aus früheren Leben, die ich als Bonus oder als Schuld mit in dieses Leben gebracht habe und die mein heutiges Schicksal bestimmen.

Nehmen wir nun einmal an, du hättest ein ganz grauenvolles Karma mit viel Leid, Trauer, Schwierigkeiten und so weiter. Und dann nehmen wir noch einen verregneten Tag dazu, an dem du ausnahmsweise einmal frei hättest. Du denkst dir natürlich: „Da habe ich armer Mensch endlich mal einen

Tag frei, und was ist? Es regnet! Wie schrecklich!" Du setzt dich in die Ecke und schmollst.

Das kannst du tun. Klar! Aber trotz allem widrigen Karma hättest du auch folgende Wahl. Du könntest denken: „Aha, kein Wunder, freier Tag, und es regnet. Aber na warte, Universum. Wenn du glaubst, das ärgert mich, dann hast du dich getäuscht!" Du rufst deinen besten Freund an, und ihr macht, dick angezogen, eine Wanderung durch eine schöne Landschaft, die auch im Regen ihre Reize hat. Anschließend kommst du heim, stellst dir den Radiorekorder ins Badezimmer, läßt dir ein heißes Bad einlaufen, mischst ein wenig Sahne, Salz, Honig und Lavendelöl ins Wasser und entspannst dich wunderbar bei schöner Musik. Oder du gehst in die Sauna, wenn du keine Badewanne hast.

Wenn du dann genug gebadet hast, könntest du dir noch eine schöne heiße Schokolade mit Reismilch oder deinen Lieblingstee, Glühwein, heiße Zitrone oder etwas Ähnliches zubereiten, dir eine Tüte mit Lebkuchenherzen aufmachen, die Nase in dein Lieblingsbuch stecken und deiner Lieblingsmusik mit allen Sinnen lauschen. Oder du siehst dir im Fernsehen eine schöne Schnulze an. Schnulzen sind immer gut. Denn wir wissen ja, die Seele liebt intensive Gefühle, und wenn wir ihr diese im positiven Sinne verweigern, dann schafft sie uns halt ein paar negative herbei.

Du warst also wandern, baden oder saunen und genießt nun heißen Tee, Lebkuchenherzen und deine Lieblingslektüre. Ist das ein schlechter Tag? Dein schlechtes Karma hat zwar deinen einzigen freien Tag in letzter Zeit immer auf einen Regentag gelegt, aber war dieser Tag wirklich schlecht, oder war er genauso gut wie bei jemandem mit dem Supertop-Glückskarma?

Und kannst du dir nicht außerdem beim Universum bestellen, was dir gerade in den Sinn kommt? Vielleicht bewirkt dein Karma, daß dir andere Dinge einfallen als jemandem ohne Karma. Sehr wahrscheinlich sogar.

Je mehr Karma, desto mehr Geld bestellen die Leute. Den

Haken kennt ihr ja schon. Alles, was man NICHT braucht, das bekommt man sofort, weil man keine Schwierigkeiten hat, den Gedanken in kindlicher Arglosigkeit und Leichtigkeit zu formulieren und dann wieder loszulassen. Je mehr man der Illusion verfallen ist, man bräuchte unbedingt etwas, desto weniger kommt es.

Dein Karma besteht also mehr darin, daß du krampfhaft daran festhältst, alles mögliche zu brauchen (schönes Wetter am freien Tag), das zu bekommen objektiv gar nicht unmöglich ist.

Mal angenommen, dir gelingt es trotz schlechtem Karma, erfolgreich eine Million Mark zu bestellen. Angesichts deines Karma ist diese Bestellung für dich so absurd, daß du mehr aus Versehen denn aus durchdachtem Kalkül heraus alles richtig gemacht hast: nämlich den Gedanken einmal klar formuliert, dann fröhlich und ohne dir dabei viel zu denken ans Universum abgeschickt und gleich wieder vergessen.

Nun ist sie da, die Million. Das Universum hat sie dir zwar geliefert, aber an dieser Stelle könnte wieder dein Karma greifen und deine Gedanken in eine bestimmte Richtung lenken. Ein Mensch mit positivem Geldkarma würde das Geld vielleicht zuerst mal ein Jahr auf dem Konto liegen lassen und sich in aller Ruhe an den Gedanken gewöhnen, nun Besitzer einer Million zu sein.

Anschließend würde er sich seelenruhig alle Möglichkeiten ansehen, wie das Geld sich am besten einsetzen ließe, um dann, so circa nach einem Jahr, so ganz allmählich anzufangen, diese Ideen umzusetzen.

Zu dem Zeitpunkt hätte jeder Mensch mit negativem Geldkarma die Million schon längst auf den Kopf gehauen und brauchte dringend Nachschub.

Die Million bestellen kannst du. Du brauchst es nur genauso zu machen wie bei den Parkplätzen in der Innenstadt. Doch was du dann im Leben damit anfängst, hat natürlich mit deiner Persönlichkeit, deinem Karma und deiner Gedan-

182

kenstruktur zu tun. Der kosmische Bestellservice liefert, aber was du daraus machst, unterliegt allein deiner Verantwortung.

Nun wüßte ich eine gute Bestellung für solche Fälle. Wie wäre es mit dieser: „Liebes Universum. Ich weiß, mein Karma ist eine Katastrophe. Ich bestelle aber trotzdem hiermit die Einsicht und Selbsterkenntnis, die es mir ermöglicht, mit genau diesem Katastrophenkarma ein glückliches Leben zu führen. Auslieferungstermin sofort, mit vielen Wiederholungslieferungen, bis ich es kapiert habe. Vielen Dank."

Varda und Frank haben ebenfalls einen interessanten Denkansatz zu dem Thema. Sie sprechen von verschiedenen Seelenaltern. Es gibt eine Babyseele, eine Kinder-, eine Jugend-, eine reife und eine alte Seele. Ihrer Meinung nach reifen die Seelen mit der Zeit von ganz allein, egal, was man tut oder nicht. So wie ein Kind automatisch zum Pubertierenden und von selbst erwachsen wird. Es muß dazu nichts tun.

Varda und Frank zufolge ist eine Inkarnation eine Art Forschungsauftrag, der sehr interessant für die Seele ist, egal, was man erlebt. Aber genauso wie man als Kind, als Teenie oder als Erwachsener glücklich sein kann, so kann man auch in verschiedenen Seelenaltern glücklich sein. Die pubertierenden Seelen sind eher die, die es für nötig halten, sich zu prügeln und zu bekriegen. Dennoch kann man auch eine glückliche pubertierende Seele sein.

Man sollte auch nie zu stolz sein, wenn man in diesem Leben sehr tugendhaft ist. Frank zufolge deutet das auf eine Reihe von Leben in krassem Gegenteil hin, wenn man auf einmal gar so brav ist. Oder ein sehr frommes Leben heute könnte dazu führen, daß die Seele nun meint, sich mit dieser Variante gut auszukennen, und aus reiner Experimentierfreude im nächsten Leben das genaue Gegenteil an Erfahrung wählt.

Schlechtes Karma oder ein Seelenalter, in dem noch viel Leid und Schmerz vorkommen, bedeuten ebenfalls nicht, daß das Leben insgesamt schwer und trüb sein muß. Der

Mensch fühlt sich vielmehr dann glücklich, wenn seine seelische und geistige Entwicklung übereinstimmen und er nach dem lebt, was im Moment wirklich zu ihm paßt. Das ist in jedem Seelenalter und mit jedem Karma möglich.

Ein Schmerz kann auch zu mehr Sensibilität, mehr Liebe und Verstehen verhelfen. Man kann diesen Zusammenhang in jedem Karmazustand erkennen und sich daran erfreuen. Man kann lernen, aus jedem Regentag einen glücklichen Tag zu machen.

Sollte das Karma wirklich so schlecht sein, daß die Bestellung "Freier Tag bitte das nächste Mal an einem Tag, an dem die Sonne scheint" wirklich nicht funktioniert, weil man bei dem, was man schon alles erlebt hat, nicht an so viel Glück glauben kann, dann gibt es immer alternative Bestellmöglichkeiten, an die man noch glaubt und die auch funktionieren. Beispielsweise: „O.k., Universum, ich weiß ja, daß es an meinem freien Tag immer regnet. Ich möchte aber Sonne genießen. Also besorge mir bitte eine Alternative, wie ich Sonne genießen kann!"

Dann könnte das Universum dir beispielsweise einen Kollegen vorbeischicken, der dir erzählt, daß es ganz in der Nähe deiner Arbeitsstelle einen hübschen Weg, einen Park oder etwas Ähnliches gibt. Du handelst dann mit deinem Chef aus, daß du bei Sonnenschein morgens eine halbe Stunde früher kommst und abends eine halbe Stunde später gehst, und dann machst du eine Stunde länger Mittagspause und setzt dich mit deinen Lieblingskollegen, die du zu derselben Vorgehensweise inspiriert hast, auf die Bank im Park. Und schon kommst auch du in den Genuß der Sonne.

Wenn du hartnäckiger bist, dann sagst du zum Universum: „He, Universum, mich interessiert mein Regenwetterkarma allmählich nicht mehr. Bitte schick' mir sofort eine Idee, wie ich meinen nächsten freien Tag garantiert auf einen Sonnentag verlegen kann! Ich erwische bei meiner Energie immer die Regentage, aber ich will Sonne! Verstanden! Ich bestehe auf Sonne den ganzen Tag!"

Dann könnte drei Tage lang nichts passieren, und wenn du es schon fast aufgegeben hast und resigniert, aber einigermaßen entspannt im Regen zur Bushaltestelle gehst, begegnet dir auf einmal der Kollege Glückauf im Auto. „Das ist doch der, an dessen freien Tagen immer die Sonne scheint", erinnerst du dich. Dieser Mensch kennt nichts anderes. Durch seine innere Haltung scheint an seinen freien Tagen immer die Sonne. Und auf einmal fällt es dir wie Schuppen von den Augen. Du brauchst ja nur zum Chef zu gehen und deine freien Tage immer für die freien Tage von Herrn Glückauf zu beantragen. Mal sehen, wessen Karma stärker ist! Denn entweder müßte dann Herr Glückauf plötzlich nur noch bei Regen freihaben, oder du erwischst endlich auch die Sonnentage, weil es eben die für Herrn Glückauf reservierten freien Tage sind.

„Mein Gott", wirst du dich fragen, „warum bin ich denn nicht schon früher auf diese Idee gekommen?" Ganz einfach: Du hast nie danach gefragt.

Es gibt eine Geschichte von einem Mann, der starb und dann in den Himmel kam. Petrus führte ihn dort überall herum und zeigte ihm schließlich die wunderbare Villa, in der er im Himmel wohnen sollte. Sie hatte alles: eine wunderschöne Einrichtung, einen herrlichen Balkon mit super Aussicht, ein Schwimmbad, Sauna, Park – einfach alles, was das Herz begehrt. Nur eines war seltsam: „Was machen denn die vielen Kartons in meinem Wohnzimmer?" fragte der Himmelsneuling. „Tja das", sagte Petrus, „das sind all die Dinge, die wir für dein Erdendasein reserviert hatten. Doch du hast nie danach gefragt, und so konnten wir sie dir nicht liefern!"

Karma hin oder her – du könntest wenigstens mal nachfragen, was sie noch dahaben für dich. Außerdem könntest du die Tatsache, daß dir ein Buch wie dieses über den Weg läuft, auch so interpretieren, daß quasi ich den karmischen Auftrag habe, für dich jetzt dieses Buch zu schreiben, weil dein Karma gerade an einer Stelle angelangt ist, wo du anfangen könntest, dir die Kartons, die da oben schon auf dich warten, allmählich mal schicken zu lassen.

Und ob du bei Regen glücklich oder unglücklich sein möchtest, ist eine Frage deiner geistigen Haltung. Eigentlich mußt du dich nur rechtzeitig daran erinnern, daß es auch eine positive Möglichkeit gibt.

Noch etwas Nettes haben Varda und Frank bei ihrem Vortrag als Denkmodell angeboten. Sie warnen zwar jeden davor, allzu naiv an gechanneltes Material heranzugehen, doch channeln sie selbst auch und bieten ihre Durchgaben als eine Möglichkeit, die Dinge zu sehen, an. Nicht mehr und nicht weniger.

Ihren Durchgaben zufolge gibt es Seelenfamilien, von denen jede etwa tausend Mitglieder hat. Einige davon sind inkarniert, die meisten nicht. So sind ihrer Meinung nach unsere Schutzwesen (die man auch als das „Bestellannahme- und Auslieferungsteam" betrachten könnte) unsere nicht inkarnierten Seelengeschwister, die genauso denken und fühlen wie wir.

Varda und Frank zufolge ist es ganz natürlich, daß jeder seine Seelenfamilie ganz automatisch liebt und dies auch nicht verhindern kann. Man liebt sich untereinander, ohne etwas dazu tun zu müssen.

Der Spaß beim Inkarnieren ist nun der, daß man durch die Inkarnation vorwiegend mit Seelen aus anderen Seelenfamilien zusammenkommt und dadurch lernt, auch die Seelen zu lieben, die nicht zur eigenen Familie gehören. Das ist Teil des Inkarnationsauftrags.

Für eine Partnerschaft nach einem Mitglied der Seelenfamilie oder nach seiner "Dualseele" Ausschau zu halten ist somit ziemlich überflüssig und wird wahrscheinlich selten Erfolg haben, weil das gar nicht das Spiel ist, das die Seele spielen will.

Dies ist ein Denkmodell, dem viele vehement widersprechen werden. Ich biete es dennoch an, weil es auf den einen oder anderen befreiend wirken könnte. „Ach, ich bin gar nicht hier, weil ich die Stecknadel im Heuhaufen finden soll?! Die anderen 999 Stecknadeln sehe ich ja sowieso nach jeder

Inkarnation wieder. DIE können mir nicht verloren gehen. Ich bin vielmehr hier, um meine Liebesfähigkeit auszudehnen und auch auf andere Seelen auszuweiten. Na das ist ja gar nicht so schwer. Davon sind ja genug zur Auswahl da. Ende der Suche nach der Stecknadel im Heuhaufen. Wie wunderbar!"

Abschließend ist zu sagen, daß es keinen Sinn hat, deinen seelischen Entwicklungszustand erzwingen zu wollen. Es hat ja auch keinen Sinn zu einem 5jährigen Kind zu sagen: „Jetzt werde endlich erwachsen!" Vielmehr solltest du dich selbst erkennen und herausfinden, was dich wirklich glücklich macht. Warum immer nur ernste Reden schwingen und tiefsinnigen Gedanken nachhängen, wenn deine Seele viel lieber mit anderen Kindern im Sandkasten spielen will. Gönn' dir wenigstens eine Stunde täglich etwas, das dich wirklich erfreut!

Wenn du dann immer mehr herausgefunden hast, wer du wirklich bist und was dir am meisten Spaß macht, wirst du feststellen, daß dir wie von Zauberhand immer mehr Dinge vor die Füße fallen, die du dir gerade erst gewünscht hast.

Fang' damit an, die kleinen Dinge zu ändern! Beginne, wenn du willst, mit kleinen Bestellungen, und beobachte dich dabei, wie du mit dem Gelieferten umgehst. Lerne wachsam und bewußt in der Gegenwart zu sein, lerne dich kennen, und ändere die kleinen Dinge! Klein und Groß hängen zusammen, und so wird das konsequente Ändern kleiner Dinge große Folgen haben und am Ende das ganze große Karma womöglich auflösen. Das ist zumindest meine Meinung dazu. Du darfst eine andere haben. Denn eine schwarz auf weiß gedruckte Meinung ist nicht mehr wert als jede andere auch.

21 Sind Bestellungen beim Universum eigentlich Blasphemie?

Diese Frage bekam ich schon öfter zu hören. Sie wirft zunächst weitere Fragen auf, nämlich: Wer ist denn nun eigentlich das "Universum" oder der "kosmische Bestellservice", von dem hier immer die Rede ist? Ist es Gott oder aber irgendein neuer Götze? Falls es Gott ist, ist es dann nicht respektlos, in so einem Kommandoton etwas bei ihm zu "bestellen", anstatt hübsch demütig darum zu bitten? Falls es aber nicht Gott ist, wer ist dann dieser ominöse "kosmische Bestellservice"? Ist es mein "höheres Selbst", das kollektive Unbewußte aller Menschen, ein Engel, irgendwelche geistigen Helfer oder gar meine eigene innere Stimme?

Ehrlich gesagt, ich weiß die Antwort darauf selber nicht. Und mit dem Wort Gott hatte und habe ich so meine Probleme, da es für mich das Bild eines strafenden, rachsüchtigen Herrn heraufbeschwört. Der Religionsunterricht in der Schule bestärkte mich nur darin. Und so gehörte ich noch bis vor gar nicht allzu langer Zeit zu den streng ungläubigen Atheisten. Mein Weltbild war ein materialistisches und mechanistisches. Die Geschichten über Wunder und das angebliche Wirken irgendeiner übernatürlichen Kraft hielt ich für baren Unsinn. Bis ich irgendwann anfing, immer wieder Dinge zu sehen und zu erleben, die mir ganz eindeutig bewiesen, daß ich mich geirrt hatte. Ich wurde mit Ereignissen konfrontiert, die sich nicht mehr rein mechanistisch erklären ließen und allen Naturgesetzen widersprachen, die hier angeblich gelten sollen.

Das verwirrte mich, stachelte aber auch meine Neugier an, und so begann ich von neuem die Realität (falls es denn so was überhaupt gibt) zu erforschen. Ich stellte fest, ich kann mit unsichtbaren Kräften reden, und ich bekomme Antworten. Noch toller: Ich kann „Bestellungen" an diese unsichtbaren Kräfte aufgeben, und wie durch ein Wunder manifestiert sich das Gewünschte in meinem Leben.

„Aha, so ist das also!" dachte ich mir und begab mich auf die Suche nach weiteren Hinweisen auf diese geheimnisvolle, unsichtbare Kraft. Die Bibel hat mich dabei nicht angesprochen, aber ansonsten fast alles, was es an Büchern der unterschiedlichsten Richtungen dazu gibt. Von anderen Meinungen habe ich mich immer nur inspirieren lassen, es jedoch nie als Dogma angesehen, was jemand anders schrieb oder lehrte. Auch dann nicht, oder vielleicht erst recht nicht, wenn Tausende von anderen Menschen etwas ohne eigene Überprüfung als Wahrheit akzeptiert haben, nur weil ihr Guru dies so oder so erlebt hat. Glauben ist eine Sache, sich inspirieren lassen und selber forschen eine andere.

Das Ergebnis meiner persönlichen Forschung, das ihr gerne komplett verwerfen und selbst neu erforschen dürft, ist folgendes: Es scheint eine Kraft zu geben, die tatsächlich Einzelwesen und unter anderem Menschen erschaffen kann. (Möglicherweise schafft sich aber auch jeder selbst und hat es nur vergessen.) Jedenfalls scheint diese Kraft jeden einzelnen Menschen mit Schöpferkraft und einem freien Willen ausgestattet zu haben. (Als Dreingabe aber auch mit riesengroßen Gedächtnislücken, weil sich fast niemand mehr an seine Herkunft als Seele erinnert.)

Ich selbst nenne diese spezielle, unsichtbare Instanz "kosmischer Bestellservice" oder "Universum", weil sie offenbar eine Kraft außerhalb unserer physischen Realität ist, die mir mindestens so groß wie das ganze Universum erscheint. Ich entdeckte, daß ich mit dieser Kraft regelrecht "telefonieren" und bei ihr wie bei einem Versandhaus meine Wünsche als Bestellungen aufgeben kann, die auch prompt "ausgeliefert" werden. So entstand für mich dieses Modell vom "kosmischen Bestellservice". Wenn man sich an die "Geschäftsbedingungen" hält (in kindlicher Arglosigkeit bestellen, die Bestellung anschließend sofort wieder vergessen und die

189

"Klingel" des Boten nicht überhören etc.), dann funktioniert dieser Bestellservice ganz ausgezeichnet.

Jeder mag diesen "kosmischen Bestellservice" für sich nennen, wie er mag. Wenn du mit dem Wort Gott keine Probleme hast, wunderbar. Was mich persönlich daran vor allem stört, ist folgendes:

Viele Menschen, die einer Kirche oder irgendeiner Religion oder Sekte angehören, haben oft eine grundsätzliche Haltung von sich "klein und sündig fühlen". Sie meinen schon, es wäre Blasphemie, wenn sie nur irgend etwas an sich selbst gut finden. Sie laufen mit einer demütig geduckten Ehrfurchtshaltung vor Gott durchs Leben und halten sich selbst für das unwürdige Staubkorn am Wegesrand. Meiner eigenen Vorstellung oder Erfahrung entspricht das auf keinen Fall.

Der Mensch soll prinzipiell ein Sünder und Gott der Allmächtige und Herrliche sein? Da frage ich mich, ob die eigentliche Blasphemie nicht gerade darin besteht, daß ich mich selbst so klein mache und für einen unwürdigen Sünder halte. Damit unterstelle ich doch Gott Pfusch bei der Schöpfung. Perfekte Wesen hat er nicht hinbekommen. Alles, was er gerade noch so geschafft hat, waren ein paar arme Sünderlein?!

DAS ist doch Blasphemie, wenn die Gläubigen sagen: „Ja wissen Sie, lieber Herr Atheist und liebe Frau Atheistin, wir haben da zwar einen Gott, aber mit der Schöpfung hat er es nicht so. Mehr als arme Sünderlein hat er nicht geschafft..."

Soweit ich informiert bin, soll Gott doch die Menschen nach seinem Ebenbild erschaffen haben. Ja, da wird es doch immer toller. Wenn er arme Sünderlein nach seinem Vorbild erschaffen hat, dann hieße das ja, daß er offensichtlich selbst ein armes Sünderlein ist!

Je länger ich über diese Theorie nachdenke, desto absurder erscheint sie mir. Gott soll Menschen erschaffen haben, die bestimmte Fähigkeiten und einen freien Willen haben, aber sobald sie diese Fähigkeiten und ihren freien Willen nutzen, kommen sie in die Hölle oder werden anderweitig bestraft? Mit anderen Worten: Der Mensch wird mit enormen Fähigkeiten geschaffen, aber der Sinn des Lebens besteht darin, diese nicht zu nutzen, sonst wird man bestraft. Für mich klingt das geradezu sadistisch! Gott hätte ja bloß Menschen zu schaffen brauchen, die gar nicht den Wunsch haben, seine Gesetze zu brechen. Warum schafft er sie so, daß sie ständig Lust auf "Gesetzesbruch" haben, und bestraft sie dann, wenn sie den freien Willen nutzen, den er höchstpersönlich ihnen gab?

Meinen Vorstellungen von einer allmächtigen Kraft und der All-Einheit allen Bewußtseins entspricht das in keinem Punkt.

Auf der anderen Seite sind da diejenigen, die angesichts des Zustands dieser Welt – einer Welt voller Kriege, Haß und sonstiger häßlicher Dinge – nicht an einen Gott oder eine sonstwie benannte höhere Kraft glauben können. Da passieren beispielsweise die schlimmsten Katastrophen auf der Erde, und diese angeblich "höhere Kraft" greift nicht ein. Wißt ihr auch, warum nicht? Sie hat ja den Menschen die Kraft gegeben, alle Probleme selbst zu lösen! Allerdings dürfen sie kraft ihres freien Willens selbst entscheiden, ob sie ihre Schöpferkraft nutzen oder nicht.

Ich als ehemalige Hardcore-Atheistin halte es daher für einen grundsätzlichen Irrtum, Stoßgebete loszulassen, etwa in der Art: „Lieber Gott, tu sofort etwas gegen die Armut auf der Welt. Ich kann sie nicht länger mitansehen. Tu was, Gott, bitte."

Er (oder das Universum, wie auch immer) hat ja schon getan. Er hat dir alles mitgegeben, was du brauchst, nämlich Schöpferkraft nach seinem Bilde. Du kannst deine Schöpferkraft nutzen und selbst ändern, was du ändern möchtest.

Besser fände ich daher eine kleine Bestellung in diesem Stil: „Hallo Gott oder Universum, bitte schickt mir eine kleine Eingebung, damit ich erkenne, wie ich die Armut auf der Welt beseitigen kann. Ich möchte gerne meine Schöpferkraft erstens für mein eigenes Leben und zweitens für ein besseres Leben auf dem Planeten für alle wieder nutzen. Vielen Dank im voraus. Ich weiß, es ist möglich!"

Falls jemand das für vermessen oder übertrieben hält, dann tut er damit nur eins: Er macht sich klein und zieht seine Schöpferkraft in Zweifel. Im Klartext heißt das, man hat eine Ausrede, nichts zu tun, weil man ja als armes kleines Menschlein nichts bewegen kann. Doch das ist ein Irrtum, ein ganz großer Irrtum. Jeder, der seine Schöpferkraft erkennt, kann Gigantisches bewegen!

Gerade zum Thema weltweite Armutsbeseitigung tut derzeit auf der Welt ein einzelner Mann so viel, daß er in seinem Heimatland Bangladesch bereits 10 Prozent der gesamten Bevölkerung aus der Armut herausgeholfen hat. Er ist ein glänzendes Beispiel dafür, wieviel ein einzelner Mensch auf der Welt bewirken kann, wenn er an seine Schöpferkraft glaubt.

Muhammad Yunus fand 1976 heraus, daß in seinem Nachbardorf 42 völlig verarmte Menschen zusammen nur 27 Dollar brauchten, um sich selbständig zu machen und so der totalen Armut zu entkommen. Eine Frau beispielsweise fertigte Bambusstühle. Weil sie die 22 Cent zum Kauf des Bambus nicht hatte, mußte sie sie von einem Gelddealer leihen und verdiente dadurch nur noch 2 Cent pro Stuhl. Den Rest des Gewinns behielt der Dealer. Ihr fehlten also ganze 22 Cent zum Glück. Und so ging es 41 anderen Menschen im Dorf ebenfalls.

So ging es überdies Millionen von Menschen in ganz Bangladesch, die für einen Hungerlohn arbeiteten. Und natürlich bekamen diese Ärmsten der Armen keinen Kredit von irgendeiner Bank. Auch nicht einen Dollar und auch nicht 22 Cent.

Muhammad Yunus gab 1976 diesem Dorf 27 Dollar Kredit und legte damit den Grundstock zu seiner Bank für die Armen. 1998 vergab seine Grameen-Bank, wie sie inzwischen heißt, 2,3 Milliarden Dollar Kredit an Millionen von verarmten Familien. Immer ohne jegliche Sicherheit und grundsätzlich nur Kleinstkredite, meist nur über ein paar Dollar.

Interessanterweise vergibt Yunus seine Kredite zu über 90

Prozent an Frauen, weil er festgestellt hat, daß die Männer von Bangladesch die Kredite für die Anschaffung von Statussymbolen vergeuden und die Familien arm bleiben. Die Frauen bauen statt dessen sinnvolle Geschäfte auf, und die Rückzahlungsquote der vielen weiblichen Kunden der Grameen-Bank beträgt 98 Prozent. Damit kann keine andere Bank der Welt konkurrieren.

Wer wissen will, wie ein einzelner Mensch es so weit bringen kann, der lese am besten das im Februar '98 erschienene Buch *Grameen, eine Bank für die Armen der Welt* von Muhammad Yunus, Lübbe-Verlag.

Mittlerweile sind übrigens auch Menschen aus anderen Ländern – vorwiegend in der Dritten Welt – Yunus' Beispiel gefolgt, so daß es solche Kleinstkreditbanken inzwischen in sage und schreibe 58 Nationen der Erde gibt.

Dies nur nebenbei als Beispiel für die Kraft einzelner Menschen, auf der Erde etwas zu bewirken und zu verändern.

Hilf dir selbst, dann hilft dir Gott

Es scheint nicht besonders sinnvoll zu sein, wenn man sich selbst für ein macht- und kraftloses armes Sünderlein hält, das auf die Gnade Gottes angewiesen ist, damit sich irgend etwas ändert. „Hilf dir selbst, dann hilft dir Gott!" weiß auch der Volksmund – eine alte Weisheit, die ich nicht erst erfunden habe.

Angenommen, es gäbe einen Gott, was glaubst du, würde ihm besser gefallen: Ein Mensch, der ja nicht zu viel fordern und sich selbst ja nicht zu groß machen will, der jeden Sonntag in der Kirche fromm die Größe Gottes preist, und das war's? Oder ein Mensch, der sich hinstellt und sagt: „Was ich hier sehe, das gefällt mir nicht. Ich möchte die Welt verändern und verbessern. Ich weiß, daß ich es kann, und du, unsichtbare Macht oder Gott, kannst mir dabei helfen. Ich fordere Unterstützung dabei, mein Leben und das der Welt zu verändern!"

Klar kann Nummer zwei seine Forderung auch etwas zurückhaltender formulieren oder zum Beispiel an das Wort "fordern" anfügen: "auf eine Art und Weise, daß alles, was geschieht, im Einklang mit dem göttlichen Willen ist." Das ist vielleicht gut für Leute, die sich fürchten, sie könnten etwas "Ungöttliches" tun oder gegen den Willen Gottes handeln. Wenn letztlich alles Gott ist, dann ist das zwar rein logisch nicht möglich, aber Logik ist zweitrangig. Wichtig ist, daß man sich wohlfühlt. Letztlich muß jeder mit sich selbst abmachen, wie er mit dieser Kraft spricht und kommuniziert.

Ich persönlich – und das gilt nur für mich – brauche diesen etwas sehr lässigen und für manche Ohren respektlos klingenden Tonfall, weil ich mit diesen Kräften rede, wie ich mit einem zweiten Ich auch reden würde. Es ist ein leicht scherzender, neckender oder herumalbernder Ton mit der gewissen Portion von "Los mach mal". Mit dem "Los mach mal" bringe ich genau betrachtet eigentlich nur mich selbst in Schwung. Ich gebe mir quasi selbst einen Tritt in den Hintern, nach dem Motto: „Also Alte, für diese Woche haben wir wieder genug gepennt! Jetzt könntest du mal wieder aufwachen und deine Schöpferkraft in Kooperation mit dem Unsichtbaren wieder nutzen. Genug herumgeschlampert in alltäglicher Unbewußtheit. Action please!"

Angenommen, ich würde folgendermaßen mit dem Universum sprechen: „Liebes Universum, wenn es dir gerade mal wieder paßt, dann wäre ich dir sehr verbunden, wenn du bei Gelegenheit dies und jenes, so gut es denn eben geht, verändern könntest. Sei doch bitte mal so nett..." Für mich wäre das nicht das Richtige. Es klingt mir zu vorsichtig und zu unterwürfig. Diese Formulierung ist nicht dazu angetan, daß ich, und nur ich, an eine machtvolle Kraft glauben kann, die mir helfen MUSS, sobald ich mir bewußt werde, daß eigentlich ich diejenige bin, die diese Kraft hat. Ich muß nur aus dem Dornröschenschlaf aufwachen, um sie auch zu nutzen.

„Hallo Universum, jetzt aber mal hopp und ein bißchen flottiflotti...", ist eigentlich der Ton, mit dem ich auch mit mir selber rede. Genaugenommen heißt es nichts anderes als: „Hallo Bärbel, aufwachen! Zeit, dich wieder an die etwas größeren Kräfte anzuschließen! Werde wieder bewußt und wach genug, um deine Schöpferkraft zu nutzen und dich zur richtigen Zeit an den richtigen Ort dafür führen zu lassen!"

Wenn dann wieder eine von meinen Bestellungen eintrifft, tanze ich meist wie ein wildgewordener Handfeger durch die ganze Wohnung, freue mich riesig und bin sehr dankbar für die Wunder dieses Lebens. Für mich ist es wichtiger, klar zu fordern und mich hinterher richtig zu freuen und dankbar zu fühlen, als die Bestellung mit ausgesuchter Höflichkeit zu formulieren. Zuviel Höflichkeit im Umgang mit dem Universum ist mir suspekt, weil die Formulierung dann zu schnell in die Nähe von Machtlosigkeits- oder Unterwürfigkeitsgefühlen gerät.

Ein Mensch, der sich machtlos und unterwürfig fühlt, der gründet keine Grameen-Bank mit einer Anfangseinlage von 27 Dollar und vergibt schließlich Kleinstkredite über insgesamt 2,3 Milliarden Dollar. Dazu braucht man das Gefühl von: „Ich kann, ich habe die Kraft und die Macht, etwas zu verändern!"

Wer sich auch dann machtvoll und im Besitz seiner Schöpferkraft fühlt, wenn er sehr höflich mit dem Universum spricht, der kann das natürlich tun. Das eigene Wohlgefühl ist immer der allein ausschlaggebende Maßstab. Man muß nur aufpassen, daß man sich nicht klein dabei fühlt. Das verdirbt alles. Vielleicht ist es ein guter Tip, mit dem Universum oder mit Gott so zu reden wie mit seinem allerbesten Freund. Jemand, dem man total vertrauen kann, der einen genau kennt und nie etwas in den falschen Hals bekommt, weil er immer weiß, was gemeint ist. Oder noch besser: Rede mit dem Universum so, wie du mit dir selbst redest, wenn du in den Spiegel schaust. An manchen Tagen möchtest du vielleicht besonders nett und freundlich zu dir sein, dann rede auch so mit dem Universum. An anderen Tagen (diese Tage habe ich öfter) siehst du dir selbst ins Gesicht und stellst fest: „Aha, wir sind mal wieder über dem Alltag eingeschlafen und wenden höchstens noch 0,5 Prozent unseres wertvollen geistigen Wissens wirklich an. Da ist mal wieder ein kleiner Tritt in den Hintern zum Wachwerden fällig."

An solchen Tagen habe ich das Gefühl, meine geistigen Helfer sind vor lauter Langeweile da drüben auch schon fest eingeschlafen, und schon rede ich mit ihnen genauso wie mit mir selbst vor dem Spiegel.

Am besten, du betrachtet Gott oder das Universum als deinen allerbesten, deinen vertrautesten und einen völlig gleichwertigen Freund oder als deine eigene bessere Hälfte, damit liegst du immer richtig.

Viele Menschen haben auch die Befürchtung, es könne nicht richtig sein, wenn sie zuviel für sich selbst bestellen. Man müsse schließlich auch an die anderen denken. Na wunderbar! Wenn du gerade an die anderen denkst, dann halte doch mal kreative Zwiesprache mit deinem Inneren und frage nach, was du gerade Schönes für das Allgemeinwohl bestellen und tun könntest.

Prinzipiell hat dein Wohlergehen allerhöchste Priorität für die ganze Welt. Warum? Ganz einfach: Was hast du beispielsweise gedacht, als ich weiter oben schrieb, daß ich Stoßgebete gegen die Armut auf der Welt für wenig sinnvoll halte und es besser finde, wenn man um eine Eingebung zur Nutzung der eigenen Schöpferkraft bittet, da jeder nach dem Ebenbild Gottes geschaffene Mensch selbst die Kraft hat, etwas gegen die Armut auf der Welt zu tun? Dachtest du nicht vielleicht, daß ich stark phantasiere und völlig abschwebe? Gingen dir vielleicht Gedanken durch den Kopf wie: „Was soll ich kleine Frau XY oder ich kleiner Herr YZ denn gegen die Armut auf der Welt ausrichten? Das ist doch Unsinn, daß ich so viel Schöpferkraft haben soll!"

Und was hast du dann als nächstes gedacht, als du das Beispiel von Herrn Yunus gelesen hast, der es von 27 Dollar auf 2,3 Milliarden Dollar Kredit an mehrere Millionen arme Familien gebracht hat und mit seiner ganz privaten Initiative gegen alle Banken und Gelddealer der Welt 10 Prozent der Bevölkerung seines Heimatlandes von der totalen Armut befreien konnte?

Es ist ganz einfach. Wenn du frustriert bist und dein Leben nicht so ganz in Ordnung ist, dann wirst du, wenn du irgend etwas von globalen oder größeren Problemen hörst, immer denken: „Um Himmels willen! Was kann ich da tun? Ich werde ja noch nicht einmal mit meinen eigenen Problemen fertig!"

Wenn du aber mit deinen Problemen fertig bist, du dich einfach deines Lebens erfreust, viele Erfolgserlebnisse beim Einsatz deiner Schöpferkraft in Verbindung mit diesen seltsamen, unfaßbaren und unsichtbaren Kräften gehabt hast und es kommt dir dann irgendwer mit einem "riesigen Problem", dann denkst du vermutlich: „Aha, auch das ist nur irgendein Problem, und die Erfahrung lehrt, es gibt zu jedem Problem eine Lösung, die effektiv ist und obendrein noch Spaß macht. Universum, laß hören, was ich tun kann? Mir ist danach, meine Freude am Leben mit allen zu teilen!"

Ganz klar, das Universum kann sich nichts Besseres vorstellen, als daß DU ganz persönlich so glücklich wirst, daß dich kein Problem der Welt mehr schrecken kann und du sicher bist, daß es für alles eine Lösung gibt. Zwar kannst du nicht allein alle Probleme auf einmal lösen – das wäre ja auch unfair, wir anderen wollen schließlich auch noch ein bißchen Spaß haben und ein paar Probleme lösen dürfen! Aber je glücklicher du bist, je besser dir dein Leben gefällt, desto schneller näherst du dich dem Riesenvergnügen, genau das Problem zu lösen, das nur darauf wartet, von dir höchstpersönlich gelöst zu werden.

Muhammad Yunus beispielsweise hat mit Sicherheit eine Menge Spaß, Freude und Erfolgserlebnisse dabei, die weltweite Armut zu reduzieren. Das liest man aus seinem Buch ganz deutlich heraus. Zwischenzeitlich hatte ich auch Gelegenheit, ihn bei einem Vortrag mit anschließendem Interview persönlich kennenzulernen. Dabei versprühte er derart viel Witz, Fröhlichkeit und Humor, daß man ständig lachen mußte. Und er demonstrierte ganz klar, wie viel Vergnügen es ihm bereitet, der Welt zu beweisen, daß auch das scheinbar Unmögliche möglich ist.

Doch damit noch nicht genug. Jetzt hat er in Bangladesh, einem Land mit 127 Millionen Einwohnern mit bislang 400.000 Telefonanschlüssen, eine Telefongesellschaft gegründet, die Handys an die ärmsten der armen Frauen auf den Dörfern verteilt. Er schmunzelt vergnügt vor sich hin, wenn er davon berichtet und ihn wieder einmal alle fragen: „Spinnst du jetzt vollkommen? Wen sollen diese Leute denn anrufen? Diese armen Frauen können ja noch nicht einmal die Zahlen auf den Tasten lesen!" – „Niemanden sollen sie anrufen", antwortet er den ewigen Skeptikern gelassen. „Sie sollen nur lernen, wie man so ein Handy bedient. Anschließend sollen sie einen lokalen Telefonservice für die Gegend, in der sie leben, eröffnen und damit Geld verdienen." Dadurch werde außerdem mehr Kommunikation und Zusammenarbeit im ganzen Land erreicht und schnellere Hilfe bei Katastrophen möglich, die Bangladesch ja in den letzten Jahren wiederholt heimgesucht haben.

Bis Ende 1999 soll es tausend solcher "Telefonladies" geben, in fünf Jahren 40.000. Diejenigen, die bereits mit einem Handy arbeiten, haben das Bedienen der Tasten im Handumdrehen gelernt. Sie telefonieren bereits rund um die Welt und sammeln weitere Geschäftsideen für ihre Freundinnen.

Mittlerweile träumt Yunus ganz im Ernst davon, noch zu Lebzeiten das Thema "existenzbedrohende Armut" komplett vom Planeten verbannen zu können. Viele Anzeichen sprechen dafür, daß dies zwar noch ein Riesenschritt ist, aber kein völlig unmöglicher.

Viel zu fordern bedeutet keine Respektlosigkeit, sondern im Gegenteil Respekt vor den Gaben und Fähigkeiten, die dir gegeben wurden. Indem du sie nutzt, anstatt sie brachliegen zu lassen, zeigst du deine wahre Wertschätzung dieser Gaben.

Zusammenfassung der wichtigsten Tips

☺ Sprich diese universelle Kraft mit kosmischer Bestellservice, Universum, Gott, innere Stimme oder Intuition an, je nachdem, was dir am besten gefällt.

☺ Sprich so mit dem Universum, wie du mit einem völlig gleichwertigen und total vertrauten Idealfreund oder mit dir selbst im Spiegel auch sprechen würdest.

☺ Sprich so mit ihm (oder ihr), daß du dich dabei kraftvoll fühlst und Spaß und etwas zu lachen hast.

☺ Wenn du an eine Gottheit glaubst, dann ziehe in Erwägung, daß sie bei der Schöpfung nicht gepfuscht, sondern dich mit allem ausgestattet hat, was du brauchst, um ein glückliches Leben führen zu können. Darin enthalten ist ebenfalls eine ordentliche Portion Schöpferkraft für dich sowie der freie Wille, diese genau soweit einzusetzen, wie du jetzt im Moment möchtest.

☺ Überdenke die Logik, daß es nur ganz im Sinne der Schöpfung sein kann, wenn du dein Leben glücklich werden läßt und wenn du das Gefühl hast, Wunder bewirken zu können. Denn wenn du ein Paradies aus deinem Leben gemacht hast, bist du erstens hochmotiviert, auch aus dem Rest der Welt ein Paradies zu machen. Zweitens hältst du es dann auch für möglich, daß du etwas Großes und Sinnvolles dazu beitragen kannst. Wenn du noch nicht einmal dein Leben in Ordnung bringen kannst, ist es kein Wunder, wenn du dich zu machtlos fühlst, um der Welt zu helfen.

☺ Es ist somit nicht respektlos, viel zu fordern, sondern es ist das Beste, was du für die Welt tun kannst. Wenn du viel forderst und viel hast, kannst du auch viel geben. Wem willst du etwas abgeben, wenn du noch nicht einmal genug Glück, Freude und Fülle für dich selbst hast? Wie willst du die Welt glücklicher machen, wenn du nur Unglück ausstrahlst? Strahle Glück aus und fordere viel, genug für die ganze Welt! Dann kannst du nächste Woche Muhammad Yunus mit einem neuen Projekt Konkurrenz machen, das seines überholt, und er wird sich freuen.

☺ Freue dich an allem, was du hast und bekommst, auch am kleinsten Wunder eines jeden Tages. Dankbarkeit zieht weitere Gründe zum Dankbarsein magnetisch an.

Es gibt eine schöne Weisheit (ich habe leider vergessen, wo ich das wieder herhabe). Sie besagt:
„Nur die Blinden verlangen nach Wundern. Die Sehenden erkennen das Wunderbare überall, wohin sie auch blicken."
Und gleich noch eine: „Die Macht der Liebe ist allgegenwärtig. Doch was nicht erkannt wird, scheint nicht vorhanden."
Nicht dankbar zu sein heißt die Wunder nicht zu sehen, und prompt werden es immer weniger, als wären sie gar nicht vorhanden. Dankbar sein, Freude ausdrücken, wie ein wild gewordener Handfeger durch die Wohnung tanzen gleicht einer Mitteilung ans Universum (oder an wen auch immer): „Aha, das mag sie (oder er). Also schaffen wir gleich mehr davon ran…" Kaum siehst du ein Wunder, wird die Allgegenwart der Wunder immer deutlicher, und sie quellen aus allen Ecken hervor. Hurra! Jeden Tag eins und dann jeden Tag zwei…
Das Universum freut sich auch, denn ab täglich zwei Wundern hast du einen Überschuß, den du zwangsläufig weitergeben möchtest. Und das Universum hat wieder einen freiwilligen Helfer mehr gewonnen. Je schneller und je mehr du forderst, desto schneller erzeugst du Überschuß und kannst zu einem Helfer werden (ich rede hier nicht nur vom ganz profanen Überschuß an Geld, sondern von Überschuß an

wirklicher innerer Fülle). Aus reiner Freude am Leben, nicht weil du angeblich moralisch verpflichtest wärest, möchtest du etwas davon abgeben.

Es fühlt sich schrecklich an, wenn jemand einem hilft, der keine wirkliche Lust dazu hat. Doch es fühlt sich wunderbar an, wenn sich jemand freut, daß er einem helfen "darf". DAS ist ein super Gefühl! Verschone deine Mitmenschen mit Hilfeleistungen, die du nicht gerne erbringst. Die Energie und die Gefühle, die sie dabei abbekommen, sind eher eine Strafe als eine Hilfe. Erinnere dich an Situationen deines Lebens: Wie fühlst du dich, wenn jemand mit Griesgramleidens- und Erduldermiene etwas für dich tut, und wie fühlst du dich, wenn jemand sich freut und es für einen Vorzug hält, dir helfen zu dürfen? Gönne den anderen nur das Beste! Dazu ist es nötig, daß du zuerst dir selbst das Beste gönnst!

Wenn du wirklich religiös sein willst, dann könntest du es als den wahren Gottesdienst betrachten, deine immensen Kräfte auch einzusetzen und so viel Überschuß an Glück und Freude zu produzieren, daß du jederzeit viel davon abzugeben hast.

22 Bin ich es überhaupt wert, so viel Glück zu haben?

Das ist die nächste typische Frage und auch sehr weit verbreitet. Alle meinen, sie seien es nicht wert. Die, die sich besonders größenwahnsinnig aufführen, in manchen Fällen erst recht. Sie merken allerdings schon, daß etwas nicht stimmen kann, und versuchen, ihr Gefühl innerer Wertlosigkeit zu vertuschen. Irgend jemand (sorry, aber mein Namensgedächtnis ...) sagt dazu: „Leben muß sich das Recht auf Leben nicht verdienen. Leben ist ein Geschenk."

Angenommen, du gehörst zu den Menschen, die mit einer Religion großgeworden sind, die dieses Sich-klein-Machen lehrt, und du meinst, du seist es nicht wert, ein schönes und erfülltes Leben in Leichtigkeit zu führen. Dann sagst du damit eigentlich indirekt deinem Gott, daß sein Geschenk des Lebens für dich nicht viel wert ist. Ob ihn das wohl sehr freut?

Ich stelle mir gerade vor, wie du (wenn du zu dieser Art Mensch gehören würdest) nach deinem Leben zu Gott an den Thron kommst und sagst: „Hallo Gott, da bin ich wieder." Und dann fragt Gott dich: „Und, wie hat dir mein Geschenk des Lebens gefallen? Was hast du daraus gemacht?" Und du antwortest: „Ach weißt du, viel habe ich nicht draus gemacht. Ich hatte immer das Gefühl, daß ich es nicht wert bin, etwas richtig Tolles aus meinem Leben zu machen..."

Angenommen, dein Gott wäre der griechische Gott Zeus. Bei einer solchen Antwort würde er vermutlich einen Wutausbruch bekommen und zornig mit Donner, Blitzen und Wolkenbrüchen nur so um sich werfen. Er würde brüllen: „Waaas, du wagst es, an einer meiner genialen Schöpfungen zu zweifeln? Nämlich an dir? Du wagst es, mir ins Gesicht zu sagen, daß ich etwas geschaffen habe, was es nicht wert ist!"

Zeus würde finden, daß diese Aussage hundertprozentige Blasphemie und eine Frechheit sondergleichen ist. Da kommt so ein Wurm von Mensch und meint, er könne an SEINEN unfehlbaren Schöpfungen herumkritisieren, und sagt ihm doch glatt: „Also diese deine Schöpfung, mein Leben, die war eigentlich nicht viel wert."

Der echte Gott sieht das wohl zu deinem Glück anders, da er nicht bewertet und dir alles erlaubt. Aber der alte Zeus von damals, der wäre tödlich beleidigt gewesen.

Es ist doch eigentlich ganz klar und im Leben ganz ähnlich. Stell' dir vor, du wärst wieder ein Teenager und ganz heiß auf ein bestimmtes Kleid oder einen bestimmten Anzug. Doch erstens wäre dieses Kleidungsstück furchtbar teuer und zweitens in deiner Größe schon ausverkauft. Nun hättest du vielleicht eine dir besonders wohlgesonnene Tante, und diese Tante setzte Himmel und Hölle in Bewegung, um dir dieses Kleidungsstück trotzdem zum Geburtstag zu schenken. Sie fände es vielleicht nach langem Suchen in einer anderen Stadt doch noch in deiner Größe, und da läge es nun auf deinem Geburtstagstisch.

Du jedoch würdest – da du ja meinst, es nicht wert zu sein – dieses wundervolle Kleid nicht anziehen, sondern würdest es, eingestaubt mit viel Mottenpulver, damit auch ja nichts drankommt, in einen Plastiksack in den Schrank hängen. Bei deiner Tante würdest du dich zwar vielmals bedanken, aber du würdest ihr auch sagen, daß dieses Kleid oder dieser Anzug eigentlich viel zu schön zum Anziehen sei und daß du Unwürdige oder Unwürdiger es eigentlich auch gar nicht verdient hättest, so etwas zu tragen. Und darum würdest du das Kleidungsstück lieber besonders in Ehren halten, indem du ihm den besten Platz in deinem Schrank einräumst.

Was denkst du, würde deine Tante davon halten? Die wäre doch furchtbar enttäuscht. Sie würde dir kein Wort glauben, wäre schwer beleidigt und hätte das Gefühl, daß du ihr Geschenk mißachtest. Was die Tante gefreut hätte, wäre gewesen, wenn du dich täglich damit geschmückt und das Kleid so oft getragen hättest, bis es völlig verschlissen und zu Staub zerfallen wäre.

Ich denke, falls es einen Gott gibt, dann hat er in diesem Punkt Ähnlichkeit mit deiner Tante. Er freut sich sicher auch mehr, wenn du es dir wert bist, das Kleid täglich trägst und etwas ganz Tolles aus deinem Leben machst.

Im Grunde ist es ganz das Gleiche wie im Kapitel zuvor. Wenn du dir alles mögliche nicht wert bist und dir nichts gönnst, dann hast du auch nichts wirklich Großartiges weiterzugeben. Denn was immer du für einen anderen tust, es wird die Energie deiner Unwürdigkeit daran kleben. Du wirst die Ausstrahlung eines Menschen haben, der "seine Pflicht tut", statt wahre Freude zu leben und zu verbreiten.

Der alte Zeus würde dich gleich wieder zurechtweisen und dir sagen, daß du damit nicht nur diese seine unfehlbare Schöpfung, dich selbst, niedermachst, sondern daß du obendrein die Frechheit besitzt, seinen anderen genialen Schöpfungen, nämlich deinen Mitmenschen, niedere Qualität anzubieten. Du nötigst sie, deine Miene der Wertlosigkeit mitansehen zu müssen. Das wird Zeus auch nicht gefallen. Du sollst schließlich seine Schöpfung lobpreisen, indem du sie täglich deutlich sichtbar und fühlbar feierst und ihren Wert anerkennst. Wenn du deinen Wert und das Wundervolle und Besondere in dir selbst anerkennst, dann erkennst du damit das Wunderbare der Schöpfung an. Das wird Gott, Zeus und der Tante viel besser gefallen.

Mach' ganz einfach die Probe aufs Exempel. Frage bei Gott nach, was ihm besser gefällt. Das Göttliche oder jene unsichtbare Kraft kommuniziert schließlich nicht nur über Worte oder Eingebungen, sondern auch über Gefühle, Erfahrungen, Erlebnisse und Situationen, in die sie dich bringt.

Du legst also eine Woche die Schallplatte "Ich bin es nicht wert" auf und beobachtest die Antwort von Gott, dem Universum oder der geistigen Helfer. Wie fühlst du dich in dieser Woche? Was begegnen dir für Menschen? In welche Situationen gerätst du?

Dann kommt Woche zwei. Sie steht unter dem Motto: „Ich bin es wert, das schönste und vollste Leben zu führen, das ich mir vorstellen kann!" Das kannst du dir beispielsweise dreimal täglich vor dem Spiegel vorsagen, wenn es dich beruhigt, mit dem Zusatz, daß dies ein Test ist, um zu sehen, was das Göttliche gerne von dir hätte. Dann beobachtest du dich und alles, was dir in dieser Woche begegnet. Am Schluß vergleichst du die beiden Wochen.

Wenn Gott oder das Universum etwas für richtig hält, dann teilt er dir das durch ein Wohlgefühl mit. In welcher Woche hast du dich besser gefühlt? In welcher Woche hattest du nettere Begegnungen und schönere Erlebnisse? Kurz, in welcher Woche haben dich das Universum & Co. mehr unterstützt, indem sie dir schönere Dinge schickten?

Haben sie dich belohnt für die "Ich-bin-es-nicht-wert-Woche", oder haben sie seltsamerweise in der "Ich-bin-mir-selbst-das-Allerbeste-wert-Woche" die besseren Dinge vorbeigeschickt?

Probier' es aus, dann hast du eine Antwort von Gott und Co. persönlich!

23   Bleib' bei Deiner Natürlichkeit

Hier kommt noch etwas, das mir sehr wichtig ist. Ich hoffe, der Leser kommt nach der Lektüre meiner Bücher nicht auf die dumme Idee zu glauben, er müsse um jeden Preis jederzeit "gut drauf sein".

Diese erschreckende Idee kam mir, als ich neulich die Teilnehmer von zwei unterschiedlichen Seminargroßveranstaltern zum Thema Lebenskraft und positives Sein beobachtete. Die Seminare an sich finde ich inhaltlich beide ganz große Klasse. Da es sich aber bei beiden völlig unabhängigen Veranstaltungen (eine aus Deutschland und eine aus den USA) um Seminare mit zum Teil mehreren hundert Teilnehmern handelt, tritt ein merkwürdiges Massenphänomen auf. Anscheinend meinen manche Menschen, ihre Begeisterung für die Seminarinhalte kundtun zu müssen, indem sie ständig grinsen.

Selbst wenn sie beispielsweise gerade furchtbar müde und überhaupt nicht zum Grinsen aufgelegt sind, grinsen sie trotzdem, weil sie vielleicht Angst haben, es könnte jemand das Nichtgrinsen so interpretieren, daß man etwa zu dumm sei, die Seminarinhalte auch umzusetzen. Oder man befürchtet, von den anderen Grinsern als kontraproduktiv ausgeschlossen zu werden. Oder der Seminarleiter könnte das fehlende Grinsen womöglich als Kritik an seinen Aussagen auffassen.

Und so grinste der ganze Saal, egal wie. Die eine Gruppe wirkte zusätzlich zum Grinsen auch noch aufgesetzt kraftvoll. Man mußte sich jedoch nicht sehr anstrengen, um zu spüren, wie viel Kraft dieser künstliche Schwung diese Menschen in Wirklichkeit kostete und wie sehr sie sich damit nur selbst müde machten, weil es nicht wirklich von innen kam.

Nirgendwo in den Programmen beider Veranstalter kommt vor, daß positives Denken etwas mit aufgesetzter fassadenhafter Power zu tun hat. Es muß sich also um ein zwischenmenschliches Phänomen handeln.

Als ich dieses Phänomen beobachtete, fragte ich mich, was die Menschen da eigentlich so trieben. Es sah aus, als wären sie alle krampfhaft bemüht, irgendeiner Erwartungshaltung zu entsprechen, um sich dadurch beliebt zu machen.

Einmal war ich bei einem der Veranstalter auf einem ersten Infoabend, der in einem sehr luxuriösen Hotel stattfand. Die Leute waren alle – oder sagen wir fast alle (ich war ja auch da) – dementsprechend angezogen und trugen die Nase sicherheitshalber so hoch es nur ging. Es war völlig sinnlos, irgend jemanden anlächeln zu wollen. Es wurde nur cool und hochnäsig weggeschaut. Ich fragte mich schon, ob ich nicht besser gleich wieder gehen sollte, blieb dann aber doch, da ich nun schon einmal da war.

Die Veranstaltung begann, und entgegen aller Erwartung kamen da vorne vom Podium zum Teil hochspirituelle Ansichten und Einsichten. Es wurde von unechten und echten Lebensinhalten gesprochen und davon, wie man zu seinem wahren Selbst und zu dem, was man wirklich möchte, findet – egal was alle anderen um einen herum meinen. Als dann auch noch von Liebe zu allem, was da kreucht und fleucht und sich des Lebens erfreut – vom Menschen bis zur Pflanze –, gesprochen wurde, ging eine deutlich zu spürende Entspannung durch die Reihen. Ein Gefühl, das zu sagen schien: „Ach, wir sind hier unter uns, na dann...”

In der Pause war dann alles anders. Versuchsweise grinsten sich die Menschen an und stellten fest, der andere grinste doch tatsächlich zurück. Offenbar hatten die anderen auch nur vorsichtshalber die Nase so hoch getragen – man kann schließlich nie wissen in so einem Ambiente. Auf einmal konnte man sich mit den Leuten unterhalten, und nicht nur übers Wetter. Schlagartig entstanden höchst persönliche Gespräche zwischen bis dahin völlig fremden Menschen. Wie das halt so ist, wenn man das Gefühl hat, seinem Gegenüber vertrauen zu können, werden die Gesprächsthemen

207

häufig ganz von selbst immer persönlicher, obwohl man sich kaum kennt. Und wer bei so einer Veranstaltung zuhört und in der Pause noch nicht wegrennt, der ist tendenziell vertrauenswürdig.

Es sieht also ganz so aus, als hätten viele der Teilnehmer nur aus Unsicherheit und diffusen Ängsten heraus ein so abweisendes Verhalten an den Tag gelegt. Aus Angst, abgelehnt zu werden, haben sie sich vorsichtshalber ablehnend gegenüber den anderen verhalten.

Ich habe mal die These gehört, fast jeder Mensch habe aus seiner Kindheit die Idee mitgenommen, daß er nur geliebt werde, wenn er sich so oder so verhalte. „Wenn du nicht brav bist, liebe ich dich nicht mehr" wird zwar vielleicht nicht verbal geäußert, doch wir fühlen uns oft so.

Zum einen kann man es aber nie allen recht machen (Vater und Mutter gleichzeitig meist schon gar nicht), was impliziert, daß man sich zwar ständig anstrengen muß, um geliebt zu werden, man das Ziel jedoch eigentlich nie erreichen kann. Mach' ich's so, liebt mich der eine, mach ich's anders, liebt mich der andere. Aber was tue ich, wenn ich einfach nur als der oder die, die ich bin, geliebt werden will? Da sieht es schlecht aus. Aufgrund der völlig unterschiedlichen Bedingungen, die die verschiedenen Menschen um uns herum an uns stellen, damit sie uns noch liebenswert finden, können wir dem Ziel eigentlich immer nur mehr oder weniger nahe kommen.

Es ist praktisch und logisch unmöglich, immer von allen geliebt zu werden. Woran mal wieder deutlich wird, daß Liebe schon ihrem Wesen nach nichts mit Logik zu tun hat. Sie braucht keinen Grund und ist einfach so aus sich heraus.

Da das jedoch keiner weiß, fühlt sich fast jeder zeitweise schlecht und wertlos und glaubt, es sei lebenswichtig, Anerkennung, Bewunderung und Liebe von den anderen zu bekommen. Und dafür versteckt man sein wahres Selbst und versucht, den Erwartungshaltungen anderer gerecht zu werden.

Die etwas raffiniertere Variante ist der Größenwahn. Bei diesem Verhaltensmodell hält man sich selbst für besser als alle anderen. Bei genauerem Hinsehen muß man jedoch leider auch bei dieser Variante feststellen, daß man sein Minderwertigkeitsgefühl, das man genauso wie alle anderen mit sich herumschleppt, nur hinter dem Größenwahn versteckt.

Wenn dies auch nur teilweise wahr sein sollte und ganz viele Menschen unbewußt (noch) glauben, daß sie wirkliche Liebe eigentlich gar nicht verdient haben, weil sie ja gar nicht brav genug waren, dann ist es kein Wunder, wenn das oben beschriebene Phänomen auftritt.

Es ist leicht nachzuvollziehen: Man fühlt sich oft ein bißchen schlecht und minderwertig und ist es nicht gewohnt, einfach für das, was man ist – nämlich "nur" ein Mensch –, bedingungslos geliebt zu werden. Dann kommt man da auf eine Veranstaltung, bei der es um die Befreiung der Seele geht. Auf einmal lernt man, daß man im Innen und im Selbst nachschauen darf, was richtig ist, und daß es erstmal völlig unerheblich ist, was Tante Erna davon hält, daß man sich selbst an die erste Stelle im Leben setzen darf, um mit anderen diesen Zustand der inneren Fülle und Freude teilen zu können.

Man sieht lauter Menschen um sich herum, die offener und fröhlicher werden und ganz intime Dinge mit einem teilen, die selbst die langjährige beste Freundin einem nicht anvertraut. Alle entspannen sich mehr und mehr, wirken immer gelöster und offener und sind auf einmal wieder motiviert, etwas aus ihrem Leben zu machen. Man erinnert sich an seine alten Jugendträume und überprüft, ob sich davon nicht doch der eine oder andere verwirklichen läßt.

Kein Wunder, wenn man den Kontakt zu diesen neuen, lebendigen und hoffnungsvollen Menschen halten möchte. Man ist ängstlich bemüht – so wie man es halt gelernt hat –, bei diesen Leuten einen besonders guten Eindruck zu machen, weil sie einem besonders wertvoll erscheinen. Ganz logisch und sehr verständlich.

Da braucht dann nur noch so ein Gimpel daherzukommen und uns von der Seite schräg anzuquatschen: „Wie, du bist heute nicht in Mega-super-top-ober-Laune?" Und schon setzen wir vor lauter Schreck das kraftvolle Mega-Fassadengrinsen auf, denn wir wollen ja auf jeden Fall dazugehören. Schon haben wir das Gegenteil von dem erreicht, was wir eigentlich wollten – wir sitzen nämlich wieder in alten Verhaltensmustern fest, in denen wir uns selbst fremd sind.

Das ist in unseren Breitengraden ein normaler Reflex. Du brauchst dir nichts dabei zu denken, wenn du ihn auch hast. Alles ganz normal. Wenn du dir jedoch selbst einen Gefallen tun und ein paar von den "verkrampft Fröhlichen" um dich herum gleich mitretten willst, damit sie zu ihrer natürlichen Fröhlichkeit zurückfinden, dann antwortest du dem irregeleiteten Gimpel: „Na mein Freund, du hast wohl Angst, hier nicht mehr anerkannt zu werden, wenn du mal nicht grinst. Ich mache das anders. Ich gönne mir Besseres. Ich erlaube mir, ehrlich zu mir selbst zu sein. Und da können auch mal ein paar etwas schlechtere Tage dabei sein, aber die ständig wachsende Freude von innen heraus ist so stabil, daß sie mit deiner aufdringlichen Faschingslaune überhaupt nicht zu vergleichen ist. Ich vertraue mir selbst, daß die Freude am Leben ständig zunimmt, in dem Tempo, das für mich stimmt. Und ich liebe mich bedingungslos, genauso wie ich gerade bin. Entspann' dich, Junge, und fühl' erst mal nach, wie du dich wirklich fühlst. Der Himmel hinter den Wolken ist sowieso blau, es gibt keinen Grund, die vorhandenen Wolken zu verleugnen, wenn man das weiß." Du könntest es natürlich auch etwas diplomatischer formulieren.

Jedenfalls kannst du dein Gegenüber nach diesem philosophischen Erguß freundlich anlächeln und hast wahrscheinlich allen Zuhörern dabei geholfen, die Dauerlächelfassade abzulegen, auf daß ihr euch alle entspannt und erleichtert zurücklehnen könnt.

Wann immer du natürlich du selbst bist, hilfst du dir und anderen.

24 Der Himmel hinter den Wolken ist immer blau

Das ist nicht nur am Himmel so, sondern auch in unserem Inneren. Verschieden sind nur die Techniken, wie man durch die Wolken zum blauen Himmel gelangt. Die einen arbeiten sich durch die Wolken hindurch (analysieren, analysieren und analysieren), und da sie dabei ihre Aufmerksamkeit auf Probleme lenken, verstärken sie diese. Manchmal kann das aber auch Spaß machen oder für eine Zeitlang sinnvoll sein. Man muß es wie immer für sich selbst entscheiden.

Die etwas Schlaueren oder vielleicht auch nur Fauleren machen es anders. Sie erhöhen einfach die Sonneneinstrahlung, dann lösen sich nämlich die Wolken von selbst auf, und man kann sich das Hindurcharbeiten sparen. Dabei verursacht man nämlich nur Donner, Blitze und weitere Problemgewitter. Das erscheint mir nicht sehr zweckmäßig, es sei denn, man liebt Abenteuer dieser Art.

Der geneigte Leser weiß es ja schon lange. Ich knalle mir meinen Himmel voll mit vielen, vielen Sonnen in Form von netten Menschen um mich herum, mit Arbeit, die mir Spaß macht, mit Lebensfreude-Parties und dutzendweise Dingen – Erlebnissen in der Natur und sonstigem Schönen –, die meine Seele erfreuen. Bei so viel Sonne können die Regenwolken sich nicht lange halten. Sie werden jedes Jahr immer dünner, ohne daß ich mich noch weiter mit ihnen beschäftigen muß. Ich finde diese Methode super – solare Wolkenauflösung anstelle von explosiven Wolkensprengsätzen mit nachfolgenden Gewittern.

Einen kleinen Erfahrungsbericht zu meinem persönlichen Wolkenhimmel kann ich zur Veranschaulichung und Unterhaltung noch bieten: Ich hatte vor längerem einen Entschluß gefaßt, den ich zwar nicht bereute, der aber auch seine traurigen Aspekte hatte. Mir hatte mal jemand erzählt, das Verdrängen von Traurigkeit verstärke diese unter Umständen nur und ziehe sie unnötig in die Länge. Das sei allerdings von Typ zu Typ verschieden. Melancholiker könnten sich in traurige Stimmungen hineinsteigern und sie dadurch verlängern. Der verkopfte, nüchternere Mensch verlängere solche Zustände tendenziell eher durch Verdrängen und Nicht-Wahrhaben-Wollen. Dem melancholischen Typus würden Ablenkungen und Unternehmungen helfen, für den zweiten Typus sei es sinnvoller, die Fenster zu verhängen und mal drei Tage so richtig durchzutrauern.

Ich hielt mich eindeutig für einen Typus der zweiten Gruppe und machte mich daran, meine Fenster zu verhängen. Es war schon Jahre her, daß ich auch nur annähernd so traurig wie heute gewesen war, und ich war regelrecht neugierig, wie tief es mich bei einem richtigen Heul-in mit Vergraben zum Trauern treiben würde.

Schon vor längerer Zeit hatte ich die Erfahrung gemacht, daß der Himmel hinter den Wolken immer blau ist. Die Frage war eben nur, wie tief diese Wolken wirklich hingen und welche vielleicht noch unentdeckten inneren Abgründe in mir klafften. Dieser Sache beschloß ich nachzugehen.

Die Fenster waren zugezogen, das Telefon ausgehängt, und ich machte mich auf das Schlimmste gefaßt. Eine Viertelstunde lang war ich so richtig tief traurig. Nach der Viertelstunde begann ich mich an frühere Situationen im Leben zu erinnern (meine Schulzeit und die Pubertät), in denen ich tagelang so richtig schlecht drauf war. In mir stiegen lauter Bilder und Gefühle aus dieser Zeit und von anderen Gelegenheiten auf, bei denen ich mich schlecht gefühlt hatte. Gleichzeitig fiel mir aber auf, daß ich mich mit diesen Gefühls- und Gedankengebilden nicht mehr identifizierte.

Damals hatte ich eben noch nicht die Erfahrung gemacht, daß der Himmel hinter den Wolken immer blau ist. Damals hatte ich geglaubt, endlos abstürzen zu können. Damals erschien mir vieles ausweg- und hoffnungslos. Damals hatte ich noch keine Ahnung, daß ich mir unabhängig von der Meinung anderer ja jederzeit meine Privatsonnen aufstellen und das tun kann, worauf ich wirklich Lust habe.

Während ich meinen trübseligen Erinnerungen nachhing, merkte ich auf einmal, daß in meinem Leben heute schon lange alles ziemlich anders läuft. Der Anteil an Selbstbestimmtheit und Selbsterkenntnis, die Sonnen, der blaue Himmel – all das hatte mich zu viel mehr Klarheit und Lebensfreude geführt, und plötzlich konnte in mir und meiner verhängten Wohnung keine wirkliche Tragik mehr aufkommen. Die Wolken waren schon zu dünn geworden. Eine Viertelstunde Trauer, und ich war fertig damit – von innen heraus und aus tiefstem Herzen. Ich war bereit gewesen, mich auf jede Überraschung mit mir selbst und auf jeden Rückfall mit vielleicht drei Tagen Trübsalblasen einzulassen, um die Sonne in mir dann auf echte und nicht aufgesetzte oder künstliche Weise erneut von innen heraus erstrahlen zu lassen.

Und was war? Eine Viertelstunde lang waren mir diese Gedanken von früher durch den Kopf gegangen, ich hatte Vergleiche zwischen damals und heute angestellt, und auf einmal sah ich mich aus einer immer größer werdenden Distanz, wie ich in weihevollem Ernst die Fenster verhängt hatte, um mich auf ein größeres Drama einzulassen, wie ich – weil ich ja zum Typus Verdrängerin gehöre – alle Termine fürs Wochenende abgesagt und darum beschlossen hatte, mich meinen Gefühlen ehrlich zu stellen, in vollem Ernst und auf alles vorbereitet.

Naja, kurz gesagt, nach etwa fünf Minuten lag ich mit einem furchtbaren Lachkrampf am Boden, und je länger ich mir meine Situation mit dem mit tragischem Ernst verhängten Fenster vorstellte, desto mehr schüttelten mich die Lachanfälle.

Nach etwa einer weiteren Viertelstunde, als ich fertig gelacht hatte, zog ich die Vorhänge wieder auf, rief eine Freundin an, ging mit ihr essen und verbrachte einen sehr lustigen Abend. Ich war fertig mit der Trauer, und zwar vollständig. Sie kam nicht wieder. Hätte ich das Gefühl aus Furcht vor den Tiefen und den womöglich langen emotionalen Durststrecken, die kommen könnten, verdrängt, dann hätte mir diese Angst davor das Gefühl noch lange lebendig erhalten. Es wäre sicher archiviert gewesen. So hatte ich es in einer Viertelstunde von der Festplatte und aus dem Archiv gelöscht.

Mit diesem kleinen Erlebnisbericht hoffe ich meiner Auffassung Ausdruck zu verleihen, wie eine positive Einstellung wirken sollte, wenn sie "richtig" angewandt wird. Das stetige Erhöhen von positiven Aspekten im Leben dünnt die Wolkenschicht so aus, daß es immer ungefährlicher wird, sich hundertprozentig seelisch-moralischen Tiefs auszuliefern und sich kopfüber in sie hineinzustürzen. Denn bereits nach wenigen Zentimetern schaut der Kopf auf der anderen Seite beim blauen Himmel wieder heraus.

Dazu ist wie immer die Inschrift über dem Orakel von Delphi wichtigster Bestandteil: Erkenne dich selbst. Wenn deine Wolkenschicht noch 60 km dick ist (so hoch können die echten Wolken am Himmel sich angeblich maximal auftürmen), dann ist es alles andere als ratsam, sich kopfüber in die düstersten Gefühle hineinzustürzen, die man so aufzubieten hat. Dann wäre möglicherweise Ablenkung und anschließende Steigerung der bewußten Sonneneinstrahlung die bessere Strategie.

Das ist das Allerwichtigste: Erkenne dich selbst! Nichts anderes zählt wirklich. Egal, was ich so alles daherrede, und egal, was bei mir hilft. Wenn du hyperaktiv bist, ist mehr Ruhe der nächste wichtige Schritt für dich. Wenn du innerlich und äußerlich bewegungslos im Hinterzimmerchen vor dich hin schmollst, dann ist der nächste wichtige Schritt für dich mehr Bewegung – Tanzengehen, Rennen, Laufen, Ballspielen, was auch immer. **Was dem einen schadet, heilt den anderen.** Wer außer dir soll jemals wirklich wissen, was du gerade brauchst?

Erkenne dich selbst ist der wichtigste Schritt. Sei täglich ehrlicher zu dir selbst.

Aber auch dabei darfst du auf keinen Fall zu streng mit dir sein. Mir ist es schon passiert, daß ich ganz doll ehrlich zu mir selbst war und mich danach grausig fühlte. Ich hatte mir ganz ehrlich meine allerschlechtesten Eigenschaften eingestanden. Es war eine ehrliche momentane Selbsteinschätzung, doch ich fühlte mich gräßlich damit.

Ich gab sofort eine Bestellung beim Universum auf: „He Universum, tu was! Heitere mich auf!" Schon sandte ein Buch aus meinem Regal seine magischen Strahlen aus. Ich ging hin, schlug es auf, und da stand: „Du hast keine Wahrheit entdeckt. wenn sie nicht die Liebe vermehrt." (*Zaubersprüche* von Hans Kruppa).

Aha, die Selbstliebe hatte sich durch meine "ehrliche Erkenntnis" keinesfalls vermehrt. Also nochmal nachgedacht, und siehe da, ich fand eine höhere Wahrheit, die auch die Liebe zu mir selbst vermehrte.

Schlußgedanken

Mach' ganz einfach dein Leben zu einer gigantischen Gesamtbestellung: Bestelle dir das Paradies auf Erden! Stell' dich vor einen Spiegel, sieh dir in die Augen, und rede solange mir dir selbst, bis du dich selbst überzeugt hast, daß du es verdienst hast und daß es der beste Weg ist, auf dem du am effektivsten die ganze Welt mit deiner Freude anstecken kannst.

Etwas, das man nicht hat, kann man nicht weitergeben. Es ist daher notwendig, daß du Glück und Freude hast, wenn du sie weitergeben willst.

Alles, was du dazu benötigst, ist ein wenig Selbsterkenntnis, damit du weißt, was dich wirklich glücklich macht, und du nicht an den falschen Enden suchst.

Wenn deine Bestellungen beim Universum nicht alle auf den ersten Anhieb klappen, dann mach' dir nichts draus, sondern spiele einfach so lange damit herum, bis es klappt.

Und in der Zwischenzeit erhöhe die Sonneneinstrahlung in dein Leben soviel du kannst. Dünne die Wolken, die auf deiner Seele lasten, aus, bis sie nur noch nette kleine weiße Flöckchen sind, dann hat sich die Gesamtbestellung für dein persönliches Paradies auf Erden schon erfüllt und du kannst Freude verbreiten – die kreative Freude, aus der heraus man zu jedem Problem eine Lösung findet. Probleme sind schließlich nicht dazu da, gewälzt, sondern gelöst zu werden. Je besser es dir geht, desto besser wirst du darin, Probleme zu lösen, und deshalb ist es auf jeden Fall gerechtfertigt, dir beim Universum ein paradiesisches Leben zu bestellen!

Erkenne dich selbst! Spiele herum, bis es klappt! Bestell' dir, daß dein gesamtes Leben sich immer mehr in ein Paradies auf Erden verwandelt. (Stell' dir vor, tausende von Menschen täten das, der Planet hätte keine andere Wahl – er müßte wieder ein Gesamtparadies werden!)

Jeder ist seines Glückes Schmied

Es klopft an der Tür und ich frag: Wer ist hier?
Ich bin's, das Glück! tönt es leise zurück
Das Glück – ich denk, ich spinn,
mitten in der Woche drin?
Tut mir leid,
für das Glück hab ich heut keine Zeit.
Ich muß noch viele Dinge tun,
hab keine Stund, mich auszuruhn.
Da laß ich doch kein Glück herein.
Man kann nicht immer glücklich sein.
Das Glück kommt oft ganz unverhofft,
doch wenn's mit meiner Zeit nicht klappt,
dann hat das Glück halt Pech gehabt.

(Helmut Gebhard, Liedermacher aus Teneriffa)

PS:

Ab und zu schreiben mir Leser, die zu glauben scheinen, daß ich irgendwie besonders schlau oder vielleicht doch schon halb erleuchtet bin. Ich frage mich dann, ob sie mein Buch *Bestellungen beim Universum* wirklich gelesen haben. Denn wie könnten sie sonst ausgerechnet mich für besonders schlau halten – bei dem, was ich so alles anstelle?! Tut mir einen Gefallen und vergeßt diesen Mist. Ich fühle mich nicht wohl dabei. Die Botschaft lautet doch ganz im Gegenteil: Wenn DIESE vollkommen durchschnittlich Verrückte Bestellungen beim Universum ohne Ende aufgeben kann und so viele unwahrscheinliche Dinge geliefert bekommt, dann kann ICH es doch wohl erst recht! So und nicht anders solltet ihr das sehen.

Adressen

**Versus Institut für Rückwärtssprache
und Bewußtseinsforschung**
  www.rueckwaertssprache.de, eMail: info@versus-info.de
  Tel. 08152-96 76 76 der 089-79199684, Fax: 089-79 11 632
Wer mit dem Internet arbeitet und Englisch versteht, kann
sich auch mal die Website von David Oates, dem Entdecker
der Rückwärtssprache, anschauen:
  http://www. reversespeech.com

Die Buchtips, z. B. **Mary** und die anderen Bücher von Ella
Kensington (vormals Gina & Bodo Deletz) können telefonisch
bestellt werden bei Günther Vaas, München, Tel. 08091-
563871, Fax 563872

Lichtnahrung
Bücher:
„Lichtnahrung" von Jasmuheen, ISBN 3-929512-35-1
„Lichtbotschafter" von Jasmuheen, ISBN 3-929512-70-X
Dieses Buch enthält Statistiken und wissenschaftliche
Untersuchungsergebnisse zur Lichtnahrung.

Notizbuch fürs Wesentliche
Wer seine Erlebnisse mit den Bestellungen beim Universum
auf ganz besondere Art notieren möchte, der bestellt sich
das *Notizbuch fürs Wesentliche* (18,- €) – ein Kleinod auch
zum Verschenken – beim WuWeiVerlag, Seestr.54, D-86938
Schondorf am Ammersee. Bitte als Kennwort UNIVERSUM
angeben, dann gibt's noch eine Überraschung mit dazu...
Das Notizbuch fürs Wesentliche bekommt man auch unter
der Telefonnummer 08192-934192, Fax: 08192-934257,
Email: info@isness.com

Helmut Gebhard (Liedermacher aus Teneriffa)
Seine CD und/oder ein Textheft ist erhältlich bei:
Isabella Sonntag, Seestr.54, D-86938 Schondorf am Ammersee, Fax: 08192-934257
oder bei Helmuts Tochter unter der Telefonnummer
06324-980777.

Helmut Gebhard kommt immer mal wieder für ein paar Wochen auf Tournee nach Deutschland und freut sich, wenn ihm jemand weitere Auftrittsgelegenheiten, gerne auch in Altersheimen oder Krankenhäusern, vermitteln kann. Für sein fertiggestelltes Musical könnte er noch einen guten Manager brauchen.

Bestellungen beim Universum ist jetzt als **Hörbuch** erhältlich, das du über einen normalen Kassettenrekorder oder einen Walkman z.B. bei der Hausarbeit, beim Auto- oder Zugfahren hören kannst. Preis 17,80 € bzw. 34,80 sFr – erhältlich im Buchhandel oder direkt beim AXENT-Verlag, Steinerne Furt 78m, D-86167 Augsburg, Tel. 0821-705011, Fax 0821-705008.

Mind Trek. Autobiographie eines PSI-Agenten von Joseph McMoneagle gibt es im Buchhandel oder direkt bei Omega-Verlag, Karlstr. 32, D-52080 Aachen,
Tel. 0241-168163 0, Fax 0241-168163 3.

www.baerbelmohr.de

- alle Bücher
- Fragen & Antworten zu den Bestsellern
- ein kostenloses Online-Magazin zu spannenden Themen aus vielen Lebensbereichen
- Lebensfreude-Seminare und Vorträge mit Bärbel
- ein Leserforum

in deutsch und teilweise in englisch

Ein VIDEO von und mit Bärbel Mohr:

Herzenswünsche selbst erfüllen

Ein Mutmachvideo für Job und Freizeit in dem Bärbel Mohr Menschen vorstellt, die auf ihre ganz eigene Weise ihren Herzenswünschen und Eingebungen gefolgt sind und aus kleinen Gelegenheiten des Lebens große gemacht haben. Mit dabei sind die **"Universum-Besteller"** Edith, Günther und Dieter aus dem Buch "Universum & Co". Außerdem Menschen, die ihren Visionen folgten: M. Yunus, der mit einem Startkapital von 27$ eine "Bank für Arme" gründete. Dan Carlson, der für eine Idee gegen den Welthunger betete und sie bekam. Don Cox, der auf ungewöhnliche Weise sein Gewächshaus heizt u.v.m.

30,20 € + 3 € Porto, ca. 135 Min., <u>ausschließlich erhältlich bei</u>: *Traumvogel-Verlag, Akazienstr. 28, 10823 Berlin, Roland Rocke,* **Tel. 030-7875400**, *Fax: 030-78705486, E-Mail: best@traumvogel.de* <u>Bestellung übers Internet</u>: *www.traumvogel.de/baerbelmohr.htm*

Weitere Bücher von Bärbel Mohr

Bärbel Mohr

Bestellungen beimUniversum
Ein Handbuch zur Wunscherfüllung

136 S., gebunden, € 10,20 [D] • SFr 18,80
ISBN 3-930243-13-X

Bärbel Mohr zeigt, wie man sich den Traumpartner, den Traumjob oder die Traumwohnung und vieles mehr einfach „herbeidenken" und quasi beim Universum „bestellen" kann.

Sie bringt dem Leser bei, wie er auf seine innere Stimme hören, wie er sich selbst gegenüber eine stärkere Verpflichtung eingehen und sein Leben positiver gestalten kann. Zahlreiche kleine Anekdoten und Parabeln durchziehen das humorvoll geschriebene Büchlein, das durch Lebenstips für jeden Tag abgerundet wird.
Ein ideales Geschenkbändchen, das einen auf sonnige Gedanken bringt.

Bärbel Mohr

Universum & Co.
Kosmische Kicks für mehr Spaß im Beruf

224 S., gebunden, € 15,30 [D] • SFr 27,70
ISBN 3-930243-18-0

Für viele Menschen gehört die Arbeit nicht zum „richtigen" Leben. Letzteres fängt für sie erst nach Feierabend an oder findet in den wenigen Wochen Urlaub statt. Bärbel Mohr zeigt, wie man auch am Arbeitsplatz ein freudvolles, erfülltes Leben führen kann. Sie stellt Menschen vor, die sich „den kosmischen Bestellservice" im Berufsleben zunutze machen und ihre Arbeit dadurch leichter und vergnüglicher gestalten. Andere Beispiele handeln davon, wie man sich beim Universum erfolgreich den idealen Job bestellt. Darüber hinaus hält die Autorin wertvolle Tips für Arbeitslose, frustrierte Angestellte oder krisengeschüttelte Unternehmer bereit.

Auch auf Geld und unsere Einstellung dazu geht die Autorin ein, und sie zeigt Wege auf, wie man vom Mangeldenken zu einem Bewußtsein der Fülle gelangt. *Viele inspirierende und unterhaltsame Geschichten sorgen wie immer bei Bärbel Mohr für höchsten Lesegenuß.*

Zu beziehen in jeder guten Buchhandlung oder bequem und schnell direkt bei uns

Omega®-Verlag

Gisela Bongart & Martin Meier (GbR)

http://www.omega-verlag.de

Karlstr. 32   D-52080 Aachen
Tel.: 0241-16 81 630 • Fax: 0241-16 81 633
e-mail: omegate@compuserve.com

Fordern Sie auch unser kostenloses Verlagsverzeichnis an!

Weitere Bücher von Bärbel Mohr

Bärbel Mohr
Reklamationen beim Universum
Nachhilfe in Wunscherfüllung

192 S., gebunden, € 10,20 [D] • SFr 18,80

ISBN 3-930243-24-5

Was tun, wenn man beim Universum etwas bestellt hat, und die Lieferung läßt auf sich warten? Nicht neu bestellen, sondern reklamieren, rät Bärbel Mohr. Wo? Natürlich beim Universum! Wie das geht, erfahren Sie in dieser „Nachhilfe in Wunscherfüllung".

Ein Selbsttest gibt Hinweise auf das, was man möglicherweise beim Bestellen falsch macht. Viel lernen kann der Leser auch aus Bärbels Antworten auf häufig gestellte Fragen zu ihren Büchern. Wie man seine Intuition und damit auch seine Fähigkeit zur Lieferannahme schärft, vermittelt ein Wochenplan mit Übungen für jeden Tag. Und für alle, die Rituale lieben, gibt es zum Schluß noch das „Fun-Bestellformular".

Bärbel Mohr
Der Skeptiker und der Guru
Auf dem Weg zur eigenen Wahrheit

224 S., broschiert, € 10,80 [D] • SFr 19,80

ISBN 3-930243-25-3

Bärbel Mohr nimmt den Leser mit auf eine Reise in den Ashram eines indischen Gurus. Hierhin hat es den Skeptiker Ralf nur seiner Freundin Elli zuliebe verschlagen. Während diese beim Anblick des dort lebenden Meisters in himmlische Verzückung gerät, hat Ralf nur eines im Sinn: den Guru als Verführer und Betrüger zu entlarven. Doch der Guru verhält sich anders als gedacht. Er wartet er mit unkonventionellen Überraschungen und übernatürlichen Fähigkeiten auf. Ralfs Weltbild gerät ins Wanken. Zwar wird der Skeptiker nicht zum ergebenen Anhänger des indischen Gurus, aber er gelangt durch ihn zu wertvollen Erkenntnissen und lernt, den besten Guru in sich selbst zu finden.

Eine amüsante und lehrreiche Geschichte über den Umgang mit Gurus, Wundern und Zweifeln. Sie basiert auf eigenen Erfahrungen der Autorin in verschiedenen Ashrams, gemischt mit ihrer persönlichen Philosophie.

Zu beziehen in jeder guten Buchhandlung oder bequem und schnell direkt bei uns

Omega®-Verlag

Gisela Bongart & Martin Meier (GbR)

http://www.omega-verlag.de

Karlstr. 32   D-52080 Aachen

Tel.: 0241-16 81 630   •   Fax: 0241-16 81 633

e-mail: omegate@compuserve.com

Fordern Sie auch unser kostenloses Verlagsverzeichnis an!

Weitere Bücher aus dem Omega-Verlag

Michael H. Buchholz

Alles was du willst

Die Universellen Erwerbsregeln für ein erfülltes Leben

mit Vorwort von Vera F. Birkenbihl,
240 S., gebunden, € 15,30 [D] • SFr 27,70
ISBN 3-930243-19-9

Alles was du willst ist bereits vorhanden, behauptet der Persönlichkeitstrainer Michael H. Buchholz. Du mußt es dir nur erwerben.

Dabei geht es um so viel mehr als nur um Geld – nämlich um Gesundheit, Wohlstand, Glück und Erfolg – kurz: um (d)ein erfülltes Leben.

Ein erfülltes Leben aber ist immer auch ein Leben in Fülle. Und wie du diese Fülle, den Schatz am Ende des Regenbogens, erwerben kannst, zeigen die „Universellen Erwerbsregeln".

Diese „Universellen Erwerbsregeln" gelten immer: Sie prägen stets deine augenblickliche Situation und formen deine Realität. Folgst du ihnen, so bringen sie dich deiner wahren Lebensaufgabe näher und offenbaren dir zugleich die immense Kraft, die in deinen eigenen Erwartungen verborgen ist. Denn: „Was wir erwarten, werden wir finden", wußte schon Aristoteles.

Joseph McMoneagle

MIND TREK

Autobiographie eines PSI-Agenten

328 S., gebunden, € 20,40 [D] • SFr 36,30
ISBN 3-930243-11-3

Der Autor war einer der ersten, die ab 1978 zum PSI-Agenten für U.S.-amerikanische Geheimdienste ausgebildet wurden. Innerhalb eines ursprünglich streng geheimen Militärprojekts wurde dabei eine Form der gezielten außersinnlichen Fernwahrnehmung entwickelt, die als „Remote Viewing" bezeichnet wird. Erstmals gibt McMoneagle in diesem Buch sein Wissen und seine Erfahrungen als Remote Viewer weiter und berichtet von seiner PSI-Ausbildung, von seinem Nahtoderlebnis in Deutschland, von seinen außerkörperlichen Erfahrungen am Monroe-Institut u.v.m. Mit einer Vielzahl von Übungen wird der Leser in die Lage versetzt, seine außersinnliche Wahrnehmungsfähigkeit selbst zu trainieren. Der Autor kommt außerdem zu interessanten Schlußfolgerungen über das Phänomen PSI sowie über Bewußtsein, Raum und Zeit.

Zu beziehen in jeder guten Buchhandlung oder bequem und schnell direkt bei uns

Omega®-Verlag

Gisela Bongart & Martin Meier (GbR)

http://www.omega-verlag.de

Karlstr. 32   D-52080 Aachen
Tel.: 0241-16 81 630   •   Fax: 0241-16 81 633
e-mail: omegate@compuserve.com

Fordern Sie auch unser kostenloses Verlagsverzeichnis an!